宮崎の神樂と特殊神事

宮崎の
神樂と特殊神事

宮崎県神社庁

国指定重要無形民俗文化財

高千穂の夜神楽

国指定重要無形民俗文化財

椎葉神楽

国指定重要無形民俗文化財

米良神楽

国指定重要無形民俗文化財

高原の神舞
狭野神楽

国指定重要無形民俗文化財

高原の神舞
祓川神楽

県指定無形民俗文化財

諸塚神楽

県指定無形民俗文化財

西米良神楽

県指定無形民俗文化財

尾八重神楽

県指定無形民俗文化財

船引神楽

県指定無形民俗文化財

高鍋神楽

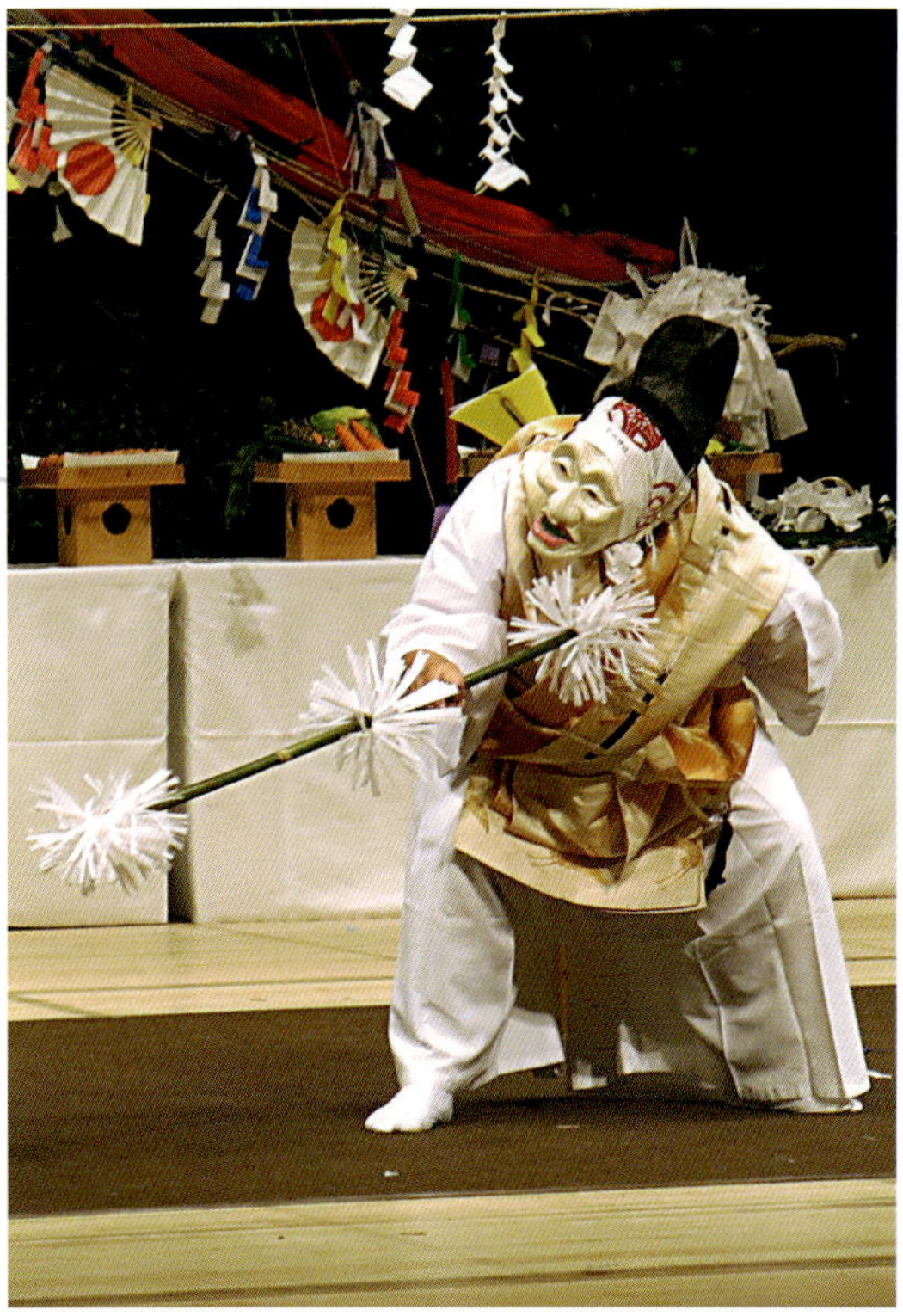

県指定無形民俗文化財

日之影神楽

宮崎の神楽

—— 各地方の特色 ——

系統別
神楽
分布図

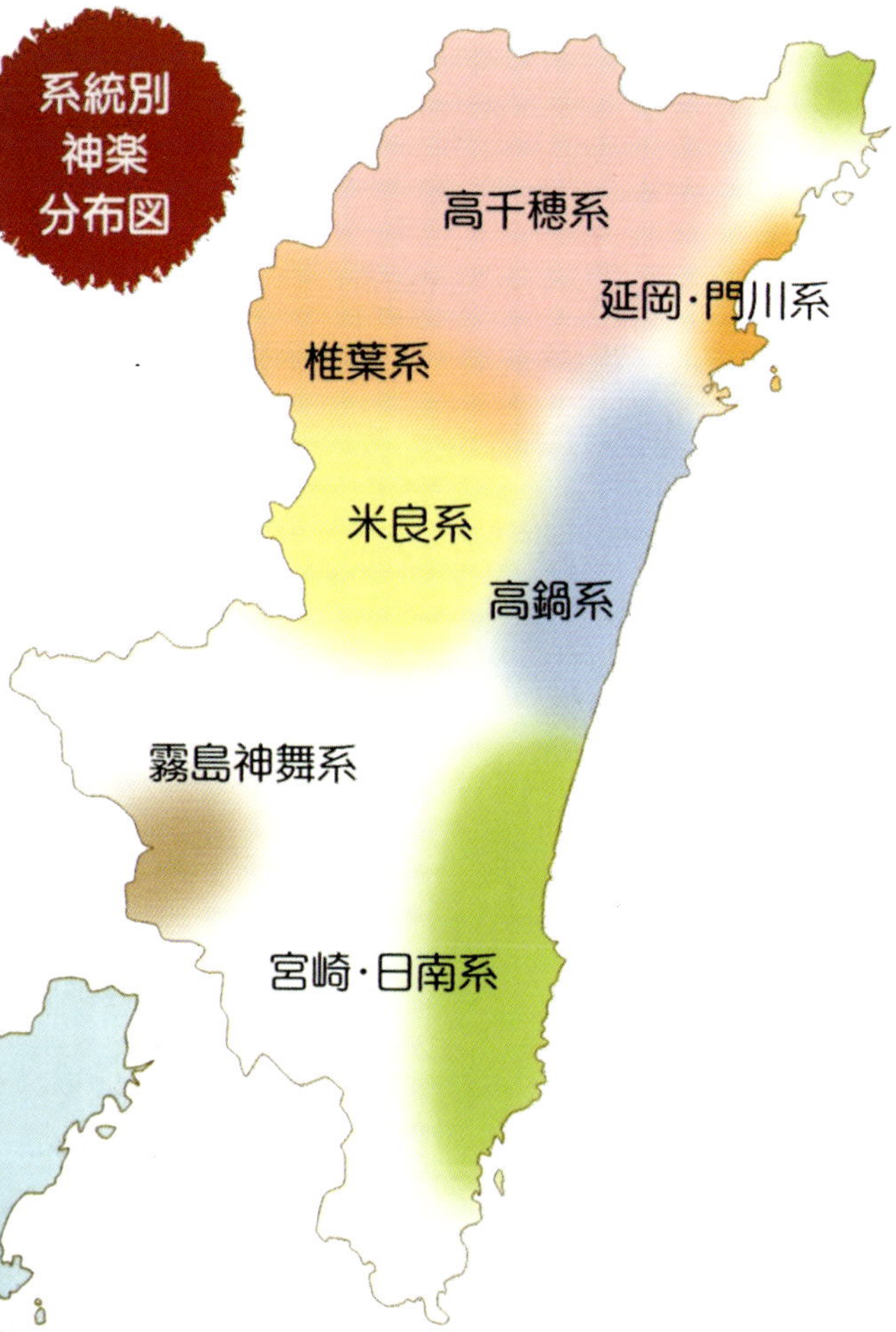

冬神楽
（夜神楽）
春神楽
（昼神楽）
分布図

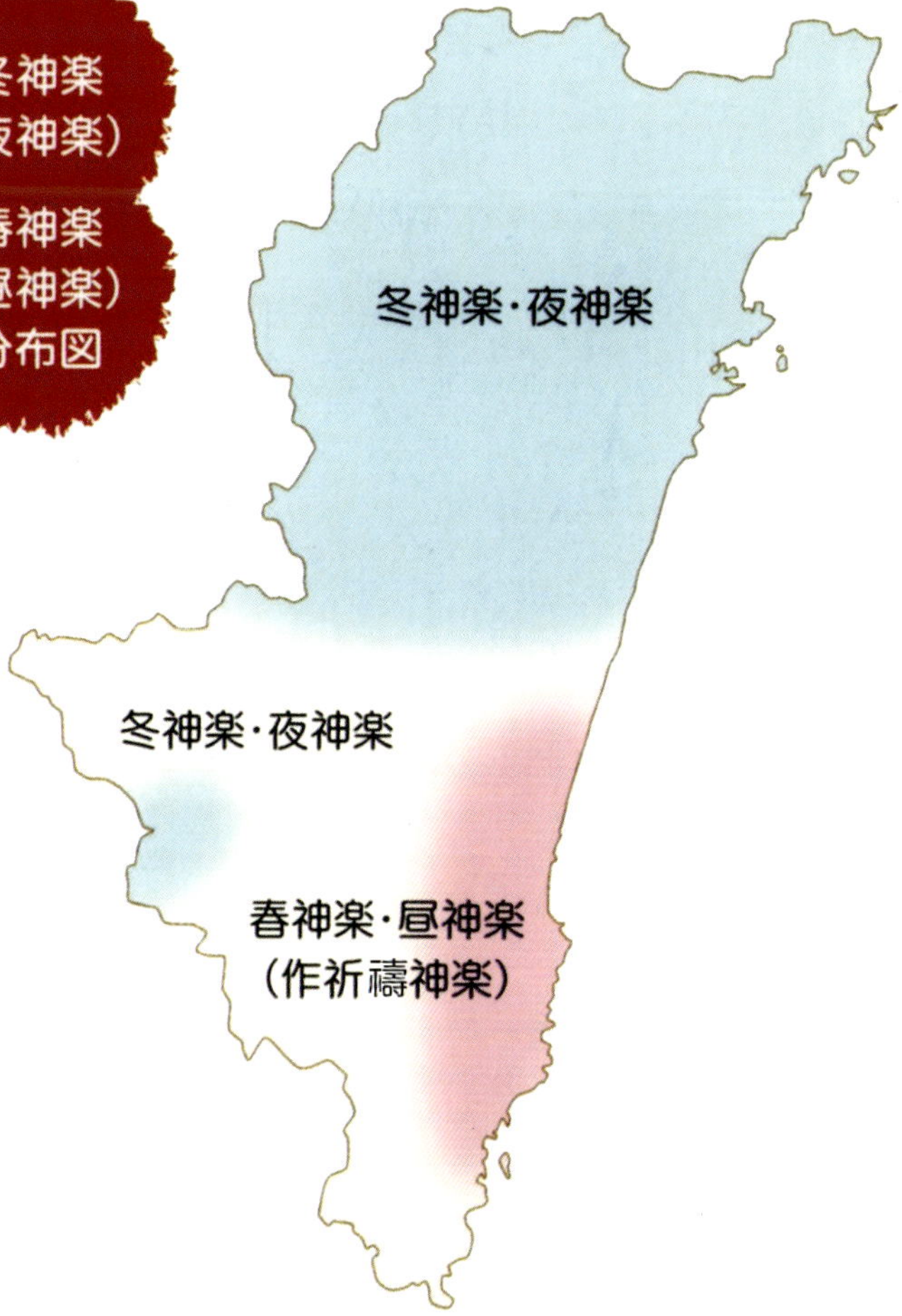

（出典：『みやざきの神楽ガイド　その歴史と特色』）

宮崎の特殊神事

流鏑馬（宮崎市 宮崎神宮）

御田祭（美郷町 田代神社）

弥五郎どん祭り（都城市山之口町 的野正八幡宮）

更衣祭（西都市 都萬神社）

弥五郎どん祭り（日南市 田ノ上八幡神社）

からくり仕掛け花火（都城市 科長神社）

臼太鼓踊（西都市 南方神社）

ハレハレ（宮崎市 倉岡神社）

裸参り（宮崎市 青島神社）

大太鼓踊（えびの市 南方神社）

苗代田祭（高原町 狭野神社）

牛越祭（えびの市 菅原神社）

ねりふみ（諸塚村 家代神社）

御大典記念

「宮崎の神楽と特殊神事」刊行にあたって

宮崎県神社庁長　本部雅裕（宮崎神宮宮司）

日向の国は「神楽なしでは夜の明けぬくに」と言ったのは、宮崎の神楽を研究してきた山口保明先生でした（『宮崎の神楽』鉱脈社刊）。また平成四年の宮崎県等の調査によると、県内には三五〇カ所で二〇四団体がさまざまな神楽を奉納をしています（「宮崎の神楽——各地方の特色——」グラビア九ページ参照）。

その担い手は、専門の職業集団ではなく県内各神社の「神楽保存会」であり、神社の氏子である「伶人」や「ほしゃどん」などと呼ばれる人々で、普段は農業を、また会社に勤めながら、先祖から受け継ぎ、舞い続けてきたのでした。

しかし、近年の社会環境の変化は、農業の後継者不足や氏子の極端な減少を招き、その保存継承が危ぶまれる神社も現れてきました。さらに、世襲で継承されてきた神楽が、世代交代や意識の変化から、神楽の家柄を継がない人も現れ、途絶えそうになったのも事実です。

こういうなかで、さまざまな困難を乗り越え、新しいその養成に乗り出している神楽保存会もあります。地域の学校や各種団体と連携し、子ども神楽の舞い手や後継者を育てようとしたり、舞い手を伝統的な家や氏子区域に限らず、それを拡大して担い手不足を解消しようとする営みです。

宮崎県神社庁では、先祖が大切に守り伝えた神社に伝わる神楽や特別な神事を、日向の国の貴重な財産であると捉え、次代に残そうとする人々の営為を、今のうちにまとめておこうとして本誌を刊行することといたしました。

時あたかも、御代は「令和」と改まり、新帝陛下が御即位遊ばされた佳年に御大典記念として、本書が上梓できることはまことに慶ばしい限りです。

今回のこの企画が、「神国日本」の、また「神楽の国日向」の真姿を後世に伝え、神楽という文化財の再発見に繋がることを期待します。

最後になりましたが、宮崎の神楽の研究に努めてこられた、國學院大學文学部教授小川直之先生から懇切なる序文をいただきました。併せて、本調査と発刊に尽力された伊藤俊郁委員長をはじめ、委員の皆さんに深甚なる感謝を申し上げて、刊行のあいさつといたします。

令和元年十月二十二日

「祭り文化」を未来につなぐ

國學院大學教授・みやざきの神楽魅力発信委員会委員長　小川直之

この度、宮崎県神社庁が関係者を総動員して、県内それぞれの神社で継承されてきた神楽や特殊神事・芸能など、「祭り文化」の現状を調べ、一冊にまとめられたことはまさに時宜を得た、悦ばしいことといえる。こういえる理由は二つで、第一には、現在の少子高齢化による人口減少は地域社会にとって深刻な問題を生んでいる。こうした現状に対する喫緊の課題に、未来に向かって人びとの連携・連帯をどのようにつくり、地域のコミュニティーを持続させるかがあり、ここで注目され、新たな価値付けが始まっているのが本書に記されている神楽や神事・芸能だからである。

神楽や神事・芸能は、地域に住む多くの老若男女が担ってきた文化である。それは社にまつられる神への奉納というだけでなく、その斎行はこれに携わる人やこの場に集う人たちを結びつけ、地域社会を形づける「絆」になっている。東日本大震災で甚大な被害をうけた人たちは、祭りや芸能などを行うことで復興への希望と連帯感を得て、力をあわせて未来へ向かう心を取り戻すことができた。この意味で神社は、祭りや芸能を通じて祈りや感謝を捧げる神の庭であることに加え、ここに集う人びとを結びつけ、地域社会を形づくる公共の場としての性格ももつ。

第二には、日本は明治時代以降、現在に至る高度な文明社会を築き上げてきた。その進展は時代とともに加速され、生活面では均質的な様式を形作ってきた。利便性などをいえば歓迎されることだが、しかし一方では、それぞれの地域が自然や歴史と結びついて培ってきた地域の個性がみえにくくなっているのが現代社会である。こうした状況のなかで未来に引き繋げる地域の個性は何であるのかを考えると、それは祭りや芸能などの文化にあると考えられるからである。「祭り」の語源が、「献り」にあるなら、その本質は神楽や神事芸能と、その際の神饌である食べものにあり、ここにも豊かな地域の個性があらわれている。

宮崎県内に伝承され、現在に受け継がれている神楽や神事・芸能などの「祭り文化」は、いずれも日本文化のなかでは悠久の歴史をもっている。それを絶やすことなく引き継いできた地域の先人たちの意欲と努力は並々ならないことで、これに対する敬意の現れの一つが、本誌の刊行であるといえよう。

ここには一五〇余の神楽、六〇余の特殊神事・芸能が収録され、県内には個性をもった多くの神楽・特殊神事・芸能があり、一つの県といってもそこには多様な文化が存在するのがわかる。こうした文化の多様性こそ、多くの人を引きつける地域の魅力であることはいうまでもない。

宮崎の神楽は、高千穂神社の文治五年（一一八九）の奥書がある「十社大明神記」に「七日七夜の御じんらく」の記載がある。実際の神楽斎行の記録としては一四〇〇年以降のものがあって、史料的には五〇〇年を超える歴史をもっている。「神楽」斎行の歴史は、記録からは十世紀に行われた旧暦十一月の宮中の新嘗祭に伴う「鎮魂祭」御神楽、十一世紀前半からの「内侍所御神楽」に始まる。いずれも冬の夜を徹しての「夜神楽」で、県内に広くみられる十一月から一月にかけての「夜神楽」は、この伝統を引き継いでいて、宮崎の神楽は一〇〇〇年の伝統を受け継ぐ神楽の典型例といえる。日中の「昼神楽」も多いが、幣《みてぐら》や榊、剣、弓などを採り物とするいくつもの舞は、おそらく平安時代以来の演目で、白の素襖と袴という質素ないでたちとともに、その姿は古風を伝えている。

長い晒布を使った神迎えの「幣」、蔦葛を用いた「祓え」などは、日本の神祭りの古い姿であるし、神楽の庭である「御神屋」や登場する神々、太鼓などの楽器を誉めたり、由来を説いたりする「唱教」や神楽歌、そして舞を囃す「せり歌」が豊富に伝承されている。さらに、シシトギリなどの狩猟、杵舞などの稲作、魚釣りなどの漁撈に関する舞もある。神楽の庭で初めてこれらに接した時には、大きな驚きと感動があった。まさに宮崎の神楽は、日本の神事芸能を代表するものといえるのである。

宮崎県内の神楽は、その内容から高千穂系、延岡・門川系、椎葉系、米良系、高鍋系、霧島神舞系、宮崎・日南系に分けられ（みやざきの神楽発信委員会編『みやざきの神楽ガイド－その歴史と特色』平成二九年）、地域ごとに異なった様相をもち、これらをつぶさに見ようとするなら、何十年もの歳月が必要となる。

宮崎県の「祭り文化」は、県内に広く大太鼓（臼太鼓）踊りがあり、県北部では団七踊り、県南部には棒踊り、剣舞、俵踊りや田遊び系の芸能が顕著にみられる。太鼓踊りや団七踊り、棒踊りなどは「風流」と括れる芸能で、悪疫を祓う念仏踊りをもとにした、室町時代以降の芸能である。この他にも、宮崎県など南九州のみにある「弥五郎」という巨人の祭り、古代の射礼の流れを汲む歩射系の神事など、さまざまな祭り・神事芸が、この書に盛り込まれている。

本書の書名に使われている「特殊神事」は、神道学や祭礼研究などで使われる用語で、長い歴史をもつ特色ある神事・祭礼のことである。これを含む本書は、宮崎県の「祭り文化」を理解し、実地に見学するための標《しるべ》ともなる。新たな御代と年号の始まりとともに、本書が未来にむけて多くの方がたに活用されることを祈念したい。

目次

宮崎市南部域（宮崎市南部）の神楽 126

県西南部の神楽 137

西諸県・都城地方（小林市・高原町・都城市）の神楽 138

日南地方の神楽 147

第二部　特殊神事の部

県西地区［西諸県・北諸県・えびの市・都城市］

県南地区［日南市・串間市］

題字　寺原　聖山　揮毫

宮崎の神楽と特殊神事

第一部　神楽の部

県北部の神楽

高千穂郷域（高千穂町・五ヶ瀬町・日之影町）の神楽

上：神 庭
右上：外注連
左上：舞い込み
右：神迎えの儀

西臼杵地方の神楽

収穫への感謝と豊作への祈り
山里に伝わる神話と神楽

天照大御神《あまてらすおおみかみ》が天岩戸にお隠れになられた際、天岩戸の洞窟の前で天鈿女命《あめのうずめのみこと》が舞を舞われるが、それを舞い伝えたのが神楽の起源とされています。その神楽が高千穂全体に広まっていき、合併を経て高千穂町となった後、昭和五十三年に「高千穂の夜神楽」として、国の重要無形民俗文化財に指定されました。

祈願をこめた番付が多く、健康・安産・五穀豊穣などを祈る舞があります。各集落ごとに、収穫に対する感謝や翌年の豊作を神様にお祈りする村祭りとして行われています。

また、番付の終盤には、天岩戸神話を基にした天岩戸開きの神楽（岩戸五番）がほとんどの地域で舞われます。

高千穂町、日之影町、五ヶ瀬町は江戸時代までは「高千穂郷」と呼ばれていましたが、これらの地域で行われる神楽には類似点も多く、大まかにみて「高千穂地方の神楽」と呼ばれます。

番付は三十三番の地区が多くみられますが、地域によっては二十数番や、日神

天岩戸神社二十八番　手力

楽の地域では五、六番もあります。また、地区ごとに他の地区には見られない番付がある所も多く、それぞれの地区で守り伝えられてきたことが分かります。

神楽を舞う人のことを「ほしゃどん」や「ほしゃ」と呼んでいます。また、彫《えり》物《もの》と呼ばれる切り絵などで囲まれた所を神庭《こうにわ》と言い、男性しか入ることができません。楽器は太鼓と笛のみです。

集落の人々総出で行う 年に一度の神事

高千穂地域全体では十一月から翌年二月くらいまでの間に、三十か所以上の地区で夜神楽または日神楽が行われます。

これら地域の稲刈りが終わる頃、感謝と翌年の豊作を祈るため、神楽が始まります。また、各神社の祭りや、季節ごとの村祭りなどでも舞われます。

古来各集落で行われていたものは夜神楽が多かったのですが、集落の高齢化や、人口減少に伴って「ほしゃ」の担い手が減り、昼に三〜五番ほどを舞う日神楽になったり、神楽自体が行えなくなったりする地域もあります。それを何とかして守り伝えようと努力しています。

夜神楽は集落あげて行う場合が多く、集落の人々が総出で「ほしゃ」や観覧者の食事を作り、氏神様の掃除をしたり、外注連《そとしめ》と呼ばれる外の飾りなどを作ります。

神楽宿はその集落の民家や公民館があてられます。神楽宿になることは数十年に一回あるかないかなので、その家の住人にとって大変喜ばしいことです。

神楽を行う「神庭」は、緑赤白の紙垂《しで》や「彫物」で囲みます。彫物は干支や五行の漢字など縁起の良い絵柄で出来ています。

神楽宿の準備には竹や榊《さかき》などが大量に必要で、材料の調達から造作まで長い時間をかけて行われます。この夜神楽の準備だけでも大仕事です。

「太殿」から「雲下」まで 三十三番を夜を徹して

夜神楽では初め、夕刻に地区の神社へ行き、神様をお連れする「神迎え」を行います。神楽宿となる家に神様をお連れして神楽を奉納するのです。

神楽宿に着くと、庭から舞いながら宿に入ります。これを「舞い込み」と言います。ここまでが「神迎え」で、その後、神楽宿で神事と食事をした後に神楽が始まります。

夜神楽は翌日の昼前頃まで夜通しで続きます。序盤は、神様を招く神楽と多くの祈願を込めた神楽が続きます。二人から五人で舞う神楽が多く、神楽面を着けない舞が多いです。深夜になると「酒こ

[高千穂夜神楽の番付]

一、太《たい》　殿《どの》
神楽はじめの舞
二、神《かみ》　降《おろし》
神を招し降す舞
三、鎮《ちん》　守《じゅ》
神しずまりの舞
四、杉《すぎ》　登《のぼり》
この内に出られる鬼神は建御雷神
五、地《ち》　固《がため》
六、幣《ひ》かざし
「幣神添」
七、弓《ゆみ》 正《しょう》 護《ご》
弓を以て悪魔を払う舞
八、住《すみ》　吉《よし》
海神の徳を讃え住まいが無事であるように祈る舞
九、岩《いわ》くぐり
剣の舞
十、袖《そで》　花《はな》
病除けの舞
十一、芝《しば》 の り
天孫ニニギノミコトが柴輿に乗り降り給う舞
十二、地《ち》　割《わり》
神主と猿田彦神の問答にて屋敷祭りに舞う舞
十三、本《ほん》　花《ばな》
豊年を祈る舞
十四、五《ご》　穀《こく》
豊年祝いの舞
十五、七《しち》 奇《き》 神《じん》
大国主命御子七人の舞
十六、酒《さけ》こし
イザナギ・イザナミノミコトの国産み・子授け・安産の舞
十七、蛇《じゃ》　切《きり》
スサノオノミコトの大蛇退治の舞
十八、八《やつ》　鉢《ばち》
スサノオノミコトが嫁を迎えての喜びの舞
十九、武《ぶ》　智《ち》
「鞭かざし」ともいう風難よけの舞
二十、四人鎮守《よにんちんじゅ》
神々の喜びの舞
二十一、火《ひ》の前《まえ》
火をふする舞
二十二、太刀《たち》かざし
剣難除けの舞
二十三、置《おき》　絵《え》
水難除けと火伏せの舞
二十四、大《だい》　神《じん》
わだつみの神の清めの舞
二十五、山《やま》　森《もり》
山幸彦命、鹿の皮を取り来て太鼓を作り給う舞
二十六、柴《しば》　引《ひき》
太玉命が香久山より榊をひき来り岩戸の前に飾り給う舞
二十七、伊《い》　勢《せ》
天児屋根命岩戸開き準備の舞
二十八、手《た》　力《ちから》
手力男命が大幣を以て天照大神の御岩屋を探り給う舞
二十九、鈿《うず》　女《め》
鈿女命が身振り面白く天照大神を誘い出される舞
三十、戸《と》　取《とり》
手力男命が岩の戸を取り払い給う舞
三十一、舞《まい》　開《ひらき》
思兼命が天照大神の神手を取り連れ出し給う舞
三十二、繰《くり》　下《おろし》
しめ縄を引いて神々を送り帰す舞
三十三、雲《くも》　下《おろし》
紙飾りを取りおろす舞

天岩戸神社二十九番　鈿 女

し」という面白い舞が入っていたり、一般の方が参加して舞う「七奇神」があります。

朝八時くらいから岩戸開きの神楽である「岩戸五番」が始まります。太玉命が香具山より榊を引き抜いて岩戸の前に飾る「柴引」から「舞開」までを「岩戸五番」といい、その後、神様にお帰りいただく神楽、神庭の真ん中の飾りを下ろす「雲下《くもおろし》」で、夜神楽は終了します。

大まかに各地区ともに同じような流れですが、岩戸地区ではスサノオノミコトの大蛇《おろち》退治の神楽である「蛇切」が入っています。その他に「彦舞」という神楽が入っている地区もあります。

集落ごとの祭りであり、娯楽でもあるため、それぞれの地区民の夜神楽への思い入れはとても強いものがあります。しかし、「ほしゃ」が足りなくなってきている現状もあります。そのため、舞い方や足さばきの合う地区の「ほしゃ」に手伝いに来てもらい神楽を行う地域もあります。これによって、広い地区で同じ舞い方ができるようになり、後継者を指導しやすくなり、結束や協力が生まれてくる面もあります。

集落の村祭りに参加するには

夜神楽や日神楽は地元の人々の祭りですが、参加して観覧することができます。観覧の際に地元の人が作った料理を提供する「ふるまい」の文化があります。そのため、神楽を見に行くマナーとしてはお酒や初穂料などのお供えを持っていくほうが良いです。

神様に対しての奉納の行事であるため、お供えをすることで地元民と共に良い神楽を見ることができるでしょう。

二十八番　手 力

左：御神幸祭　中：三十一番　舞 開　右：二十九番　鈿 女

高千穂町

天岩戸神社

天岩戸神楽

天岩戸開きより伝わる神楽

旧岩戸村の天岩戸神社に伝わる神楽です。天照大御神《あまてらすおおみかみ》が天岩戸に隠れられた際、岩戸の洞窟の前で天鈿女命《あめのうずめのみこと》が舞を舞われますが、その舞を踊り伝えたのが神楽の始まりとされています。

岩戸神楽が高千穂全体に広まっていき、岩戸村が高千穂町に合併した際に、「高千穂の夜神楽」として、国の重要無形民俗文化財に指定されました。

天岩戸神社の社家が代々受継いでいた神楽を氏子に教え、現在は保存会の人々が伝えております。

神楽は神様への感謝、祈願をこめた神事

祈願をこめた番付が多く、健康・安産・五穀豊穣などを祈る舞が組みこまれています。集落ごとに収穫の感謝や翌年の豊作を神様にお祈りする村祭りとして行われています。十一月三日の神楽大公開祭や岩戸各地区の夜神楽、各神社の例祭で奉納しています。

［神楽番付］

一、太殿《たいどの》　神楽はじめの舞
二、神降《かみおろし》　神を招し降す舞
三、鎮守《ちんじゅ》　神しずまりの舞
四、杉登《すぎのぼり》　この内に出られる鬼神は建御雷神
五、地固《ぢがため》
六、幣《ひ》かざし　「幣神添」の舞
七、弓正護《ゆみしょうご》　弓を以て悪魔を払う舞
八、住吉《すみよし》　住まいが無事であるように祈る舞
九、岩《いわ》くぐり　剣の舞
十、袖花《そではな》　病除けの舞
十一、芝《しば》のり　天孫瓊瓊杵尊が柴輿に乗り降り給う舞
十二、地割《ぢわり》　神主と猿田彦神の問答にて屋敷祭りに舞う舞
十三、本花《ほんばな》　豊年を祈る舞
十四、五穀《ごこく》　豊年祝いの舞
十五、七奇神《しちきじん》　大国主命御子七人の舞
十六、酒《さけ》こし　イザナギ・イザナミノミコトの国産み・子授け・安産の舞
十七、蛇切《じゃきり》　スサノオノミコトの大蛇退治の舞
十八、八鉢《やつばち》　スサノオノミコトが嫁を迎えて喜びの舞
十九、武智《ぶち》　「鞭かざし」ともいう風難よけの舞
二十、四人鎮守《よにんちんじゅ》　神々の喜びの舞
二十一、火《ひ》の前《まえ》　火をふする舞
二十二、太刀《たち》かざし　剣難除けの舞
二十三、置絵《おきえ》　水難除けと火伏せの舞
二十四、大神《だいじん》　わだつみの神の清めの舞
二十五、山森《やまもり》　山幸彦命、鹿の皮を取り来て太鼓を作り給う舞
二十六、柴引《しばひき》　太玉命が香久山より榊をひき来り岩戸の前に飾り給う舞
二十七、伊勢《いせ》　天児屋根命岩戸開き準備の舞
二十八、手力《たぢから》　手力男命が大幣を以て天照大神の御岩屋を探り給う舞
二十九、鈿女《うずめ》　鈿女命が身振り面白く天照大神を誘い出される舞
三十、戸取《ととり》　手力男命が岩の戸を取り払い給う舞
三十一、舞開《まいひらき》　思兼命が天照大神の神手を取り連れ出し給う舞
三十二、繰下《くりおろし》　しめ縄を引いて神々を送り帰す舞
三十三、雲下《くもおろし》　紙飾りを取りおろす舞

神楽祭

神楽殿

岩戸地域内の夜神楽は現在四集落で行われており、十一月中旬から十二月中旬の土・日に下永の内、上永の内、五ケ村、野方野で夜を徹して行われます。

また、昼に神社から神様を民家や公民館などの「神楽宿」に迎えて、三～五番を舞う日神楽を行う地域も多くあります。

集落の人々にとって、神楽は神様とつながるとても大事な神事であり、一番でも奉納したいという強い気持ちを持っています。

住民総出で結束して、つくりあげる夜神楽

夜神楽は、前日から当日にかけて集落の住民総出で準備を行います。

その年に選ばれた民家や公民館を神楽宿とし、屋内には紙垂や彫物《えりもの》と称する切り絵で囲んだ、舞をするための場所である神庭《こうにわ》を作り、屋外には外注連《そとじめ》と称する神様に目印にしてもらうための飾りを作ります。

夜神楽当日は、夕方に地区の神社へ行き神様をお連れする神迎えを行います。神楽宿での神事の後、神楽が始まります。神事は各集落とも七時頃に始まり、三十三番の神楽は翌日の昼頃まで続きます。

神楽の終盤となる翌朝八時頃から「岩戸五番」と呼ばれる岩戸開きの舞が舞われます。「岩戸五番」は元々五つの神楽で構成されていたと考えられますが、現在は「伊勢」という番付が入っており六つの神楽で構成されています。

夜神楽中の舞手や観覧者の食事として、地元の人々が夜通しで調理した、「ふるまい」と呼ばれる煮しめやおにぎりなどが出されます。舞手だけでなく、裏方として調理する地元の人々も頑張って夜神楽を支えているのです。

岩戸・日之影地区の神楽

岩戸地区内に石神神社、落立神社、二嶽神社、鉾神社、日之影町に小川平神社、平清水神社、下顔神社があり、各神社に神楽が残ります。

神社のある各地域に舞手がおり、夜神楽や日神楽を、例祭の神事として奉納していますが、舞手の少ない地域ではほかの地域から手伝いに来てもらい舞を奉納する場合もあります。

太鼓に二人、笛一人、舞二～四人ほど必要ですが、少ない場合は太鼓だけで演奏したり、太鼓を一人で叩いて演奏したりします。その場所ごとに臨機応変に対応し舞い伝えている状態です。

神楽伝承への期待

神楽の伝承についての一番の問題は、岩戸地域でも後継者不足です。

現在、地域の中学校には神楽のクラブなどもあり、立派な子どもの舞い手もいます。そのような子どもたちが増え、神楽を舞い伝えていってくれることを願っています。

神 社 名：天岩戸神社
鎮 座 地：西臼杵郡高千穂町
大字岩戸1073－1
宮 司 名：佐藤　永周
神 楽 名：天岩戸神楽
奉 納 日：春季大祭　5月2日、3日
秋季大祭　9月22日、23日
天岩戸神楽三十三番大公開祭
11月3日
保存会名：岩戸地区神楽保存会
神楽面の保存：有（20面）
（代表的な面　手力男命、天鈿女命、親荒神、黒髭様など）

十七番　御神体

高千穂町

高千穂神社

高千穂の夜神楽

古神事「猪々掛祭」

高千穂神社に伝わる珍しいお祭りとして「猪々《しし》掛祭《かけまつり》」があります。「猪々掛祭」の起源は鎌倉以前とされ、荒ぶる神鬼八《きはち》の霊を鎮め、霜除、五穀豊穣を祈る奇祭ともいわれる古神事です。毎年旧暦十二月三日、猪をお供えし、神事を行います。その中で、「笹振り神楽」と呼ばれる笹を手に持ちゆっくりとした動きの舞を神職が奉納します。

この「笹振り神楽」は高千穂神楽の最古型のものと伝えられています。関連書籍としては昭和五十一年刊行の『高千穂神楽』（小手川善次郎著）、昭和五十八年の『高千穂の夜神楽』（後藤俊彦他共著）、平成十年の『高千穂の夜神楽』（町教育委員会発行）のほか、『旭大神文書』（鎌倉時代・文治五年）、『高千穂神跡明細記』（文久三年）、『日本楽始源大意』（文政十二年）、『十社榊山記』（天明二年）など、多くの文献が存在します。

知られるきっかけ「観光神楽」

［神楽番付］

一、彦　舞　序曲、始楽
二、太　殿　神を招く神庭をつくる
三、神　降　降神の舞
四、鎮　守　土地を祓い固め、神を鎮めまつる
五、杉　登　昇神の舞
六、地　固　剣、即ち水の徳で耕地をうるおして国造りをする
七、幣神添　幣による祓いの舞
八、住　吉　海神の舞
九、弓正護　弓を持ち悪魔を祓う舞
十、沖　逢　水神を祭る火伏せの神楽
十一、八　鉢　少彦名命が太鼓にのって身軽な舞をする
十二、七貴神　農神の舞
十三、太刀神添　太刀の神威により厄難を払う舞
十四、五　穀　穀類を祭る
十五、袖　花　病袖上げともいう
十六、本　花　米の収穫を祝い、豊作を祈る
十七、御神体　酒こしの舞
十八、岩　潜　剣の舞
十九、大　神　大わたつみの神の清めの舞
二十、地　割　かまど祭で重要な舞、屋敷祭りをする
二十一、日の舞　天照大神の出御を祝福する
二十二、御　柴　神人一体の古風を最もよく象徴する
二十三、武　智　山森の前奏曲
二十四、山　森　山の神と猪（しし）が出る
二十五、柴　引　天香具山の柴をひき、岩戸の前に飾る舞
二十六、伊　勢　岩戸開きの準備の舞
二十七、手力雄　天岩戸を探しあてる舞
二十八、鈿　女　天岩戸の前の舞
二十九、戸　取　天岩戸を開く舞
三十、舞　開　天照大神に出ていただいて、鏡を両手にもって喜び祝う舞
三十一、繰下し　雲下ろしの用意
三十二、注連口　神送りをするところ
三十三、雲下し　雲をおろす舞

左：二十二番　御柴
右：猪々掛祭

高千穂神社は高千穂町の中心街にあり、観光地として有名な高千穂峡もすぐ近くです。宿泊施設もその周辺に点在しており、高千穂神社では神楽殿で観光協会が毎晩行う「観光神楽」があります。

この「観光神楽」は一年中、毎晩午後八時から九時まで行っており、高千穂町を訪れた宿泊者の楽しみの一つとなっています。神楽を舞う各地区の保存会が毎日持ち回りで舞っており、見比べることができれば、それぞれの舞い方の違いも楽しむことができます。

この「観光神楽」は約五十年前から始まり、「高千穂夜神楽」が知られていく大きなきっかけとなりました。

通常、神楽は神社のお祭りや村の神事などで舞われ、観覧者のために舞うのは申し出があった場合や、他の都道府県などに奉納として行く場合しかありません。神楽は必ず数人の舞手が必要となり、継続して連日行うことは大変難しいことです。

「高千穂地方の夜神楽」の知名度が低い時代から、地道に毎日の「観光神楽」を重ね、現在においては神楽といえば、思い浮かぶのが「高千穂地方の夜神楽」といえるほど知られるようになりました。

また、毎年十一月二十二日、二十三日の二日間にわたり夜神楽三十三番を見ることができる「神話の高千穂夜神楽まつり」も行っています。

高千穂の神楽を世界へ

昭和五十五年（一九八〇）五月、フランス文化庁の依頼により、神楽を四カ国（フランス、西ドイツ、スイス、オランダ）の十一都市にて披露するヨーロッパ公演を行いました。当時、地元では神楽の伝統をつなぐこと、舞をすることに対して意識が低くなっており、舞手の中には、「もう私たちの時代で神楽は終わりです」と言われる方もいました。

しかし、神社と町民の方々が、自然と触れ合い、神に対する信仰が引き継がれていくために神楽はとても大切な文化でした。このまま途絶えて消滅してしまうのはとてももったいないことでした。そのような時にヨーロッパ公演のお話をいただきました。海外での公演なので消極的な意見もあったものの、日本の文化は海外の人々にも伝わると考え参加を決めました。

その結果、地元でも神楽は大切な文化なのだという意識が芽生え、若い舞手も増え、現在では多くの舞手によって伝承されるようになっています。その後、平成元年（一九八九）にも古代ヨーロッパの収穫祭である「ユーロパリア」への参加の要請があり、ベルギーの五カ所で神楽公演を行いました。

後世に神楽を残すために

人口の減少によってこれから先、神楽の舞手もどんどん減っていき、伝承が難しくなっていくことが考えられます。どう知ってもらうかから、どう維持していくかに変化していくなかで、その対策は始まっています。

神社名：高千穂神社
鎮座地：西臼杵郡高千穂町大字三田井1037
宮司名：後藤　俊彦
神楽名：高千穂の夜神楽
奉納日：春秋の例祭日
　　　　新嘗祭（11月23日）
保存会名：三田井神楽保存会
神楽面の保存：有（41面）
（代表的な面　入鬼神、手力男、鈿女、猿田彦、伊邪那岐、伊邪那美、八大龍王）

高千穂町

黒仁田神社

［神楽番付］

一、宮神楽
二、彦　舞
三、御神屋
四、鎮　守
五、東　西
六、杉　登
七、辨財天
八、柴　引
九、神降し
十、若　宮
十一、地　固
十二、荒　神
十三、大　神
十四、八つ鉢
十五、住　吉
十六、稲　荷
十七、岩　潜
十八、入鬼神
十九、武　智
二十、五天皇
二十一、田植神楽
二十二、沖　逢
二十三、山　森
二十四、弓正護
二十五、注連口
二十六、鈿　女
二十七、手力雄
二十八、伊勢神楽
二十九、戸　取
三十、舞　開
三十一、雲　下

黒仁田神楽

二度の大火災で書物、面などを焼失し神楽の起源はわからなくなっていますが、明治の初期から夜神楽を始めたのではないかと言われています。

高千穂神楽の中では珍しく、唱教や和歌の調べが伝わっています。もの静かで、ゆるやかな調子で、中世の御詠歌のような雰囲気があります。

神楽は二十九番から三十一番と年によって変化しますが、二十一番の「田植神楽」に特色があり有名になっています。現在、神楽面は八面残っています。

二十一番　田植神楽

神社名：黒仁田神社
鎮座地：西臼杵郡高千穂町大字向山4040
宮司名：後藤　俊彦
神楽名：黒仁田神楽
奉納日：毎年１月最終土曜日
保存会名：黒仁田神楽保存会
神楽面の保存：有（８面）
（代表的な面　若宮、荒神、辨財天稲荷、金毘羅、猿田彦、手力雄、天照皇大神）

高千穂町

秋元神社

［神楽番付］

一、彦　舞
二、太伊殿
三、神　颪
四、鎮　守
五、杉　登
六、地　固
七、幣神添
八、本　花
九、住　吉
十、沖　逢
十一、弓正護
十二、七貴人
十三、大　神
十四、袖　花
十五、岩　潜
十六、五　穀
十七、御神体
十八、地　割
十九、八　鉢
二十、武　智
二十一、山　森
二十二、太刀神添
二十三、芝　引
二十四、伊　勢
二十五、手力雄
二十六、鈿　女
二十七、戸　取
二十八、舞　開
二十九、日の前
三十、御　芝
三十一、繰　下
三十二、注連口
三十三、雲　下

秋元神楽

秋元神社はその昔、太子大明神と呼ばれ修験道の山伏文化が栄え、秋元神楽はその信仰の中で伝承されてきました。神楽は氏神様の祭りであり、秋の実りと収穫を感謝し、冬の鎮魂儀礼、春の豊作を祈願し天照大神復活を願う神事です。氏神様を「神楽宿」と呼ばれる民家に迎え、夕刻から翌日の昼までかけて三十三番の舞を奉納します。

保存会には現在三十一人おります。

夜神楽は民家を神楽宿とするのが習わしですが、高齢化等の諸事情により「公民館」での開催を希望する声もあります。保存会としては伝統を守り、民家で奉納したいところです。

二十七番　戸　取

神社名：秋元神社
鎮座地：西臼杵郡高千穂町大字向山6781
宮司名：後藤　俊彦
神楽名：秋元神楽
奉納日：11月最終土曜日から翌日までの２日間、集落内の民家を神楽宿として行う
保存会名：秋元神楽保存会
神楽面の保存：有（11面）
（代表的な面　手力雄、戸取、猿田彦、五穀、八鉢、鈿女、地割、御芝、大師大明神）

高千穂町

向山神社

向山神楽

古くは「熊野十二社大権現」

向山神社は、高千穂町南部、五ヶ瀬川上流右岸の山間部に位置し、東から北は五ヶ瀬川の断崖で、名勝高千穂峡となっています。神社の創建は不詳で、古文書によると「紀州熊野から勧請」とあり、「熊野十二社大権現」といわれていました。向山の丸小野地区に鎮座する当社は山岳信仰にふさわしい神社で、山頂近くまで参道がのびています。

式三番の神楽を奉納

神楽につきましては、明治時代に三田井地区の神楽を学び伝承されてきました。もともとは、向山地区を代表する神楽でしたが、様々な生活様式の変化などにより、夜を徹して奉納される夜神楽は、昭和の末頃に途絶えてしまいました。現在では春の例祭時に式三番（左上の表参照）の神楽を奉納するだけになっています。

現在の神楽の奉仕者は十人ほどです。若者に伝承しても、学校を卒業すると町内に残らないのが現状です。そのことで、伝承する意識が薄れ、人材不足が起きています。

近隣の向山日添、尾前、尾手納地区との神楽の交流もあり、それぞれの夜神楽で一演目奉納しています。集落の人に不幸があった場合でも、神楽を中止しないことが多いです。

〔神楽番付〕
一、神下し
一、鎮　守
一、杉登り

神社名：向山神社
鎮座地：西臼杵郡高千穂町大字向山1805-3
宮司名：後藤　俊彦
神楽名：向山神社神楽
奉納日：４月29日
保存会名：向山神社神楽保存会
神楽面の保存：有（６面）
（代表的な面　神社明神、猿田彦命、御神体（男女）、若禰宜様、八っ鉢）

高千穂町

椎屋谷神社

椎屋谷神楽

境内には樹齢百三十年のイチョウの木

神楽の由緒は不詳ですが、椎屋谷神社の再建者として伝えられているのは、三田井越前守親武です。さらに延岡藩主牧野越中守の時代の享保四年（一七一九）十月十九日に再建され御内岩屋大明神と称されました。明治六年に旧向山村が高千穂に合併した時に、椎屋谷神社として改称されています。苔むした境内には樹齢百三十年のイチョウの木があり、秋には美しく色づいた山の景色を楽しむことができます。

現在神楽は九月第一日曜日と、十一月第二日曜日にのみ奉納しています。番付に関しては、一番神下し、二番鎮守、三番杉登、四番うずめの計四番が舞われています。神楽面は岩屋大明神様、姫様、高千穂太郎様など、名称が珍しい面が残っております。

生きつづけてきた世界

保存会には現在八人在籍していますが、地域の高齢化で、伝承していくべき若者が少なくなっているのが実態です。戦後いくたびかの危機がありましたが、途絶えることなく伝承されてきました。いまなお里人の力強い信仰と地域共同体の中で生きつづけています。それは戦後日本が追い求めてきた美しく合理的な価値とは異なるものであり、時代にとりのこされてきた世界であるかもしれません。

神社名：椎屋谷神社
鎮座地：西臼杵郡高千穂町大字向山500
宮司名：後藤　俊彦
神楽名：椎屋谷神楽
奉納日：９月第１日曜、11月第２日曜
保存会名：椎屋谷神楽保存会
神楽面の保存：有（８面）
（代表的な面　大田野命、小田巻姫の命、岩屋大明神様、姫様、高千穂太郎様）

高千穂町

嶽宮神社

嶽宮神楽

嶽宮神楽は三田井系の神楽で、神楽奉仕者は十九人、一九二世帯の三集落より十五人が宮世話として当番で行い伝承されています。

神楽は三十三番で構成されています。一時は昼神楽の時もありましたが、地区民の熱意により三十三番が復興され、今でも神楽の舞の研鑽研究に努めています。夜神楽ではお祓いの舞「幣神添」や、酒こしの舞である「御神体」などが続き、終盤に「岩戸開き」を舞います。

当日の奉仕者の人数によって、番付の順番を変えながら行っています。

［神楽番付］

一、彦　舞
二、太　殿
三、神　降
四、鎮　守
五、杉登り
六、地　固
七、幣神添
八、弓正護
九、武　智
十、山　森
十一、岩　潜
十二、御神体
十三、沖　逢
十四、五　穀
十五、八　鉢
十六、住　吉
十七、七貴神
十八、大　神
十九、太刀神添
二十、本　花
二十一、地　割
二十二、袖　花
二十三、柴　引
二十四、伊　勢
二十五、手力雄
二十六、うずめ
二十七、戸　取
二十八、舞開き
二十九、日の前
三十、御　柴
三十一、注連口
三十二、繰降し
三十三、雲降し

二十八番　舞開き

神社名：嶽宮神社
鎮座地：西臼杵郡高千穂町大字押方325
宮司名：後藤　秀満
神楽名：嶽宮神楽
奉納日：5月4日、12月10日に近い週末、旧初午、秋彼岸２回
保存会名：嶽宮神社神楽保存会
神楽面の保存：有（17面）
（代表的な面　嶽宮大神御神体、嶽宮大神、猿田彦、鈿女2体、荒神、柴荒神など）

高千穂町

中畑神社

中畑神社神楽

江戸時代より現在につながっています。町内でも地区によって調子に違いがあるため、お互いが一緒に舞うことは難しいのが現状です。

番付三十三番の「日の前」も復活し、神楽奉仕者は努力を積み重ねております。

現在保存会の人数は足りていますが、今後は人員確保が問題となりそうです。神楽面は十三面保存しています。

中畑神社秋季大祭として夜神楽を行っております。氏子区域内で四カ所持ち廻りで、担当地区は総出で準備や神楽中の運営を行います。夜神楽は多くの人々の協力が必要な大神事です。

［神楽番付］

一、御小屋ほめ
二、彦　舞
三、太伊殿
四、鎮　守
五、神　颪
六、杉登り
七、地固め
八、幣神添え
九、八　鉢
十、御　柴
十一、弓正護
十二、住　吉
十三、太刀神添え
十四、岩潜り
十五、御神体
十六、武　智
十七、大　神
十八、沖　逢
十九、七貴人
二十、山　森
二十一、本　花
二十二、五　穀
二十三、地　割
二十四、柴引き
二十五、伊　勢
二十六、手力男
二十七、鈿　女
二十八、戸　取
二十九、舞開き
三十、繰り於呂し
三十一、注連口
三十二、雲於呂し
三十三、日の前

二番　彦舞

神社名：中畑神社
鎮座地：西臼杵郡高千穂町大字押方6417
宮司名：戸高　八德
神楽名：中畑神社神楽
奉納日：11月第３土、日曜日
保存会名：中畑神社神楽保存会
神楽面の保存：有（13面）
（代表的な面　中畑大明神、猿田彦、入鬼神、八鉢、山森、伊弉諾命、伊弉冉命）

高千穂町

二上神社

十二番　七貴人の中の杵舞

五番　杉登

二上神楽

由緒は重要無形民俗文化財に登録された、高千穂の夜神楽に準じております。

本来二上神楽は口伝えによって伝えられてきましたが、戦後、奉仕者の飯干穀一氏によって書かれた手引書を奉仕者全員で共有しております。神楽の舞い方、神楽歌、御幣の切り方が記されています。一度は途絶えた神楽もこの書物によって復活でき、現在はほぼすべての神楽が復活しています。また、他の地区の神楽とは違い、独自の神楽形態をとっておりますが、過去に一度途絶えたことがあり、五ヶ瀬町の桑野内神楽保存会に教えを請い復活した経緯があります。実はそれ以前に桑野内神楽が途絶えた時、二上神社の神楽を習いに来たという話が残っております。つまり神楽の伝承としては二上神楽は途絶えることなく現在に受け継がれていることになります。現在はホタル祭りなどの地区のイベントでも神楽を奉納し、地元での伝統文化の継承に力を注いでおります。

二上神楽は速度が速く躍動感のある神楽です。拝観者からも見応えがあると評判があります。神社の御祭神である伊邪那岐・伊邪那美の命の舞である御神体という神楽は、毎年見に来られる地元の氏子さんたちにも人気で、三十三番の中でも一番盛り上がる神楽です。一番眠気のくる午前二時ごろに舞われる神楽で、別名「目覚まし神楽」ともいわれております。

独自の舞として、「七貴人」と呼ばれる神楽に「杵舞」という神楽が入っています。「杵舞」は面を着けた舞手が杵を持ち、囲炉裏の灰を杵ですくって観覧者に灰を撒く神楽で、その灰を浴びると無病息災で過ごせると伝わっております。

現在保存会は十七人います。今後夜神楽を伝承していくため、これから先の神楽後継者の不足が心配されますが、地域にて多くの後継者が生まれることを祈っております。

［神楽番付］

一、彦　舞
二、太　殿
三、神　降
四、鎮　守
五、杉　登
六、地　固
七、幣神添
八、住　吉
九、弓正護
十、沖　逢
十一、八　鉢
十二、七貴人
十三、太刀神添
十四、五　穀
十五、袖　花
十六、本　花
十七、御神体
十八、岩　潜
十九、大　神
二十、地　割
二十一、日の前
二十二、御　柴
二十三、武　智
二十四、山　森
二十五、柴　引
二十六、伊　勢
二十七、手力男
二十八、鈿　女
二十九、戸　取
三十、舞　開
三十一、注連口
三十二、繰下ろし
三十三、雲降し

神 社 名：二上神社
鎮 座 地：西臼杵郡高千穂町大字押方2375-1
宮 司 名：甲斐　重寛
神 楽 名：二上神楽
奉 納 日：12月３日に近い土曜日
保存会名：二上神楽保存会
神楽面の保存：有（18面）
（代表的な面　二上様（伊邪那岐）（伊邪那美）、手力男（阿形）（吽形）、猿田彦、鈿女、柴引、御神体、鬼神）

高千穂町

八幡大神社

下野神楽

巨樹に囲まれた悠久の杜

八幡大神社は、建久三年（一一九二）に高千穂領主・高千穂太郎惟元が勧請し、高千穂政信が境内を整え社殿を建立したと伝えられています。境内には、樹齢九〇〇年ともいわれる国の天然記念物・みやざき巨樹一〇〇選の「イチョウ」と「ケヤキ」、みやざき巨樹一〇〇選の「逆さ杉」などの巨木があります。

八幡大神社の神楽（下野神楽）は、「社家立合神楽　神事の事は天正三年より安永二年まで社家立合也」と記された「八幡宮御記録」をはじめ、明治十七年（一八八四）の「御神楽立歌」、同二十五年の「願祝子取締規則」などの貴重な神楽記録も残されているなど、歴史のある神楽です。

上右：五番　鎮守
上左：六番　杉登りの入鬼神
下：　一番　御小屋ほめ

氏子が担う伝承活動

下野神楽保存会の会員数は十八人。長老の奉仕者から、師匠奉仕者、若手奉仕者もいますが、年々奉仕者の数が減少傾向にあります。そのため、小中高生への伝承活動も行っていて、夜神楽での神楽奉仕者としての役割も担っています。

夜神楽は、十三の小組合廻し当番制で、毎年十一月二十二日に氏子主催として執り行われています。神楽宿は、民家で行われるのが慣例であるが、近年では、その年の事情により、民家と公民館が併用されています。

また、春と秋の大祭はもちろん、全ての祭りで神楽は奉納されています。しかし、神楽奉仕者の都合等で神楽が奉納されない場合もあります。

［神楽番付］

一、御小屋ほめ
二、彦　舞
三、太　殿
四、神降ろし
五、鎮　守
六、杉登り
七、地固め
八、幣神添
九、八　鉢
十、御　柴
十一、弓正護
十二、住　吉
十三、袖　花
十四、太刀神添
十五、岩潜り
十六、御神体
十七、武　智
十八、大　神
十九、沖　逢
二十、七貴人
二十一、山　森
二十二、本　花
二十三、五　穀
二十四、地　割
二十五、柴引き
二十六、伊　勢
二十七、手　力
二十八、鈿　女
二十九、戸取り
三十、日の前
三十一、舞開き
三十二、繰り降ろし・注連口
三十三、雲降ろし

神 社 名：八幡大神社
鎮 座 地：西臼杵郡高千穂町大字下野569
宮 司 名：興梠　順彦
神 楽 名：下野神楽
奉 納 日：11月22日（夜神楽）
5月5日　9月15日
1月1日等
保存会名：下野夜神楽保存会
神楽面の保存：有（20面）
（代表的な面　御神　猿田彦　鈿女
戸取　手力　舞開　地割　荒神）

神楽宿に向かう道行き風景

高千穂町

柚木野神社

下組神楽

四月二十九日の春祭りには御神幸祭があり岩坪天神神社まで行き、神楽を舞います。十二月十五日には民家で山ノ神祭りの家回しで神楽を行います。神楽に関する文書も残っており、神楽面も十五面あります。

　また、同地域内に黒口神社があり、ここも神楽が盛んで、十一月に夜神楽を行います。八月三日や九月の彼岸の中日の前夜には楽踊りを奉納します。

　柚木野神社は下組神楽保存会で活動しています。同保存会は人数が減っており、神楽の舞手、後継者の不足が懸念されます。夜神楽では一番で八人以上必要な舞もあり、重要な問題です。

［神楽番付］

一、彦　舞
二、太　殿
三、神降ろし
四、鎮　守
五、杉登り
六、地固め
七、太刀神添
八、幣神添
九、武　智
十、弓正護
十一、沖　逢
十二、岩潜り
十三、地割り
十四、山　森
十五、袖　花
十六、本　花
十七、五　穀
十八、七貴神
十九、八つ鉢
二十、御神体
二十一、住　吉
二十二、柴引き
二十三、伊勢神楽
二十四、手力男
二十五、鈿　女
二十六、戸取り
二十七、舞開き
二十八、日の前
二十九、大　神
三十、御　柴
三十一、注連口
三十二、繰り下ろし
三十三、雲下ろし

二十四番　手力男

神社名：柚木野神社
鎮座地：西臼杵郡高千穂町大字上野932
宮司名：内倉　一生
神楽名：下組神楽
奉納日：４月29日、11月22日、23日、12月15日
保存会名：下組神楽保存会
神楽面の保存：有（15面）
（代表的な面　御神面、手力、戸取、鈿女、大山祇神、猿田彦、八鉢面など）

高千穂町

上野神社

上野神楽

由緒は不明ですが、西臼杵郡内の各地区と同じような番付となっています。保存会の人数は足りており、神事等で奉納しています。神楽面は二十五面保存しています。

　番付は三十番あり夜神楽も行いますが、それ以外に祈年祭、春の大祭、また須崎、新町、誌井知にある稲荷神社で神楽を奉納しています。

　三十番の番付の中に「子供神楽」が入っていることが珍しいと言われます。通常は大人と混ざって子どもが舞う場合がほとんどですが、この「子供神楽」は「子供鎮守」として、子どもが舞う神楽であり、後継者の育成においても良い番付となっています。

［神楽番付］

一、御小屋ほめ
二、彦　舞
三、太　殿
四、神　降
五、鎮　守
六、杉　登
七、子供神楽
八、地　固
九、幣神添
十、住　吉
十一、弓正護
十二、大　神
十三、沖　逢
十四、御神体
十五、岩　潜
十六、七鬼神
十七、地　割
十八、山　森
十九、八　鉢
二十、五　穀
二十一、武　智
二十二、柴　引
二十三、伊勢神楽
二十四、手力雄
二十五、鈿　女
二十六、戸　取
二十七、舞　開
二十八、注連口
二十九、繰下し
三十、雲下し

神社名：上野神社
鎮座地：西臼杵郡高千穂町大字上野3389
宮司名：甲斐　浩二
神楽名：上野神楽
奉納日：祈年祭・春大祭・稲荷神社
保存会名：上野神社神楽保存会
神楽面の保存：有（25面）

高千穂町

熊野神社

上田原神楽

戦後途絶えていましたが、昭和四十九年に有志が下田原神楽を習い復活させ、現在に至ります。保存会があり、高校生中学生十八人を含め四十九人で、比較的若者が多く、後継者育成に注力しています。

毎年二月十一日に夜神楽を行っており、夜を徹して三十三番の神楽を舞います。始めの一番は「御光家」で、これは注連を張って高天原と定めて、この場に八百万神をお招きする舞です。

その他は祈願の神楽が多く、厄難祓いや火伏の神楽、豊作を祈る神楽などがあり、その後に岩戸開きの神楽に入ります。

［神楽番付］

一、御光家
二、彦　舞
三、神降し
四、鎮　守
五、杉　登
六、袖　花
七、地固め
八、幣神添
九、沖　逢
十、太刀神添
十一、住　吉
十二、火の前
十三、四人武智
十四、山　森
十五、柴荒神
十六、弓正護
十七、地　割
十八、五　穀
十九、御神体
二十、本　花
二十一、岩潜り
二十二、七鬼神
二十三、武智神添
二十四、八　鉢
二十五、大　神
二十六、柴引き
二十七、伊　勢
二十八、手力男命
二十九、天鈿女命
三十、戸取り
三十一、舞開き
三十二、注連引き
三十三、雲降し

五番　杉登

神 社 名：熊野神社
鎮 座 地：西臼杵郡高千穂町大字田原640
宮 司 名：池田　良
神 楽 名：上田原神楽
奉 納 日：4月29日、11月23日、2月11日に近い土曜日
保存会名：上田原神楽保存会
神楽面の保存：有（8面）
（代表的な面　猿田彦命、入鬼神、少彦名命、伊弉諾命、伊弉冉命、手力雄命、天鈿女命）

高千穂町

祖母嶽神社

五ヶ所神楽

神楽は農業と深い結びつきがあり、七月は五穀豊穣の祈願、また十一月は秋の実りへの感謝として神楽を奉納しています。十一月は他の地区と同じように夜神楽を行いますが、地元の神事として行っており、高千穂町発行の夜神楽案内には掲載していません。その分地域とのつながりは強くなり、地元住民で神様に感謝を伝えることができます。これは神楽の神事における原点であり、大切なことだと言えます。

保存会の人数は十五人で若い人も多く、神楽を奉納するには足りています。ただ昔と違い、仕事は農業から会社勤めに変わり、練習などの回数が増やせないことが、これから先の伝承において心配なところです。

神楽に関する文書は過去には存在しましたが、大友氏系の争乱のために破却され無くなっています。

［神楽番付］

一、彦　舞
二、太　殿
三、神　降
四、鎮　守
五、杉　登
六、地　固
七、幣神添
八、武　智
九、太刀神添
十、弓正護
十一、沖　逢
十二、岩　潜
十三、地　割
十四、山　森
十五、袖　花
十六、本　花
十七、五　穀
十八、七貴人
十九、八つ鉢
二十、御神体
二十一、住　吉
二十二、伊　勢
二十三、柴　引
二十四、手力雄
二十五、鈿　女
二十六、戸　取
二十七、舞開き
二十八、日の前
二十九、大　神
三十、御　柴
三十一、注連口
三十二、繰下し
三十三、雲下し

神 社 名：祖母嶽神社
鎮 座 地：西臼杵郡高千穂町大字五ヶ所1662
宮 司 名：合澤　栄喜
神 楽 名：五ヶ所神楽
奉 納 日：7月第3日曜日、11月第2土、日曜
保存会名：五ヶ所神楽保存会
神楽面の保存：有（9面）
（代表的な面　猿田彦大神宮、入き神、大神宮（鈿女の命）、芝引き、戸取、手力男命）

二十九番　戸取

二十六番　柴引

五ヶ瀬町

三ヶ所神社

三ヶ所神社神楽

旧記に乏しく（皆無といってよい）古いことは判明しません。神楽歌等について高千穂神楽と同一だということは間違いありません。

神楽番付の名称が大部分同じであり、神楽歌も高千穂で「十六社大明神…」と歌われる所が当神社の場合「二神大明神…」でその他の歌詞は同じであることから、持物・御幣など多少の違いはあっても、同じ系統であることは間違いありません。

岩戸から伝わったのではないかとの説もあるようですが、何もはっきりした理由はありません。

長い年月の間に太鼓の調子が変わったり、舞いにくいところが改められたり、師匠によりいろいろ変化していることはいなめないが、系統的には同じだと考えられます。

三ヶ所神社へ奉納される神楽は、社家原家の墓地（原城趾）の麓の墓地の入り口に、「とんだ、さいわき」なる年代不詳の墓があります。これが神楽舞で最も古い奉仕者の墓だといわれています。同じ所に神楽の師匠であった米田清太郎、儀右衛門、亀太郎の墓があります。

明治の終わり頃まで神楽の師匠であった米田亀太郎は宮ノ原僧都の平に住み、昔は三ヶ所神社の鍵の役という家柄であり、神楽の師匠を三代にわたってつとめていたのは確実であります。

その亀太郎は子どもに男性が恵まれず、娘に養子をもらって神楽を教えたが、あまり上手ではなく、後年離別したので、神楽の師匠とはならず、頭梁の家は絶えました。

米田亀太郎の第一の弟子は、神楽の天才といわれた廻渕出身の武田米吉であり、彼は神楽三十三番どれでも舞い、太鼓も打てて、歌も知っている事実上神楽の頭梁として最後の人でありました。

神社名：三ヶ所神社
鎮座地：西臼杵郡五ヶ瀬町大字三ヶ所8736
宮司名：原　賢一郎
神楽名：三ヶ所神社神楽
奉納日：４月中旬の日曜日
９月29日に近い日曜日
11月23日前後の土曜日
保存会名：三ヶ所神社神楽保存会
神楽面の保存：有（17面）
（代表的な面　彦舞、手力男、鬼神、山森、戸取、鈿女、手力男命）

［神楽番付］

一、御神屋ほめ
二、彦　舞
三、神下し
四、鎮　守
五、もと花
六、杉登り
七、武　智
八、幣神添
九、稲荷神楽
十、地　割
十一、五　穀
十二、太刀神添
十三、山　森
十四、大　神
十五、八ッ鉢
十六、地固め
十七、弓太刀
十八、花沖逢
十九、杵
二十、岩潜り
二十一、弓正護
二十二、酒こし舞
二十三、鬼　神
二十四、とうせい
二十五、伊勢神楽
二十六、柴　引
二十七、手力男
二十八、鈿　女
二十九、戸　取
三十、舞開き
三十一、沖　逢
三十二、日の舞
三十三、神もどし

五ヶ瀬町

桑野内神社

［神楽番付］

一、彦　舞
二、太　殿
三、神降し
四、鎮　守
五、杉　登
六、地　固
七、幣神添
八、太刀神添
九、弓正護
十、四人武智
十一、岩潜り
十二、地　割
十三、二人武智
十四、山　森
十五、本　花
十六、五　穀
十七、七貴神
十八、八　鉢
十九、御神体
二十、住　吉
二十一、伊　勢
二十二、手力雄
二十三、柴　引
二十四、鈿　女
二十五、戸　取
二十六、舞開き
二十七、日の前
二十八、大　神
二十九、御　柴
三十、注連口
三十一、雲下ろし

桑野内神社神楽

桑野内神楽は明治の初め高千穂押方の坂本立三という人から伝授されたもので、古代高千穂の岩戸伝説に始まります。桑野内に現存する舞衣には明治三年（一八七〇）と書いてあり、桑野内神社が土生《つちはえ》に移転したのは同年であるので、以来一五〇年近くにわたって伝承されているものであります。

文書も「御神楽控帳」（後藤桂治所有）や「桑野内神楽史」（同）など、その他数点が残っています。

夜神楽は一月第二土曜日曜に行っており、三十一番を夜を徹して舞います。舞手が年々高齢化しており、今後の伝承を心配しております。

二十四番　鈿女

神社名：桑野内神社
鎮座地：西臼杵郡五ヶ瀬町大字桑野内36
宮司名：後藤　誉美
神楽名：桑野内神社神楽
奉納日：4月第2日曜日
9月第2日曜日
1月第2土曜、日曜日
保存会名：桑野内神社神楽保存会
神楽面の保存：有（16面）

五ヶ瀬町

古戸野神社

［神楽番付］

一、神降し
二、鎮　地
三、入貴神
四、幣神ズイ
五、杉登り
六、大　神
七、ブチ神ズイ
八、花沖江
九、地　固
十、五穀豊成就
十一、〆神楽
十二、〆神楽
十三、地　割
十四、岩潜り
十五、山守り
十六、酒こし
十七、七貴神
十八、榊引き
十九、戸　取
二十、伊勢神楽
二十一、手力男命舞
二十二、舞開き
二十三、火の前

古戸野神楽

社伝によると、吉野朝時代（南北朝時代の南朝）、芝原又三郎性虎が高千穂押方よりこの地に居城をかまえ移り住んだ際、この神社を勧請し、その時地神楽と岩戸神楽を合わせ、舞い始めたとされています。由緒は岩戸神楽に準ずるものですが、時代を重ねるに従い、伊勢神楽も混ざり速度の遅い今の神楽になりました。

番付は二十数番あり、岩戸神楽に類似しています。夜神楽は六地区回しで一月の第二土曜～日曜に行っています。

保存会には二十一人いますが、夜神楽を行っていくには足りておらず、若い世代の加入がないのが課題です。

九番　地固

神社名：古戸野神社
鎮座地：西臼杵郡五ヶ瀬町大字桑野内4668
宮司名：興梠　博良
神楽名：古戸野神楽
奉納日：4月16日、9月23日、
1月第2土曜、日曜
保存会名：古戸野神社神楽保存会
神楽面の保存：有（12面）
（代表的な面　荒神命、手力男命、天鈿女命）

右：三十番　たたら舞
左：一番　地神楽

五ヶ瀬町

祇園神社

鞍岡祇園神楽

独自の文化の残る祇園神楽

祇園神社に世代を超え継承されてきた鞍岡祇園神楽は、同神社の祇園祭、おくんち祭、天津神社祭、妙見神社祭に奉納されています。

戦いに敗れた平家一族が九州北部より逃亡し、鞍岡から山を越え椎葉に隠せいの地を求めたその折に京都の文化が残されたのではと伝えられますが、それが祇園神楽にひきつがれているとの見方もあります。

保存会の人数は足りていますが、少子高齢化が進み、今後継承の問題が出てくると心配されます。

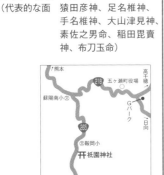

神社名：祇園神社
鎮座地：西臼杵郡五ヶ瀬町大字鞍岡6066
宮司名：佐貫　勝喜
神楽名：祇園神楽
奉納日：7月15日、10月9日、11月中旬土曜日（天津神社）
保存会名：祇園神楽保存会
神楽面の保存：有（10面）
（代表的な面　猿田彦神、足名椎神、手名椎神、大山津見神、素佐之男命、稲田毘賣神、布刀玉命）

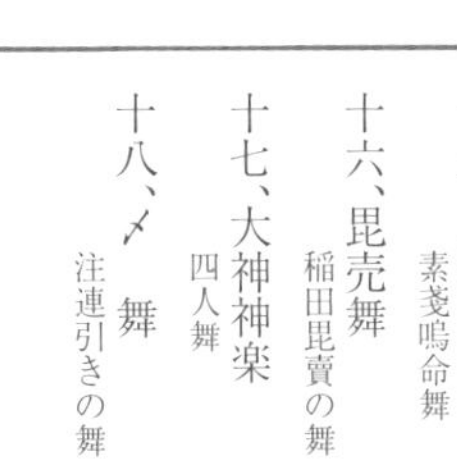

独自の番付がみられる

祇園神楽は高千穂地方の神楽と同様に祈願をこめた神事ですが、番付の数番は独自性が見られます。

神楽終盤の岩戸開きの舞では、高千穂地方の神楽では手力が岩戸を探す舞、その後鈿女命の舞となり、手力男が岩戸の戸を取る「戸取」の舞につながります。これに対し、祇園神楽では、「戸取」の後に手力男命の力強さを表す神楽として「手力」が入っています。また、「戸取」で天照大神に出てきていただいて岩戸開きは終わりますが、祇園神楽では天照大神をお迎えする舞である「たたら舞」「由布舞」が続きます。三十三番の最後に五穀が蒔《ま》かれる祝いの舞が入るのも珍しいことです。

高千穂地方の神楽以外の文化が入って、現代まで継承されてきたことも納得できる番付です。

［神楽番付］

一、地神楽　神鎮の舞
二、場神楽　神降ろしの舞
三、地荒神
四、東　征　水を呼び降す舞
五、浮　江　国つくりの舞
六、幣神事　出発の時の祓い舞
七、四人鞭　五つ瀬命の天降の舞
八、杉登り　猿田彦と天宇受賣の舞
九、岩崩し　魔除の舞
十、地固め　悪魔除、国伐の舞
十一、弓神楽　悪魔除の舞
十二、素面舞　悪魔除の舞
十三、酒こし神楽　一夜酒造りの舞
十四、山の神　大山津見命の舞
十五、八鉢　素戔嗚命舞
十六、毘売舞　稲田毘賣の舞
十七、大神神楽　四人舞
十八、〆　舞　注連引きの舞
十九、繰下し　注連引き降ろしの舞
二十、二人鞭　国造りの舞
二十一、翁　舞　足名椎、手名椎神舞
二十二、八雲舞　大蛇退治の舞
二十三、猿田彦舞　道案内の舞
二十四、伊勢神楽　天の岩戸開き用意の舞
二十五、御　幣　天岩戸開き始めの舞
二十六、宇受売舞　神楽の起となる舞
二十七、柴引き　天の真榊を根こそぎにされる舞
二十八、戸　取　岩戸を取り払う
二十九、手　力　手力男命の力強さを表した舞
三十、たたら舞　天照大神のお迎えの舞
三十一、由布舞　天照大神のお迎えの舞
三十二、舞開き　天照大神のお供えの舞
三十三、花神楽　五穀を国々に蒔かれる祝いの舞

日之影町

岩井川神社

神迎え

［神楽番付］

一、森の正教
二、彦　舞
三、東　西
四、鎮　守
五、天神様の舞
六、神おろし
七、八　鉢
八、杉　登
九、座張り
十、注連口
十一、みこやほめ
十二、武　智
十三、岩潜り
十四、荒　神
十五、大　神
十六、五津天
十七、地　固
十八、八幡様の舞
十九、弓の正護
二十、山　森
二十一、太子様の舞
二十二、沖　逢
二十三、手力男の命
二十四、伊勢神楽
二十五、うずめの命
二十六、柴引き
二十七、戸取り
二十八、舞開き

岩井川神楽

由緒は不明です。番付は二十八番あり、神楽面は十面保存しています。保存会は大人神楽保存会です。

町内の神楽の中で唯一、夜を徹して二十八番の神楽が舞われる夜神楽です。現在は、大人、上小原、古園、大楠、小崎、追川、糸平、興地、星山、矢形の的の十地区で舞われています。

それぞれが後継者不足の問題を抱えており、数年神楽奉納ができていない神社もあります。これから各地区協力し、伝承していく必要があります。

神 社 名：岩井川神社
鎮 座 地：西臼杵郡日之影町大字岩井川2422-1
宮 司 名：甲斐　勝仁
神 楽 名：岩井川神楽
奉 納 日：１月第２土曜、日曜
保存会名：大人神楽保存会
神楽面の保存：有（10面）
（代表的な面　天神様、猿田彦、太子様、八幡様、荒神様、手力男の命、鈿女之命）

日之影町

椎谷神社

［神楽番付］

一、彦　舞
二、太　殿
三、神　降
四、鎮　守
五、杉　登
六、地　固
七、幣神添
八、歩　智
九、山　森
十、柴引き
十一、伊　勢
十二、手力男の命
十三、鈿女の命
十四、戸　取
十五、舞　開
十六、住　吉
十七、地　割
十八、御　柴
十九、御神体
二十、沖　逢
二十一、八　鉢
二十二、七貴人
二十三、弓正護
二十四、弓神添
二十五、本　花
二十六、袖　花
二十七、五　穀
二十八、岩　潜
二十九、大　神
三十、日の前
三十一、繰　下
三十二、注連口
三十三、雲下し

岩戸神楽

この地域の神楽の伝承は、昔から古老によって言い伝えられた語り伝え、文書で書きつがれた解説がありますが、伝え方などに言葉のなまりや写し誤りがあって解読に苦しむ内容が所々見られます。

春秋の例祭時に、神社の神楽殿で奉納されますが、近時には地域内で不幸（死者）が生じた場合は、祭典のみで歌舞は中止になります。

最近では後継者の不足、神楽に対する意識の薄さがあり、指導者等の育成をはじめ継承活動に取りくむ必要があります。

神 社 名：椎谷神社
鎮 座 地：西臼杵郡日之影町大字七折14261-乙
宮 司 名：後藤　俊彦
神 楽 名：岩戸神楽
奉 納 日：５月２日
12月第１土曜日
保存会名：椎谷神楽保存会
神楽面の保存：無

日之影町

深角神社

深角神楽

日之影神楽は、日之影町内二十七地区に伝わる神楽の総称で、毎年十一月から二月にかけて、実りに対する感謝と五穀豊穣を祈願して、集落の神社から氏神様を神楽宿にお迎えし奉納されています。

主には隣接する高千穂町の神楽と同じく「岩戸五番」を重んじる演目構成ですが、各地区の氏神様が登場する演目があったり、隣接する諸塚村の神楽の影響を受けた演目もあったりと、地域独特の展開がみられます。

深角神社の神楽についての起源などは不明ですが、神楽に関する文書は残っており、深角神楽歌と神楽十一番があります。

十番　入貴神

［神楽番付］

一、鎮守
二、神颪
三、幣神添
四、地固
五、本花
六、五穀
七、住吉
八、御幣
九、弓正護
十、入貴神
十一、沖逢

神社名：深角神社
鎮座地：西臼杵郡日之影町大字七折12718
宮司名：後藤　俊彦
神楽名：深角神楽
奉納日：12月30日
保存会名：深角神楽保存会
楽面の保存　有（13面）
（代表的な面　織田様・猿田彦・龍宮様）

日之影町

大人神社

大人神社神楽

日之影町は高千穂町の隣に位置し、町の総面積の九割が森林と緑に恵まれた自然豊かな町です。

日之影町大人《おおひと》地区の神楽は、大人神楽とも呼ばれ、町内四つの系統の中の「岩井川系」の神楽にあたり、激しい太鼓と荒々しい所作が特徴です。

この地域では十月の秋祭において住民が歌舞伎を披露する文化もあり、歌舞伎の館が作られており、一月第二土曜、日曜にはこちらで神楽が舞われています。大人歌舞伎は町の代表的な郷土芸能で、大人地区に昔から伝わり、演技もさることながら、その華麗な衣装は先祖伝来の珍しいものです。

祭礼の日には奉納行事として公演され、多くの人々が見物に訪れます。

［神楽番付］

一、森の正教
二、彦舞
三、東西
四、鎮守
五、天神様の舞
六、神おろし
七、八鉢
八、杉登
九、座張り
十、注連口
十一、みこやほめ
十二、武智
十三、岩潜り
十四、荒神
十五、大神
十六、五津天
十七、地固
十八、八幡様の舞
十九、弓の正護
二十、山森
二十一、太子様の舞
二十二、沖逢
二十三、手力男の命
二十四、伊勢神楽
二十五、うずめの命
二十六、柴引き
二十七、戸取り
二十八、舞開き

神社名：大人神社
鎮座地：西臼杵郡日之影町大字岩井川2109-1
宮司名：甲斐　勝仁
神楽名：大人神社神楽
奉納日：1月第2土曜、日曜
保存会名：大人神楽保存会
神楽面の保存：有（10面）
（代表的な面　柴引・戸取・手力男・舞開・彦舞・荒神・うずめの命・八幡様・太子様・天神様）

延岡市域と日向市・門川町の神楽

延岡神楽

四番　三番荒神の舞

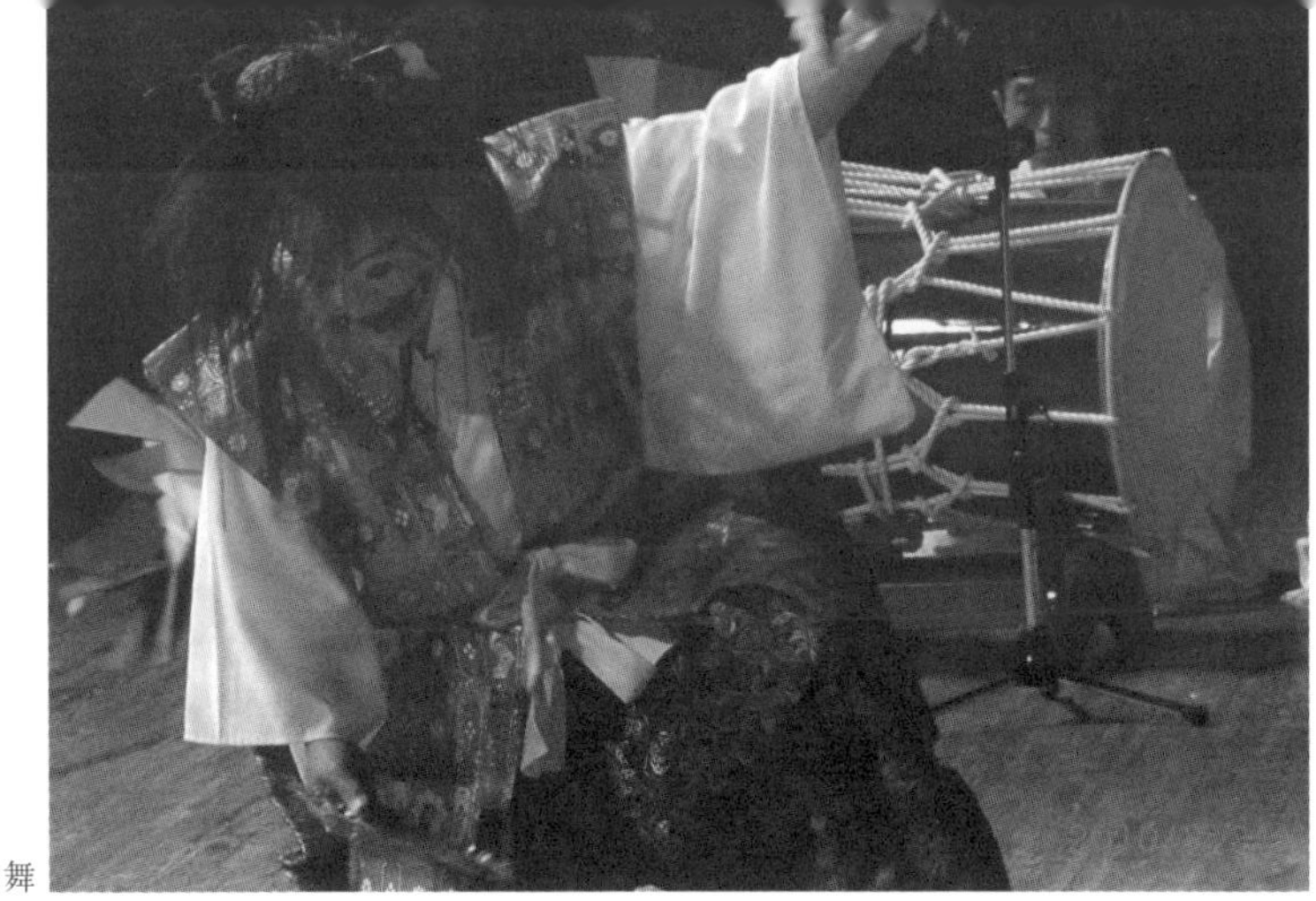
十三番　笠取荒神舞

神事芸能の盛んな地

　延岡神楽は、奈良時代に修験者によって伝わり、出雲流とされ、古くは県《あがた》神楽、また延岡城内二カ所で舞われていたことから御本城神楽とも呼ばれていました。

　神事神楽といわれ、祭典により正式三番神楽は五番、略式三番神楽は三番を行っています。

　往古、延岡地方の荘園主宇佐八幡宮の勧請により建立された今山八幡宮の「旧記」には、平安時代後期の一一一〇年代に神楽をはじめ神事芸能が盛んであったことが記されています。

　江戸時代内藤家五代目藩主政和公の寛政四年（一七九二）に、藩命で、城付地の神社等九十二カ所の神楽執行を「諸社祭禮神楽覚帳」に著し、神楽役人を置き藩政に活用されていたのではとされ、祭や神楽と民衆の関わりがわかります。なお、明治時代、旧北方町早日渡へ延岡城下の春日神社から伝わったものは、城下神楽と呼ばれています。

　昭和十年代中頃まで神楽は盛んでしたが、戦争や後の敗戦により衰退しました。戦前から現在まで夜半式神楽を継続している主なところは、今山八幡宮と土々呂町の霧島神社の十日宵えびすです。

　昭和四十年代には、演者の高齢化が顕著となったため、神職会と神楽師匠会は、今山八幡宮岩切重信宮司を座長とし、若手の岩切隆氏等に舞の仕分けや所作等の精査を依頼しました。両会は、田舎芝居的な所作の排除、欠落や間違いの修正と伝統的な門閥制の廃止等について十余年の検証を重ね、「神楽遺撰誌」を編纂（昭和五十九年）し、指導体制の一元化を図りました。以来、自ずと外向きの思考が芽生え、保存会単位の里神楽、旧町村や行政単位の神楽祭りが地域振興の一翼を担い始めました。

　因みに戦前からの四つの保存会、復活した二つの保存会は延岡神楽保存会を結成し、神楽の普及伝承に努めています。

能の伝統もうけついで

　神楽構成は、魔鬼除と予祝を本流に岩戸開きを加えた三十三番を、目的別に五つの神楽式と別神楽四番としています。

　奏楽は、太鼓七曲・笛四曲を演目や場面で使い分け、楽・手拍子は単調なテンポを繰り返します。

　面は、明治時代、延岡在住の神職が相当数の神社に奉納し、現在でも使用されています。能面に近い神楽面で、この地方の神楽面の原型となっています。

［神楽番付］

一、鎮守の舞
　神に感謝し祝い所鎮めの舞
二、魔鬼除神楽舞い嵐
　産土の神や氏神の恵みに感謝し祝う舞
　①太刀の舞　②扇子の舞　③柴の舞　④抜き手の舞
三、幣神随
　①舞の手舞　②幣の手舞神の願いを掛ける舞
四、三番荒神の舞
　神を案内し幸を与える舞
五、魔鬼除神楽平手舞
　神庭を清め悪魔を追い払う舞
六、手の舞
　生産を祝い喜ぶ舞
七、矢の舞
　魔除けの舞
八、弓の舞
　魔力を祓う舞
九、大神神楽
　神々に感謝し祝う舞
　①本舞　②幣の手舞
十、魔鬼除神楽平手舞
　神庭を清め悪魔を追い払う舞
十一、糸の手舞
　神々に願を掛ける舞
十二、日月手舞
　太陽と月の恵みに感謝する舞
十三、笠取荒神舞
　神々が恵を与える舞
十四、御笠の舞（田植神楽）
　田植えをし願をかける舞
十五、魔鬼除神楽平手舞
　豊作を願い悪霊を追い払う舞
十六、散米の舞
　豊作を感謝し祝う舞
十七、綱まわし
　罪穢れを綱に移し無事を感謝する舞
十八、七荒神舞
　幸福を表す舞
　①志那賀津姫舞　②志那賀津彦舞　③雷神舞　④龍神舞　⑤高龗舞　⑥罔象女舞　⑦水分の神舞　⑧酒解の神舞
十九、問答神楽
　神楽の謂れを述べ願いと恵を表す
　①荒神　②神主神々に願いを掛けて幸せをいただく人
二十、太刀神随
　太刀の霊力により魔力を弱める舞
二十一、鎮守の舞
　高天原の神々の恵みに感謝し祝う舞
二十二、天の太玉の神舞
　祭りを司る神
二十三、天の児屋根の神舞
　学問の神
二十四、天の宇豆賣の神舞
　人々の心を和ませ活力を与える
二十五、天の手力男の神舞
　力持ちの神
二十六、天の戸隠の神舞
　天の岩戸を取り外した舞
二十七、手力男舞あげ
　世の中の平隠を喜ぶ
二十八、綱切り
　罪穢れを移した綱を切り諸願成就を願う

［別神楽］

一、沖恵神楽　二番
二、日の神楽　二番

伊福形神楽保存会（延岡市）

延岡藩南部にあたる伊形地方では各社の祭典ごとに、村の祠官、三須村若宮大明神の今村阿波頭が神楽太夫を引き連れて奉仕していました。

夏は十二番ほどの夜半式神楽、秋は三十三番の日待式神楽を奉納するならわしでした。農村が中心で、漁村部では隔年で日待式を勤めていました。夏秋の神楽に加え、現在はすたれましたが春の春祈年でも神楽は奉納されました。

延岡においては神事を祭典式、神楽を神楽式として双方を同等に重視しました。荘重な祭典楽も整備され、現在の神社祭典式にも継承されています。

◆神楽奉納日

◇上伊福形神社　奉納日一月一日
◇霧島神社　奉納日二月十日
◇伊形地区六社　奉納日七月三日　十一月三日

神社名：上伊福形神社
鎮座地：延岡市上伊形町892
宮司名：岩切　梓

神楽面の保存：
有（21面）
（代表的な面　三番荒神、笠取荒神、支那賀津彦神、支那賀津姫神、酒解神、風王、雷神、龍神、水分神、岡象女神、高靇神、天太玉神、天鈿女神、天戸隠神、天手力雄神、問答荒神）

川坂神楽保存会（延岡市）

内藤家文書「諸社祭禮神楽覚帳」に寛政四年（一七九二）十一月十日〜十一日に神楽が行われていた記録があります。川坂に、神楽組合が明治四十年ごろに組織されていた記録もあります。

その後昭和十年頃まで盛んに夜神楽が舞われていましたが、舞手不足等により夜神楽が途絶えてしまいました。昭和四十九年当時の青年たちにより神楽復活の機運が高まり、長老たちに交じり神楽を伝承していた岩切隆氏より、延岡神楽を習得し現在に至っています。

岩戸神社では大晦日から元旦にかけ年越神楽が奉納されています。

◆神楽奉納日

◇岩戸神社　奉納日十二月三十一日〜一月一日
◇今山恵比須神社・霧島神社　奉納日二月十日
◇川坂広場特設ステージ　奉納日三月末

神社名：岩戸神社
鎮座地：延岡市北川町長井3958-2
宮司名：井本　勲

神楽面の保存：
有（10面）
（代表的な面　三番荒神（〆口）、笠取荒神、支那賀津彦、酒解、太玉の神、鈿女の神、手力男の神、戸隠の神、猿田彦の神、山の神）

大峡神楽保存会（延岡市）

先の大戦で途絶えていましたが、面・衣装・諸道具等すべて残っていたことから、昭和五十九年に延岡神楽伝承者の指導を受け現在に至っています。

神楽は三十三番と別神楽四番を七節で構成し、魔除け、願掛け、予祝を主眼に舞い、座興として岩戸開きがあります。

神楽奉納は夜半式神楽（深夜まで里神楽）とお日待ち神楽（翌朝までの夜神楽）に大別されます。

神事神楽として、重要な祭りでは三番神楽式と正式四番が、他の場合では略式三番神楽として三舞が奉納されます。

◆神楽奉納日

◇竹谷神社　奉納日一月一日
◇竹谷神社　奉納日三月第一日曜
◇大峡公民館　奉納日七月第一日曜日

神社名：竹谷神社
鎮座地：延岡市大峡町7967
宮司名：玉置　重徳

神楽面の保存：
有（16面）
（代表的な面　三番荒神、支那賀津彦、酒解、天太玉、鈿女、手力男、戸隠、道化）

大野神楽保存会（延岡市）

延岡神楽の起源は、奈良時代に山伏などの修験者によって伝えられたといわれており、出雲神楽の流れを汲んでいます。

大野神楽は、戦後の混乱期には一時中断されていましたが、昭和四十五年に大野在住の有志の手によって保存・伝承活動を確かなものとするため、大野神楽保存会が結成されました。

そして、地元小中学生を対象に延岡神楽の伝承活動を行い、大野神社の夏祭りや冬祭りの他、地元黒岩の一大イベントである「黒岩祭り」等で伝統の神楽を披露しています。

◆神楽奉納日

◇大野神社　奉納日十二月九日に近い日曜日

神社名：大野神社
鎮座地：延岡市大野町1354-ロ
宮司名：工藤　康純

神楽面の保存：
有（10面）
（代表的な面
三番荒神、太玉、手力雄、戸隠、鈿女、風王、闢解、笠取荒神）

尾崎神楽保存会（延岡市）

九州山地の大崩山系に源を発し祝子川《ほうり》の下流域に広がる祝子川地区は、江戸時代から稲穂のなびく豊かな農村地帯でした。

田植え、稲刈りなどの節目節目の農作業が終わると村民が総出で、この地に伝わる神楽が舞い継がれてきました。尾崎神楽の源流は古く、奈良時代、この地を訪れた修験者が伝えたものとも言われています。

戦時中、そして戦後の混乱期に一時絶えていましたが、町民が力を合わせて昭和六十年十月に復活させることができました。

◆神楽奉納日

◇今山恵比須神社・霧島神社　奉納日二月十日

◇小山神社　奉納日十二月九日

神社名：小山神社
鎮座地：延岡市尾崎町4365
宮司名：伊藤　俊郁

神楽面の保存：
有（７面）
（代表的な面　三番荒神、支那賀津彦、酒解、太玉、鈿女、手力男、戸隠）

門川神楽保存会　愛隆会（門川町）

門川神楽は、門川神社所蔵の面の裏に刻まれている年代から判断すると、相当昔から舞われていたと考えられます。実際に昭和二十五年から三十年ごろまで舞われていました。その後、一時途絶えていましたが、当社で有志と共に奉納していた岩切隆氏を中心に、以前神楽に関わりをもっていた、伶人の子孫や本町地区の青壮年により復活、三十六年目となります。

会員の高齢化を危惧して、昭和五十七年頃から町の中学校の文化祭や、平成十九年頃からは郷土芸能こども教室で本町区の小学生などを対象に、これまで計五十名に継承しています。

◆神楽奉納日

◇尾末神社　奉納日一月一日

◇御神幸御旅所　奉納日七月第二土曜日
十一月第三土・日曜日

◇加草神社・庵川神社　奉納日十一月二十三日

神社名：尾末神社
鎮座地：東臼杵郡門川町大字門川尾末1411-イ
宮司名：奈須　通明

神楽面の保存：
有（13面）
（代表的な面　三番荒神、支那賀津姫命、雷神命、龍神命、支那賀津彦命、酒解命、鈿女命１、太玉命、太刀命、戸隠命、笠取荒神、鈿女命２、鈿女命３）

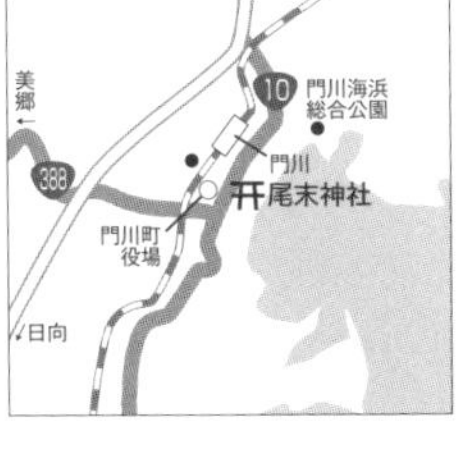

延岡市北方町

椎畑神社

菅原神楽

農作物豊作、家内安全の祈願奉納神楽です。

神楽諸物が火災で焼失したため、いつ頃から神楽が伝承され、また何を主に神楽が奉納されるようになったか、まったくわからなくなっています。今行われているものは、先輩方からの口伝によるものです。

何処《どこ》でもは見られないような面が二面あり、菅原地区民は御神体（一方面・二方面）と言っています。

下宮神社に祭られている御神の一方面（建御雷命《タケミカヅチノミコト》）と二方面（経津主命《フツヌシノミコト》）を菅原神社へ迎え入れるため、各命がまず下宮神社に行き御神（一方面・二方面）の神起こしを行い、その後、菅原神社に舞い込み夜神楽が奉納されます。

現在では深夜二時頃まで十九番の神楽を舞っていますが、年々舞い手の高齢化が進んでおり、伝承していくには後継者不足が課題です。

［神楽番付］
一、舞込み
二、抜き手
三、鎮守舞
四、鬼神舞
五、地固め
六、獅子舞
七、大巨神楽
八、鬼神楽
九、住　吉
十、幣さし
十一、弓
十二、武　智
十三、酒こし
十四、雲降し
十五、岩戸舞
十六、山　守
十七、獅子舞
十八、五穀成就
十九、沖　江

神社名：椎畑神社
鎮座地：延岡市北方町菅原未1167
宮司名：木村　重穂
神楽名：菅原神楽
奉納日：山神祭　1月15日
菅原夜神楽　12月第２土曜日
保存会名：菅原神楽保存会
神楽面の保存：有（13面）
（代表的な面　一方面（建御雷命）、二方面（経津主命）、鬼神面、おたふく面、鈿女面、余響面、岩下面、獅子面）

延岡市北方町

上鹿川神社

上鹿川神楽

二番　神おろし

延岡市北方町の鹿川集落では、鹿川渓谷の今村、東之内の両地区で先祖代々神楽が継承されており、毎年十二月上旬の上鹿川神社の例祭に奉納されています。

現在、上鹿川神社では式三番を奉納のあと、神楽館に移動してその年の豊作を願い、人々の無事と安全を祈り神楽を奉納しています。

［神楽番付］
一、鎮　守
二、神おろし
三、本　花
四、太　刀
五、雲おろし
六、地固め
七、神　也
八、おもて
九、本　花
十、武　智
十一、おみよし
十二、そで花
十三、大　巨
十四、岩くぐり
十五、しょうご
十六、岩戸のしだい
十七、いずのき
十八、伊勢神楽
十九、太刀男の舞
二十、うずめの舞
二十一、戸取の舞
二十二、くりおろし
二十三、山もり
二十四、かまの前
二十五、あとおさえ
二十六、神小屋しめ

神社名：上鹿川神社
鎮座地：延岡市北方町上鹿川申711-1
宮司名：木村　重穂
神楽名：上鹿川神楽
奉納日：12月第１土曜日
保存会名：上鹿川東之内神楽保存会
神楽面の保存：有（１面）
（代表的な面　鬼神）

延岡市
北方町

早日渡神社

右：一番　鎮守の舞
左：四番　鬼神の舞

［神楽番付］
一、鎮守の舞
二、御幣手の舞
三、幣神添の舞
四、鬼神の舞
五、獅子舞

早日渡神楽

早日渡神楽は延岡市内に伝わる古式神楽のひとつであり、それを伝承しているのが早日渡神楽保存会です。

早日渡地区では、毎年十二月上旬に行われる早日渡神社大祭のとき、五穀豊穣・無病息災・家内安全を祈願する昼神楽として奉納されています。

一時は消滅寸前まで追い込まれました。戦前までは盛んだった神楽も、戦後は伝承者がしだいに減少、昭和三十年代には、わずか三人までになりました。これを憂慮した地区の有志がたち上がり、保存会を結成しました。

また、延岡市内の神楽と類似しており、城下神楽ともいわれており、現在に受け継がれています。

神社名：早日渡神社
鎮座地：延岡市北方町早日渡巳259
宮司名：木村　重穂
神楽名：早日渡神楽
奉納日：元旦、12月上旬
保存会名：早日渡神社神楽保存会
神楽面の保存：有（2面）
（代表的な面　鬼神面、猿田彦面）

延岡市
北川町

岩戸神社

［神楽番付］
一、鎮守の舞
二、太刀の舞
三、扇子の舞
四、柴の舞
五、抜き手の舞
六、舞の手舞
七、幣の手舞
八、三番荒神の舞
九、手の舞
十、矢の舞
十一、弓の舞
十二、大神神楽
十三、糸の手舞
十四、日月手舞
十五、笠取荒神舞
十六、御笠の舞（田植神楽）
十七、散米の舞
十八、綱まわし
十九、問答神楽
二十、風王の神舞
二十一、闢解《びゃくかい》の神舞
二十二、雷《いかづち》の神舞
二十三、龍《りゅうじん》神の神舞
二十四、高龗《たかおかみ》の神舞
二十五、罔象女《みずはめ》の神舞
二十六、水分《みくまり》の神舞
二十七、酒解《さかどけ》の神舞
二十八、天の太玉の神舞
二十九、天の児屋根の神舞
三十、天の宇豆賣の神舞
三十一、天の手力男の神舞
三十二、天の戸隠の神舞
三十三、手力男舞あげ

川坂神楽

川坂神楽は寛政四年（一七九二）内藤家文書「諸社祭禮神楽覚帳」に十一月十日～十一日に神楽が行われていた記録があります。川坂に神楽組合があり、明治四十年頃に組織されていた記録がありま す。その後昭和十年頃まで盛んに夜神楽が舞われていましたが、舞手不足等により途絶えてしまいました。しかし、昭和四十九年当時の青年たちにより神楽復活の機運が高まり、同系統の延岡神楽を習得し現在に至ります。二年前には六十年振りに神楽が復活をしました。この神楽は、五穀豊穣と農作業の安全を祈願したもので、地区民総出で芝居や踊りなど多彩な出し物で賑わいます。

神社名：岩戸神社
鎮座地：延岡市北川町大字長井3958-2
宮司名：井本　勲
神楽名：川坂神楽
奉納日：12/31 ～ 1/1
保存会名：川坂神楽保存会
神楽面の保存：有（10面）
（代表的な面　三番荒神、笠取荒神、支那賀津彦、酒解、太玉の神、宇豆女の神、手力男の神、戸隠の神、猿田彦の神、山の神）

菅原神社（歌糸）・菅原神社（市尾内）・鴟《とび》尾《お》神社（梅木）

三川内神楽

三川内地区は北川の支流小川の上流域山間地に位置します。

この三川内には、歌糸・下塚・梅木・大井・市尾内の五つの集落に神楽が伝承されています。

また、それぞれにおいて集落名を冠して「歌糸神楽」「梅木神楽」などといい、五つの神楽を総称して三川内神楽といいます。

奉納日当日は地元や近隣の集落の人々が参拝に訪れ、盛り上がります。

○神楽奉納日
十一月上旬の土・日曜

右：十三番　柴引き
左：十四番　しょうぎょう

［神楽番付］
一、壱神楽　二、地割　三、ねぎ　四、くりおろし　五、大神宮　六、花舞　七、花荒神　八、山寺　九、山神　十、山注達　十一、祝詞　十二、一番戸取り　十三、柴引き　十四、しょうぎょう　十五、戸取り　十六、沖へ

神社名：菅原神社（歌糸）
　　　　菅原神社（市尾内）
　　　　鴟尾神社（梅木）
鎮座地：延岡市北浦町三川内
宮司名：猪股　信彦
神楽名：三川内神楽
奉納日：11月上旬の土・日曜
保存会名：歌糸神楽保存会・市尾内神楽保存会・梅木神楽保存会
神楽面の保存：有（９面）
（代表的な面　大神宮、花荒神、山神、山注連、祝詞、柴引き、しょうぎょう、戸取り、天照大神）

熊野江神社

熊野江神楽

熊野江神楽は俗に大和神楽の流れといわれ、約三百年の伝統があると伝えられています。西臼杵地方の岩戸神楽同様、岩戸開きの神話を表現し三十三番より構成されていました。しかし、現在伶人の後継者不足で、通常は三番神楽、例祭においては夜半神楽十二番の岩戸開きで終了しています。

柴引

神社名：熊野江神社
鎮座地：延岡市熊野江町1741
宮司名：森　富生
神楽名：熊野江神楽
奉納日：11月22日・23日（熊野江神社）
旧暦11月月休み（島野浦神社）
11月３日（須怒江神社）
11月５日（浦尻神社）
保存会名：南浦神楽保存会
神楽面の保存：有（８面）

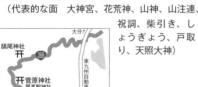

延岡市北浦町

三川内神社

三川内神楽

本宮において祭典を行い御神幸祭笛鼓の囃子で地区内を巡行し、御旅所へ神体をお迎えして五穀豊穣を祈願します。つづいて、夕方より翌朝まで地区民一体となって神楽を舞って奉納します。

神楽の起源は不詳ですが、面等の作成日から見ると二百年以上前からのものと推測されます。神楽の系統は岩戸神楽で天照大神が天岩戸に隠れてから現世に再び登場されるまでを舞っています。この三川内地区は山間部にあり、非常に小さなところではありますが、五つの地区に分かれており、毎年開催される神楽まつりは、それを通じて地域の活性化をはかりたいと願う若者が集まり立ち上がって開催され、大変賑わっています。

［神楽番付］

一、壱神楽
二、槌　刀
三、中
四、抜　手
五、入　刀
六、緩慢切
七、禰　宜
八、操　除
九、笠　取
十、花　舞
十一、花乃面
十二、抜　掛
十三、山　守
十四、山注連
十五、大山祇
十六、農津登
十七、一番戸々利
十八、柴　引
十九、志兜業
二十、二番戸々利

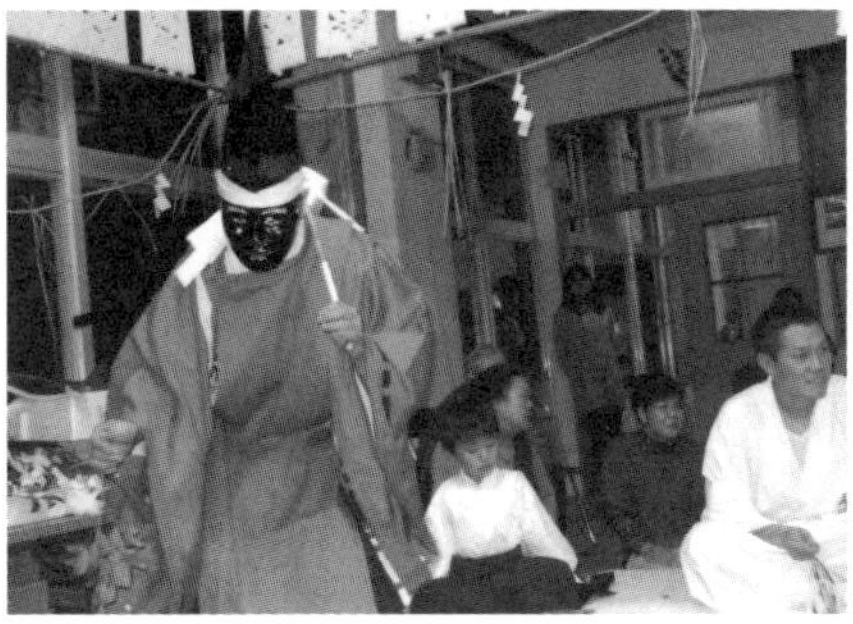
十三番　山守

神社名：三川内神社
鎮座地：延岡市北浦町三川内1147
宮司名：甲斐　棋悊
神楽名：三川内神楽
奉納日：11月、3月
保存会名：大井地区神楽保存会
神楽面の保存：有（7面）
（代表的な面　笠取面、花乃面、山注連面、大山祇面、戸々利面、農津登面、志兜業面）

延岡市北浦町

市振神社

市振神楽

市振神楽は、海の安全と大漁を願って神社の大祭をはじめ各地の神楽祭などで披露されています。

別称海神楽ともいわれ、大海原の穏やかさと激しさを表すような、柔らかで厳かな速度と荒々しく躍動的な動きが合わさっているのが特徴です。

現在は、市振神楽保存会によって文化や歴史が次世代へと伝承され守られています。

海の男たちが舞う神楽は、山の神楽に比べて迫力があり勇壮さを感じます。

［神楽番付］

一、四人舞（地固め）
二、宮づとめの舞
三、地神楽の舞
四、剣宮づとめの舞
五、剣地神楽の舞
六、剣平手の舞
七、剣技手の舞
八、剣みだれの舞
九、剣納めの舞
十、お膳の舞
十一、降神の舞（猪田彦〈赤面〉）
十二、月日の舞
十三、白神の舞（白面）
十四、弓の舞
十五、矢の舞
十六、柴引きの舞
十七、鈿女の舞
十八、万四郎の舞
十九、戸開けの舞
二十、天照の舞

神楽奉納日

・阿蘇天神社　十月末の土曜日
・直海神社　旧暦十月十六・十七日
・地下神社　旧暦九月十八・十九日
・宮野浦神社　旧暦六月十七・十八、九月十七・十八日
・八王子神社　旧暦九月十五・十六日
・古江神社　十一月二・三日

十四番　弓の舞

神社名：市振神社
鎮座地：延岡市北浦町市振577-巳
宮司名：木原　一雄
神楽名：市振神楽
奉納日：旧暦９月16・17日、旧暦 11月17・18日
保存会名：市振神楽保存会
神楽面の保存：有（７面）
（代表的な面　赤面、白面、万四郎、鈿女、柴引き、戸開け、塩まき面）

門川町

門川神社

門川神楽

天平勝宝二年（七五〇）、門川町・西門川地区に宇佐神宮の御分霊が勧請された際、その御神前で舞われていた神楽です。現在でもその名残があり、その地区は神舞地区と称され、御神前にその地区の水を奉納していたことから、神井という姓が残っています。

この地に伝わる神楽は、門川、日向、延岡地区で舞われる多くの神楽の源流とされています。

勧請された宇佐神宮の御分霊は現在門川神社へ合祀され、古くから伝わる神楽面は焼失してしまいましたが、当時より伝わる四面は現存しており、祭礼の際に神楽舞台に装飾されます。

［神楽番付］

一、鎮守の舞
二、魔鬼除神舞い嵐
三、幣神随
四、三番荒神舞
五、魔鬼除神楽平手舞
六、手の舞
七、矢の舞
八、弓の舞
九、大神神楽
十、魔鬼除神楽平手舞
十一、糸の手
十二、日月の手舞
十三、笠取荒神舞
十四、御笠の舞
十五、魔鬼除神楽平手舞
十六、散米の舞
十七、綱回しの舞
十八、七荒神舞
十九、問　答
二十、太刀神随
二十一、鎮守の舞
二十二、天の太玉
二十三、天の児屋根
二十四、天の宇受売
二十五、天の手力男
二十六、天の戸隠
二十七、天の手力男の神舞い上げ
二十八、綱切り

四番　三番荒神舞

神社名：門川神社
鎮座地：東臼杵郡門川町門川尾末1728-1
宮司名：河野　宗清
神楽名：門川神楽
奉納日：旧初午、7月第3日曜日
保存会名：門川神社神楽保存会
神楽面の保存：有（14面）
（代表的な面　荒神、笠取荒神、風王、鈿女、酒解、太玉、手力男、戸隠、大黒、猿田彦、鬼神）

門川町

三箇瀬神社

門川神楽

本社は長享二年（一四八八）七月七日の勧請で、旧若宮大明神と称していました。明治四年、字市ノ原の若宮大明神を合祀して、三箇瀬神社と改称し、同五年村社に列せられました。

神楽に関しては、古くから地区に伝わるものを守ってきており、門川では一番古い神楽とされています。以前は夏の例祭等を含め夜半神楽も実施していましたが、現在は式三番しか舞っていません。

昭和五十九年四月十九日に門川町の無形民俗文化財に指定されました。門川神楽は千年以上前から伝わるとされており、深い歴史があります。

「平野の神楽・海の神楽」といわれ、豊漁を願う舞が特徴です。天皇が五穀の新穀を天神地祇に勧め、また、自らもこれを食べ、その年の収穫に感謝する、十一月二十三日の秋の大祭に神楽を奉納して安全を祈願しています。

［神楽番付］

一、鎮　守
二、平　手
三、前の手
四、幣の手
五、荒　神
六、平　手
七、手の舞
八、矢の舞
九、弓の手
十、大　神
十一、平　手
十二、糸の手
十三、日月の舞
十四、夜の荒神
十五、御　笠
十六、散　米
十七、平　手
十八、手の乱れ
十九、問　答
二十、支那賀津姫
二十一、支那賀津彦
二十二、酒　解
二十三、荒　神
二十四、荒　神
二十五、荒　神
二十六、荒　神
二十七、太　魂
二十八、小屋根
二十九、うずめ
三十、大　力
三十一、戸隠し
三十二、大力舞上げ

神社名：三箇瀬神社
鎮座地：東臼杵郡門川町大字川内1280
宮司名：金丸　圭
神楽名：門川神楽
奉納日：11月23日、正月元旦、夏例祭８月中
保存会名：三箇瀬神楽保存会
神楽面の保存：有（９面）
（代表的な面　荒神、鈿女、手力男、鬼神）

日向市

八幡神社

一番　道中神楽

五番　荒 神

八幡神楽

八幡神社の創建は元暦年間（一一八四〜八五）の昔で、工藤祐経と那須与一宗高との勧請によるといわれています。八幡神楽は、豊作・商売繁盛・家内安全を祈り奉納されています。

舞い手不足により昭和五十年初期より、一時途絶えていましたが、約十年後の同六十三年氏子総代会の働きにより八幡神社神楽保存会が結成され、現在に至っています。

［神楽番付］
一、道中神楽
二、四面神楽
三、中んじ
四、そうぬき
五、荒　神

神 社 名：八幡神社
鎮 座 地：日向市大字富高5895
禰 宜 名：三尾　隆文
神 楽 名：八幡神楽
奉 納 日：①1月1日
②日向十五夜祭
③秋季例大祭
保存会名：八幡神社神楽保存会
神楽面の保存　有（1面）
（代表的な面　荒神）

日向市

愛宕神社

平岩神楽

平岩神社の明細書に「文禄年中（一五五八〜七〇）より旧記有之候共、正徳四年（一七一四）に焼失仕候由申伝候」とあり、創立年月日は不詳ですが、安土桃山時代の文禄年間かそれ以前に、山頂に社殿が造営されたのは確かであります。

その後、沖を通る船がしばしば転覆するということなどもあり、現在地に遷座されたと伝えられています。

また、この地区には平岩神楽が古くより伝えられており、毎年例祭に奉納されています。概ね県北の神楽に類しますが、「よそり舞」「田植舞」があり、宮崎辺りの作神楽の影響を受けているとも考えられています。こちらの神楽は、飯谷や幸脇（日向市）の神社でも奉納されています。

［神楽番付］
一、高天原
二、地　割
三、宮神楽
四、散　米
五、膝
六、幣の段
七、弓正護
八、矢正護
九、宵の口荒神
十、神　添
十一、よそり舞
十二、伊勢神楽

神 社 名：愛宕神社
鎮 座 地：日向市大字平岩9694・9695
宮 司 名：児玉　克朗
神 楽 名：平岩神楽
奉 納 日：愛宕神社例祭
（12月6、7日）
保存会名：平岩神楽保存会
神楽面の保存　無

椎葉・入郷地区（椎葉村・諸塚村・美郷町・日向市東郷町）の神楽

諸塚神社
諸塚村
日之影町
諸塚村
川ノ口神社
椎葉村
塚原神社
南川神社
美郷町
宇納間神社
入下神社
尾前神社
向山神社
椎葉村
十根川神社
椎葉厳島神社
不土野神社
嶽枝尾神社
小崎神社
椎葉村
東臼杵郡
美郷町
田代神社
水清谷神社
栂尾神社
神門神社
大河内神社
日向市
福瀬神社
渡川神社
218
265
503
327
388
446

右：十二番　かんしい
左：十一番　鬼 神

椎葉村

椎葉厳島神社

上椎葉神楽

平成三年に貴重な民俗芸能であるとして、国の重要無形民俗文化財に指定された椎葉神楽は、村内二十六地区で伝承されています。なかでも上椎葉神楽は村の中央部に位置し、平家の守護神である椎葉厳島神社の市杵島姫命・素盞嗚命《すさのおのみこと》をご祭神としています。

神楽は六調子、出雲系と言い伝えられ、寛永年間（一六二四〜四四）頃に使用されたとする神楽面が、鶴富屋敷（那須正敏宅所有）に保存されており、その歴史を実証しています。

不幸にして昭和二十二年十一月に当時の神楽宿が火災に遭い、神楽に関する古文書および神楽道具類が焼失し、一時、神楽は中絶を余儀なくされました。

その後、昭和四十七年に神楽を原型のまま復活して現在、鶴富屋敷などの民家を神楽宿にして奉納しています。

当神楽の特色としては、狩猟や焼畑文化など山村生活の要素を色濃く伝えていることです。祭典としては、秋の例祭（十一月第一日曜日）と、豊年祭りと称して五穀豊穣・無病息災・延命長寿・子孫繁栄を祈願しながらの冬祭（夜神楽祭：十二月第二土、日曜日）と、例年二回開催しています。

・御神楽の歌 書取り（所有者　椎葉智成〈宮司〉）

神楽せり唄

これのほおりこの舞う神楽ー
　金の御幣もゆらゆらとー
こんなご縁がもう一度あればー
　神の守りかありがたいー
わしとあなたは羽織のひもよー
　固く結んでとけやせぬー

こんな寒いのに笹山超えてー
　笹の露やら涙やらー
これほど舞うのに囃す者はおらんかー
　囃す者はおれども目で見るばかりー
わじょう（和上）もきたなせえ俺もきたー
　俺と和様のふのよかさー
これがいちじゃろ名とりじゃろー
　名とり男の姿のよかさー
あなた百までわしゃ九十九までー
　ともに白髪の生ゆるまでー
むぞやかわいそうな太鼓うちゃー
　むぞならぬ太鼓うちならすー
ここで別れていつまた逢うおかー
　明けて三月こまじゃどきー
こよさ一夜はお泊りなされー
　明けぬ夜じゃなし朝もどれー
伊勢の神楽で目をつぶりー
　夜明けかんしいで目をさますー
神楽出せ出せ神楽出せー
　神楽出さなきゃ御神酒出せー
　御神酒出さなきゃ嫁女出せー

※
そのよに舞わなきゃ
　師匠さんの恥バイ
あかぎれ足に白足袋けこんで
　ようよう舞う舞うネ
腰が高いネ 誰々さんの神楽を
　誰々さんに見せちょ

（面神楽の時）
面がでーたでーたばよー
　あのぐらいにやーやらずよー

［神楽番付］

一、板起し
二、神迎え
三、神　事
四、御神屋
五、つまもと
六、ありなが
七、一神楽
八、大神神楽
九、門神楽
十、弓通し
十一、鬼　神
十二、かんしい
十三、稲荷神楽
十四、芝引き
十五、帯の手
十六、手　力
十七、おきえ
十八、伊勢神楽
十九、年の神
二十、火の神
二十一、神送り

神 社 名：椎葉厳島神社
鎮 座 地：東臼杵郡椎葉村大字下福良1822
宮 司 名：椎葉　智成
神 楽 名：上椎葉神楽
奉 納 日：①1月1日
②11月第1日曜日
③12月第2土・日曜日
保存会名：上椎葉神楽保存会
神楽面の保存：有

十根川神社

上：二十二番　稲荷の舞
下右：二十番　鬼神
下左：二十七番　手力

十根川神楽

　十根川神楽は、椎葉村を流れる耳川の支流、十根川沿いの山腹に位置する十根川神社神楽殿にて奉納されています。社伝によると十根川神社は、元久《げんきゅう》元年（一二〇四）の勧請と伝わり、明治のはじめの改称以前は八村大明《やむらだいみょう》神《じん》と称しました。十根川地区は重要伝統的建造物群保存地区に指定されており、「椎葉型」といわれる独特の建築様式の民家が建ち並び歴史的景観を保持しています。

　神社本殿前に設ける注連《しめ》立を高天原《たかまがはら》と称し、三十三本の御幣《ごへい》は三十三天を表すといいます。三本の注連の中央から神社拝殿の扉に二本の綱を引き、右の綱には月光を表す赤と青で塗り分けられた御笠《みかさ》、左の綱には日光を表す赤の御笠が飾られます。

　祭り三日前から行う御神甲屋《みこうや》の注連、御幣切り等の準備は「えりめ」とよばれています。神楽の翌日の片付けのことを「板起《いたおこ》し」といい、椎葉村の他の地区の神楽でみられる文言を唱えるような「板起し」とは別物です。

　神楽番数は三十三番ですが、次第順序は年ごとに変更があり、役割帳を毎年作成します。楽は六調子、締太鼓、笛、銅拍子を用います。神楽殿で二十八番舞い、神送りの後、改めて神社拝殿で宮神楽（注連口神楽）五番を奉納します。

［神楽番付］

一、御神甲屋始め
二、御神甲屋
三、有　長
四、氏神大神照経
五、氏神大神
六、三大神
七、住　吉
八、氏子願就成
九、柴　引
十、伊勢照経
十一、伊勢神楽
十二、森　帯の手
十三、森　矢の手
十四、森　弓の手
十五、万　才
十六、宝渡し
十七、地割　帯の手
十八、地割　剣の手
十九、総願成就
二十、鬼　神
二十一、稲荷照経
二十二、稲荷の舞
二十三、五ツ天
二十四、オキエ照経
二十五、オキエ
二十六、戸　取
二十七、手　力
二十八、火の神
二十九、七五三の照経
三十、七五三引の舞
三十一、宮山有長
三十二、宮山大神
三十三、宮納め

神 社 名：十根川神社
鎮 座 地：東臼杵郡椎葉村大字下福良898-1
宮 司 名：那須　武登
神 楽 名：十根川神楽
奉 納 日：12月第３土曜日
保存会名：十根川神楽保存会
神楽面の保存：有

椎葉村

尾前神社

［神楽番付］
一、板起し
二、安永詞
三、御神屋詞
四、御垂止
五、一神楽
六、大神神楽
七、花の手
八、扇の手
九、幣の手
十、しめほめ
十一、森の上
十二、森の下
十三、地割上
十四、地割下
十五、地固め
十六、生魂殿
十七、泰平楽
十八、手　力
十九、鎮寿神楽
二十、かんしん
二十一、オキエ・ごつ天王
二十二、稲　荷
二十三、芝引き
二十四、日月の舞
二十五、火の神神楽
二十六、神送り

尾前神楽

当社は椎葉村の西端、耳川最上流沿岸の山腹に位置しています。由緒は不詳ですが、往古より六社大権現と称し、志那津彦命以下六神を祀っています。明治四年（一八七一）に現在の尾前神社と改称しました。

神楽は四百年以前より伝わっています。毎年十二月上旬に奉納されます。奉納者を神楽子と呼び、各戸の長男が務めます。神楽は夕刻より始められます。

一番神楽の「板起し」は狩猟神事そのものであり、俎板《まないた》に猪口《ちょこ》をのせ唱文をとなえます。演目「生魂殿」には、やがて地主の子女が祭場「御神座」に舞い込む「宝渡し」などの神楽があります。

十五番　地固め

神 社 名：尾前神社
鎮 座 地：東臼杵郡椎葉村大字不土野171-1
宮 司 名：尾前　秀久
神 楽 名：尾前神楽
奉 納 日：①４月第二日曜日
②12月第二土日曜日
③１月11日
保存会名：尾前神楽保存会
神楽面の保存：有（４面）
（代表的な面　女粧面、荒神、芝引、若面）

椎葉村

不土野神社

三十三番　火の神参り神楽

［神楽番付］
一、エリメ
二、板起し
三、神　呼
四、安長・美講屋
五、一神楽（上）
六、一神楽（下）
七、地ガタメ
八、面殿めしあげ
九、守の神楽（上）
十、矢の舞い（下）
十一、白羽弓通し
十二、しょうごん殿
十三、四人大神（宵）
十四、鎮地神楽
十五、みくま
十六、御嶽の御王の神楽
十七、おきえ
十八、鬼神面
十九、ごつ天皇
二十、稲荷神楽（夜）
二十一、酒ぼかい
二十二、戸取面
二十三、女性面
二十四、太刀面
二十五、神しい
二十六、稲荷神楽（朝）
二十七、柴引面
二十八、正助叔父御の神楽
二十九、四人大神（朝）
三十、山の神神楽
三十一、猪しし願の神楽
三十二、福ノ種蒔
三十三、火の神参り神楽
三十四、さいとうさし
三十五、神送り

不土野神楽

不土野神楽の行われる不土野地区は、村の西部に位置し熊本県境にある集落です。

毎年十二月第一土曜日から日曜日にかけて、集会センターを神楽宿とし、夜を徹して三十五番もの神楽が奉納されます。

神楽を舞うときの装束は昔ながらの麻の舞衣で、椎葉神楽の中でも、この不土野と隣の古枝尾神楽のみであり、椎葉神楽本来の姿を見ることができます。

神 社 名：不土野神社
鎮 座 地：東臼杵郡椎葉村大字不土野1447
宮 司 名：椎葉　武志
神 楽 名：不土野神楽
奉 納 日：12月第１土曜日～日曜日
保存会名：不土野神楽保存会
神楽面の保存：有（５面）
（代表的な面　戸取、鬼神、手力、柴引、女粧面）

椎葉村

嶽枝尾神社

七番　注連引鬼神

神社名：嶽枝尾神社
鎮座地：東臼杵郡椎葉村大字大河内1949
宮司名：椎葉　勇
神楽名：嶽之枝尾神楽
奉納日：12月第１土、日曜日
保存会名：嶽之枝尾神楽保存会
神楽面の保存：有（３面）
（代表的な面　鬼神、手力、戸取）

［神楽番付］

一、宮神楽
二、大神神楽
三、注連立
四、注連唱行
五、宿借り
六、注連誉
七、注連引鬼神
八、御屋ほめ
九、安　永
十、一神楽
十一、願成就の大神神楽
十二、平手式三番
十三、紋神楽
十四、稲荷神楽
十五、芝入れ神楽
十六、芝問答
十七、大神神楽
十八、星　指
十九、内鬼神
二十、手　力
二十一、戸取り
二十二、芝引き
二十三、オキエ
二十四、牛頭天皇
二十五、伊勢神楽
二十六、岩戸舞
二十七、神　粋
二十八、綱入れ神楽
二十九、綱問答
三十、年の神
三十一、火の神
三十二、入　増
三十三、綱　切
三十四、綱　主
三十五、御笠舞
三十六、神送り

嶽之枝尾神楽

嶽之枝尾神楽は、注連立・注連唱行・宿借り・注連引鬼神・星指など、全国的にも珍しい曲目が多いのが特徴です。

神楽には平祭りと三十三番の注連の大祭があり、かつては三年に一度だった注連の大祭を、移転後は毎年十二月第一土曜から日曜にかけて行うようになりました。注連は、青柴垣の外神屋中央に高天原の祭壇を設け、その左右両側に御幣、紅白の反物、日月を表した御笠などで飾られる大宝の注連等、計十二本立てます。

八調子の激しい太鼓に静かな舞が特徴で、「ゴヤセキ」と呼ばれる女性たちによる神楽セリ歌と囃子が盛り立てます。

椎葉村

小崎神社

十二番　女粧面

神社名：小崎神社
鎮座地：東臼杵郡椎葉村大字大河内1514-ロ
宮司名：椎葉　勇
神楽名：小崎神楽
奉納日：11月末の土、日
保存会名：小崎神楽保存会
神楽面の保存：有（３面）
（代表的な面　鬼神、女粧面、柴引き）

［神楽番付］

一、板起し
二、お布変え
三、宮神楽
四、神迎え
五、御神屋
六、しめ祝い
七、一神楽
八、日月神楽
九、大神神楽
十、手力面
十一、戸取り面
十二、女粧面
十三、下の神面
十四、鬼神面
十五、芝引き面
十六、稲荷神楽
十七、門の神楽
十八、かんしい
十九、オキエ
二十、ごつ天皇
二十一、火の神神楽
二十二、神送り
二十三、宝渡し

小崎神楽

小崎神楽は、椎葉村南部の山間地を流れる小崎川沿いの高台に位置する、小崎神社の例祭にて奉納されています。

小崎神社の創建は文久二年（一八六二）と伝わり、小崎集落にはかつて数多くの祠がありましたが、明治の頃にその多くが小崎神社に合祀され、社殿内部には小神像四十体ほどが安置されています。

合祀を嫌った神様がいて現在も個々の場所に祀られており、祭典前には氏子により御幣《ごへい》が供えられます。

平成二十年前半に小崎神社舞殿が改築され、その際には鬼神の面が奉納されました。

椎葉村

栂尾神社

［神楽番付］

一、板起こし
二、宮神楽
三、神迎え
四、壱神楽
五、供物（神事）
六、御神屋ほめ・どうぎ
七、たいどの
八、しめほめ
九、地割（上・中・下）
十、芝引き
十一、壱神楽（上・下）
十二、稲荷神楽（上・下）
十三、鬼　神
十四、大神（上・中・下）
十五、芝入れ
十六、樽入れ
十七、芝荒神
十八、かんずい
十九、振上げ
二十、森（上・下）
二十一、帯
二十二、戸取り
二十三、矢
二十四、弓
二十五、うば面
二十六、おきえ（上・下）
二十七、綱入れ
二十八、綱荒神
二十九、ごず（上・下）
三十、手　力
三十一、伊勢神楽
三十二、しめ神楽
三十三、火の神神楽
三十四、七鬼神
三十五、綱切り
三十六、神戻し

栂尾神楽

天正（一五七三〜九二）の頃、黒木済内三助（栂尾神社初代神主）が、肥後国の阿蘇神社から神楽を習得して持ち帰り、五穀豊穣・無病息災を祈願し村人に伝授したものといわれています。

四百年の伝統を持つ栂尾神楽は、「椎葉神楽」の中でも、舞の形式や変化に富んでいます。「採り物」の数も多く、ご幣や鈴の他に榊、太刀、弓、矢など古代の狩猟の道具や折敷、帯、酒樽などの生活用具なども取り入れています。太鼓、笛、手拍子などの楽器のリズムも舞いの種類によって異なり、舞いも、神や祖霊に捧げる敬虔な舞いなど変化に富んでいます。唱教や立ち唱、見物客から神楽囃子《はやし》なども賑やかです。

十八番　かんずい

神社名：栂尾神社
鎮座地：東臼杵郡椎葉村大字大河内235
宮司名：黒木　重友
神楽名：栂尾神楽
奉納日：11月22日
保存会名：栂尾神楽保存会
神楽面の保存　有（2面）
（代表的な面　鬼神、手力）

椎葉村

大河内神社

［神楽番付］

一、板起し
二、有　長
三、御神屋
四、一神楽
五、日　月
六、鬼　神
七、花の手
八、稲荷神楽
九、芝引き
十、みくま
十一、手力（上の重）
十二、大神神楽
十三、戸取り
十四、猪　舞
十五、手力（下の重）
十六、おきえ
十七、森
十八、伊勢の神楽
十九、弓の手神楽
二十、樽　面
二十一、芝荒神
二十二、花の手
二十三、ゴヅテン
二十四、火の神の舞
二十五、神　崇
二十六、しめ引き
二十七、わら蛇
二十八、樽　面
二十九、綱荒神
三十、しめ引神楽
三十一、綱切り
三十二、宮神楽
三十三、神送り

大河内神楽

昭和三十七年に本田安次先生が、大河内神楽の大師匠である中竹政蔵氏に話を聞いたことから、椎葉神楽の発掘につながりました。しかし、中竹氏から神楽神事の起源については詳しく聞いておりません。

大河内神楽は「板起し」「御神屋」「有長」と舞の無い唱教から神事に入り、三十三番の神楽の舞が翌朝まで続けられます。

大河内地区では他にも合戦原《かせばる》（王宮）、矢立（雪矢）、大藪（鹿倉・今森）の三地区でも行われます。

二十一番　芝荒神

神社名：大河内神社
鎮座地：東臼杵郡椎葉村大字大河内986
宮司名：椎葉　浩敏
神楽名：大河内神楽
奉納日：12月第2土、日曜日
保存会名：大河内神楽保存会

神楽面の保存：有（10面）
（代表的な面　猪面、猪取爺）

諸塚村

諸塚神社・塚原神社・川ノ口神社

八番　ぢわり

［神楽番付］
一、宮神楽
二、荒神の言句
三、神おろし
四、東　征
五、杉のぼり
六、お大神
七、たぢから様
八、ぢわり
九、弓のしょうご
十、八幡様
十一、大　祓
十二、夜中の東征
十三、しば入れ
十四、荒神の言句
十五、かんずい
十六、みかさ神楽
十七、稲荷神楽
十八、ごってんのう
十九、おきえ
二十、歳の神
二十一、岩戸立番の開き
①伊勢神楽
②しばひき面
③戸取り面
④とんちく面
⑤大神楽引き出し
二十二、願成就神楽
二十三、神おくり

桂神楽

桂神楽は、桂正八幡神社が南北朝時代に関東葛城《かつらぎ》の国から、桂村に勧請された頃より始まり、高千穂の荘や蘇陽町（現熊本県山都町）で伝承されていたと伝えられています。

大神楽（桂神楽では夜神楽のことをいう）は、戦勝や武運長久の祈願で不定期に奉納されていました。近年では、遷宮や大願成就など特別な年にしか奉納されません。普段は例祭で三番が奉納されます。

椎葉村の十根川神社、高千穂町黒仁田の神楽と同じ系統といわれます。ゆっくりとしたリズムの勇壮な舞が特徴です。

火災等で古文書は焼失してありませんが、明治期に書き遺したものがあります。主に、荒神の言句の問答、森、お大神、稲荷、おきえ、歳の神、伊勢神楽、願成就神楽の各唱教が、口伝で伝わってきました。

桂神楽を奉納する神社

神社名　塚原神社
神社地　東臼杵郡諸塚村大字家代二八五〇
宮司名　甲斐秀樹
奉納日　四月三日
保存会名　塚原神楽保存会
神楽面の保存：有　平田大明神　一面

神社名　川ノ口神社
神社地　東臼杵郡諸塚村大字家代三二八
宮司名　甲斐秀樹
奉納日　十一月三日
保存会名　川ノ口神楽保存会
神楽面の保存：有　天神様、荒神様の計二面

神社名：諸塚神社
鎮座地：東臼杵郡諸塚村大字七ツ山7190
宮司名：甲斐　秀樹
神楽名：桂神楽
奉納日：①４月、10月第３土曜日　②11月霜月祭　③旧暦２月初午（①諸塚神社神楽殿　②桂正八幡神社　③矢村正一位稲荷神社）
保存会名：桂神楽保存会
神楽面の保存：有（12面）
（代表的な面　八幡様、荒神、大明神、諸塚様、矢村大明神、たぢから様、矢村稲荷大明神）

諸塚村

南川神社

南川神楽

南川神楽は古来、五穀豊穣・家内安全・子孫繁栄・無病息災を祈念して、舞い続けられてきました。平成三年には、南川神楽を含む諸塚村内の神楽が諸塚神楽として県の無形民俗文化財の指定を受けています。

神楽は、天照大神が天の岩戸にお隠れになった際に、天鈿女神《あめのうずめのかみ》がその前で面白おかしく舞い踊られたことが起源といわれますが、神話中心の神以外にも山の神、水の神など土地由来の神々も登場します。

南川神楽はいつ頃から始まったのかは定かではありませんが、一説には約八〇〇年の歴史を有するといわれています。また、東蔵寺（後の家代金鶏寺）住職、中厳祖的和尚によって始められたとの言い伝えが残っており、南川神楽は神仏混交神楽ともいわれています。現在使用されている神面、舞衣装（舞衣《まいぎぬ》）、獅子頭、道具一式は小払集落で保存、管理されています。

［神楽番付］
一、おがみ
二、御高屋ほめ
三、地割上、下
四、森、愛宕
五、鬼　神
六、御大神上中下
七、天　神
八、村　方
九、八　幡
十、弓の正護上中下
十一、住　吉
十二、荒　神
十三、稲　荷
十四、新地割上下
十五、沖江上下
十六、神随上下
十七、牛頭天上下
十八、伊勢上下
十九、岩戸上
二十、紫　取
二十一、戸　取
二十二、岩戸下
二十三、浮輪取
二十四、火の神
二十五、〆　口（しめぐち）
二十六、稲　荷

神社名：南川神社
鎮座地：東臼杵郡諸塚村大字家代5716-ロ-乙
宮司名：火宮　均
神楽名：南川神楽
奉納日：①２月第一土、日曜日
②３月28日（坐頭神祭）
③10月25日（秋例祭）
保存会名：南川神楽保存会
神楽面の保存：無

椎葉村

向山神社

向山日当神楽

向山日当地区は、椎葉村の西端、熊本県との県境に位置し、九州の屋根を形づくる山岳地帯である。世帯数は三十で自給自足の農家が多く、林業・土木業などに従事しています。

旧称白鳥神社は平家残党の霊を祀っており、元久元年（一二〇四）の創建といわれています。明治四年（一八七一）に向山神社に改称されています。

向山日当神楽は、向山日当公民館にて十二月第三土・日曜日に奉納されています。今から四百年ほど前に、現在の神職の祖先、蔵座七左衛門太夫が、高千穂の土持伊勢守から三年三か月かかって神楽三十三番を伝習したといい伝えられています。

［神楽番付］
一、板起こし
二、神しょうぜ
三、あんなが
四、おだりやめ
五、御神屋
六、一神楽
七、しめほめ
八、扇の手
九、花の手
十、地　割
十一、森
十二、森のつかい
十三、大神神楽
十四、大神神楽のつかい
十五、しょうごん殿
十六、一人神楽
十七、ちんち神楽
十八、稲荷神楽
十九、芝引き
二十、おきえ
二十一、ごつ天
二十二、かんしん
二十三、みくま
二十四、日　月
二十五、火の神
二十六、神送り

七番　しめほめ

神社名：向山神社
鎮座地：東臼杵郡椎葉村大字不土野837
宮司名：蔵座　孝見
神楽名：向山日当神楽
奉納日：12月第３土曜日～日曜日
保存会名：向山日当神楽保存会
神楽面の保存：有（５面）
（代表的な面　鬼神面、太力面、芝引き面、爺面、女子面）

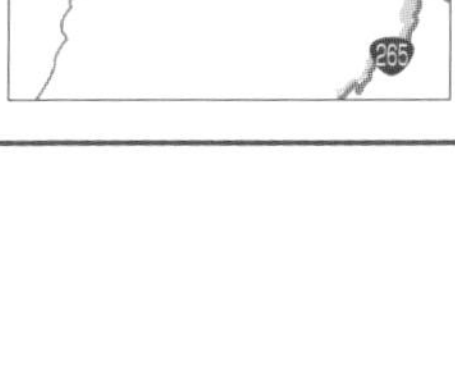

美郷町北郷

宇納間神社

宇納間神楽

宇納間神楽は、記録に残っていませんが、古くより、古老の口伝により継承されてきたものです。

岩戸神楽の流れではないかとみられますが、ただ、岩戸神楽のものとは名称・順序・舞の方法が変わっています。このような点については宇納間神楽独自の変化を遂げ、現在に至っているといえます。

天岩戸

［神楽番付］

一、注連口
二、地　割
三、御小屋ほめ
四、太　殿
五、一神楽
六、花神楽
七、の　せ
八、左大神
九、芝荒神
十、弓神楽
十一、五頭天
十二、綱荒神
十三、ぶ　ち
十四、御笠（田植神楽）
十五、笠取り
十六、沖　逢
十七、あやむらかた
十八、伊勢神楽
十九、岩戸神楽
二十、戸取り
二十一、綱切（蛇切）
二十二、神送り

神 社 名：宇納間神社
鎮 座 地：東臼杵郡美郷町北郷宇納間11
宮 司 名：廣嶋　孝浩
神 楽 名：宇納間神楽
奉 納 日：①大祭前夜から当日　11月22日～23日、②祇園祭　7月第3日曜日、③元旦祭　1月1日
保存会名：宇納間神楽保存会
神楽面の保存：有（5面）
（代表的な面　天照大神、手力雄命、荒神　一方、荒神　二方、神主）

美郷町北郷

入下《にゅうした》神社

入下神楽

昔は、神社や民家を借りうけ、「ならし」と称して、神楽関係者が集まり練習や打合せを行っていましたが、近年は伝承館で行うことができるようになったため、若手の舞手の養成や、地域住民の交流の場となっています。毎年十一月の例祭に、代々奉納されつづけて今日に至っています。

神楽の特徴としては一人舞から四人舞まであり、最初に奉納する「宮神楽」は弟子・師匠・中堅の順で舞うという独特な神楽です。

近年は若手会員の加入が増えていますが、その背景には、以前に行っていた子ども神楽の指導が実を結んだ結果だと言えます。この経験を活かし、小中学校への出張披露などの機会を増やすとともに、神楽全十二番の教本となるべく記録映像を作成しています。

［神楽番付］

一、宮神楽
二、花
三、杉登り
四、太　刀
五、幣寒憎
六、能　勢
七、荒　神
八、地　割
九、年の神
十、武　智
十一、荒　神
十二、綱　切

十一番　荒 神

神 社 名：入下神社
鎮 座 地：東臼杵郡美郷町北郷入下2215
宮 司 名：廣嶋　孝浩
神 楽 名：入下神楽
奉 納 日：例祭前夜から当日　11月23日以降次の土日曜日、元旦祭　1月1日
保存会名：入下神楽保存会
神楽面の保存：有（3面）
（代表的な面　年の神、武智、荒神）

美郷町西郷

田代神社

上：二十五番　舞上神隋（尺取）
下：五番　御幣神楽

若宮神楽

神楽の始まりは不明ですが、江戸時代中期、正徳二年（一七一二）の「神社書出帳」によれば、霧島大権現（現田代神社）の春の節句（三月三日）、秋の節句祭（九月九日）、大祭（十月申の日）等で神楽奉納の記事があり、これ以前の約三百年前には既に行われていたものと考えられます。

現在は、主な奉納日に舞われていますが、三十三番奉納されるのは秋の大祭です。大祭前日はシメ神楽（序番の地割から御大神神楽まで）が、午後五時頃から午後十一時頃の間に奉納されます。

大祭当日は、夜明けとともに住吉神楽を奉納して、シメおこし（竹割り行事）が行われます。神楽はその後、午後三時頃から御輿が御神屋に到着するまで奉納されます。祭典の後、引き続き翌朝まで十二番が奉納されます。

毎年夏に行われる、九八五年の歴史を持つ御田祭では、序盤の地割から十二番の繰りおろしまでが舞われます。

御田祭は毎年七月第一日曜日に行われ、古来から世襲制の家柄が古式の祭事役を務め、氏子全員が参加し、神人、牛馬一体となり、宮田の田植えを行い、豊作と無病息災を祈願する行事です。この祭りには催馬楽の歌詞も伝えられています。

早乙女田植え

［神楽番付］

一、地割（花）
二、地割（みくま）
三、地割（太刀）
四、住吉神楽
五、御幣神楽
六、御大神神楽
七、御大神神楽（花）
八、御大神神楽（みくま）
九、御大神神楽（鈴）
十、御大神神楽（振り上）
十一、牛頭神楽
十二、繰りおろし
十三、四人神隋
十四、舞上神隋（花の手）
十五、舞上神隋（太刀一）
十六、舞上神隋（太刀二）
十七、蛇入れ
十八、舞上神隋（七鬼神）
十九、舞上神隋（七鬼神）
二十、舞上神隋（七鬼神）
二十一、舞上神隋（七鬼神）
二十二、舞上神隋（七鬼神）
二十三、舞上神隋（七鬼神）
二十四、舞上神隋（七鬼神）
二十五、舞上神隋（尺取）
二十六、舞上神隋（柴引き）
二十七、舞上神隋（戸引き）
二十八、三宝大荒神
二十九、手刃力
三十、幣　差
三十一、沖　江
三十二、伊勢の神楽
三十三、稲荷神楽（番外）

神社名：田代神社
鎮座地：東臼杵郡美郷町西郷田代161-イ
宮司名：橋本　勝佐
神楽名：若宮神楽
奉納日：元旦祭　1月1日　権現山の元宮　秋の大祭
保存会名：若宮神楽保存会
神楽面の保存：有（22面）
（代表的な面　七鬼面、うたなん鬼神、あきやに、にぎやに、あきやな、はらに、あびら）

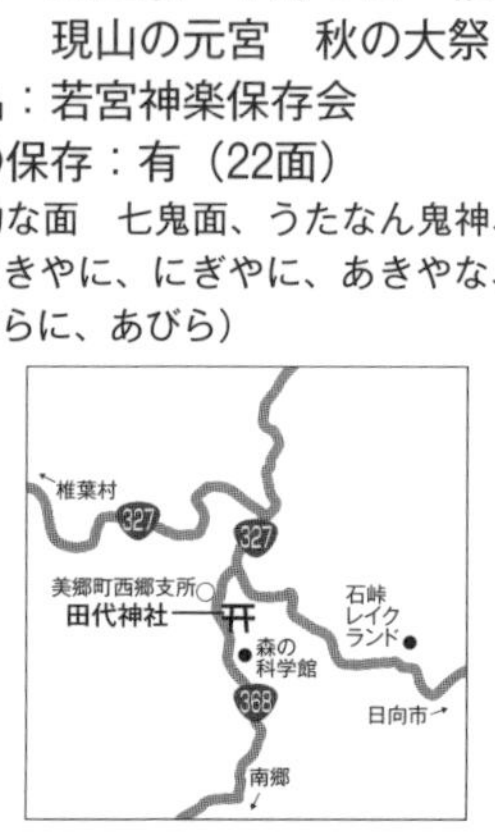

美郷町南郷

神門神社

［神楽番付］
一、壱番神楽
二、花の手
三、大神舞
四、子供神楽
五、将軍舞
六、鬼神舞
七、磐石舞
八、振上舞
九、舞い上げ
十、練　舞
十一、寿の舞
十二、手力雄舞
十三、繰卸舞
十四、神送舞

百済王伝説に基づく「師走まつり」

神門神楽（高鍋神楽）

百済王伝説に基づく「師走まつり」は、長男福智王を祀る比木神社（木城町）から父禎嘉王を祀る神門神社（美郷町南郷）への御神幸です。まつりの初日から数か所で神楽が奉納されます。二日目には、御神体のお衣替えをした後、王を助けた地元の豪族「どん太郎さん」の塚へ「将軍舞」奉納などが行われます。夜には、境内の御神屋で両社による神楽が奉納されます。

かつては三十三番の神楽が舞われていましたが、伶人減少や社会の変遷などにより現在では十四番になっています。

神社名：神門神社
鎮座地：東臼杵郡美郷町南郷神門68・69-2
宮司名：村田　誠司
神楽名：神門神楽（高鍋神楽）
奉納日：主に、旧暦12月20日頃（現在は1月第3週の金・土・日）に斎行される「師走まつり」で奉納。
保存会名：神門神楽保存会
神楽面の保存：有（3面）
（代表的な面　鬼神、磐石、手力雄）

美郷町南郷

水清谷神社

［神楽番付］
一、宮神楽（二人舞・鈴・扇・舞衣・烏帽子）
二、稲荷神楽（二人舞・鈴・扇・御幣・面帽子）
三、山ノ神（一人・杖・扇・烏帽子）
四、獅子舞（二人・獅子面）
五、振り上げ（一人・刃二本・面帽子・鈴）
六、住吉（一人・扇・面・杖・面帽子）
七、鬼神（一人・面・杖）
八、弓ノ将軍（一人・鈴・弓矢・面帽子）
九、花の手（二人・鈴・扇・三方）
十、本手舞（二人・鈴・扇・烏帽子）
十一、四人かんず（四人・刃・鈴・面帽子）
十二、戸開き（一人・面・扇）
十三、田植ノ舞（数人・御幣・鈴・扇・面）
十四、舞上げ（一人・御幣・鈴・扇）

水清谷神社神楽

神楽の起源は不明ですが、代々の伶人たちによって継承され現在に至っています。

三番　山ノ神

昭和二十八年に都農神社の伶人たちを招いて指導を受けた経緯があります。

水清谷神社は、第三十六代孝徳天皇の御代に皇祖天神を祀り、天神社として創立されましたが、後に火災に遭い、宝物、系図、古文書等が焼失したため、現在何も残っていません。

神社名：水清谷神社
鎮座地：東臼杵郡美郷町南郷水清谷10-1
宮司名：黒木　朝明
神楽名：水清谷神社神楽
奉納日：①春季祭（旧暦3月10日）、②夏期祭（旧暦6月10日）、③秋季祭（11月第二土・日曜日）
保存会名：水清谷神社伶人会
神楽面の保存：有（3面）
（代表的な面　山ノ神、鬼神、住吉）

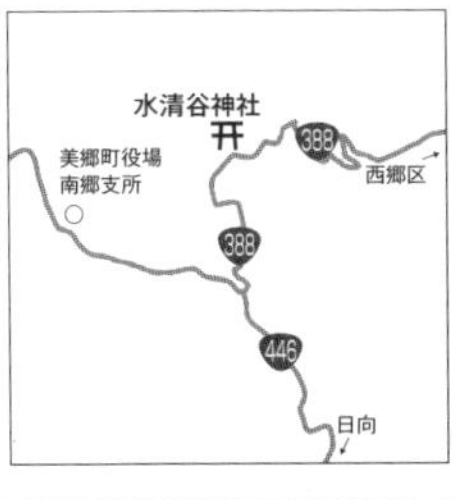

美郷町南郷

渡川神社

渡川神楽

古文書等がなく神楽の詳細は不明ですが、二百数十年前より奉納されていたと考えられています。

昔は旧暦十一月の大祭に社務所で御神屋を作って夜通し奉納していましたが、四十年ほど前から十一月の第二週の土・日の大祭に二日間、神楽殿で奉納するようになりました。

平成二十五年には渡川神楽についてまとめた本を作成しました。

［神楽番付］
一、御幸屋清め
二、地割り
（四人舞）
三、引三番
（二人舞）
四、稲荷（二人舞）
五、山森 上
（二人舞）
六、鬼神【赤】
（一人舞）
七、へやいり
（四人舞）
八、鬼神【白】
（二人舞）
九、大神（二人舞）
十、四人かんぞ
（四人舞）
十一、一人かんぞ
（子供、一人舞）
十二、めご舞
（一人舞）
十三、たちから
（一人舞）
十四、柴すぐり
（一人舞）
十五、獅子舞
（一人舞、他数人）
十六、山森 下
（二人舞）

六番　鬼神

神社名：渡川神社
鎮座地：東臼杵郡美郷町南郷上渡川1409-イ
宮司名：猪股　晃
神楽名：渡川神楽
奉納日：①11月第２週土・日
②７月夏祭
保存会名：渡川神楽保存会
神楽面の保存：有（３面）
（代表的な面　たちから面）

日向市東郷町

福瀬神社

福瀬神楽

起源等の詳細については不明ですが、保存会によると都農神楽系統ではないかとのことです。

神楽は福瀬地区の小学生高学年の児童が舞手となって、夏・秋祭りで奉納されています。

少子高齢化に伴う児童数の減少はあるものの、子どもたちの元気な舞いが地区の方々を笑顔にする神楽です。

右・左：四番　鬼神

［神楽番付］
一、小神楽
二、びんぎり
三、振り揚げ
四、鬼　神

神社名：福瀬神社
鎮座地：日向市東郷町山陰乙2014
宮司名：中田　智徳
神楽名：福瀬神楽
奉納日：７月、11月の中旬頃
保存会名：福瀬神楽保存会
神楽面の保存：有（１面）
（代表的な面　鬼神面）

県央部の神楽

東児湯地方（都農町・川南町・木城町・高鍋町・新富町）の神楽

一番　御神楽

高鍋神楽

高鍋神楽とは

高鍋神楽は、旧高鍋藩領内の神社で伝承、奉納される神楽の総称で、比木神楽、都農神楽、三納代神楽を中心に、都農町、川南町、高鍋町、木城町、新富町（一部地域）の東児湯五町で奉納されています。

高鍋神楽の歴史

高鍋神楽の起源については、伝えられていません。口伝によると、古くは奈良時代に宮中で御前演奏を行い、過分の褒美を賜ったと伝えられています。

その後、江戸時代には、秋月氏が高鍋の地を領するようになり、日照りや長雨が続くと雨乞い・日乞いの祈祷を、あるいは、藩内に疫病がある時などにも、疫病退散や藩内安全の祈祷を藩内の神社において行い、その霊験あるごとに神社に神楽を奉納させて褒美を与えたとされています。

近現代の高鍋神楽

明治時代になると廃藩置県により、藩によって行われてきた政が県へと移行し、それまで藩からの恩恵を受けてきた

［神楽番付］

一、御神楽《おかぐら》
一番神楽とも称し基本の神楽

二、花の手《はなのて》
二人舞で地清め

三、荒神 返《こうじんがえし》
現在舞われていない

四、大神舞《だいじんまい》
面を被り一人舞

五、敏伐舞《びんぎりまい》
二人舞で地固め

六、鬼神舞《きじんまい》
鬼神面を被り鬼神杖と扇子を持って一人舞

七、将軍舞《しょうぐんまい》
二人舞　弓矢を持って舞う

八、問　舞《といまい》
九番の節と問答の後一人舞

九、節　舞《ふしまい》
荒神面をつけ一人舞

十、舞　揚《まいあげ》
神職が一人で舞う

十一、磐　石《ばんぜき》
「めごんめ」と呼ばれ赤衣を着し御幣、杓子、すりこぎ、椀を持って舞う

十二、神師舞《かんじまい》
本手は八～十二人にて剣と鈴を持って舞う

十三、振揚舞《ふりあげまい》
抜身の太刀を持ち舞う一人舞

十四、地　割《じわり》
現在舞われていない

十五、帳　読《ちょうよみ》
奉納者名読み上げ

十六、祝　詞《のりと》
奉納者祈願奏上

十七、闢開神楽《びゃっかいかぐら》
二人舞で、鈴と扇子で舞う

十八、闢開鬼神《びゃっかいきじん》
御幣付きの杖と扇子で一人舞

十九、繰掛卸舞《くりかけおろしまい》
本手は八～十二人で神楽を舞い、次に綱と鈴、次に綱のみ

二十、御笠神楽《みかさかぐら》
鈴と扇子で宮神楽二人舞

二十一、笠取鬼神《かさとりきじん》
六番神楽と同じで、笠のみを持って舞う

二十二、御笠神酒上《みかさみきあげ》
一人舞で神楽の縁起を唱え神酒を捧ぐ

二十三、御笠将軍《みかさしょうぐん》
二人舞　弓矢を持って舞う

二十四、御笠練舞《みかさねりまい》
多人数にて御幣を持って舞う「田植舞」とも呼ばれ氏子も舞う

二十五、獅子舞《ししまい》
雌雄二匹の獅子が荒れ廻り二十六番の鬼神に捕らえられる舞

二十六、綱取鬼神舞《つなとりきじんまい》
一人舞　舞が終わった後、雌雄の獅子を取り鎮める

二十七、寿の舞《じゅまい》
翁の舞で腰を折っての一人舞

二十八、伊勢舞《いせまい》
一人舞で御幣、鈴、扇子を持ち、最後に神楽縁起を唱う

二十九、手力雄舞《たぢからおのまい》
一人舞　手力面を被り御幣二本と鈴を持って舞う

三十、戸開雄舞《とひらきおまい》
一人舞　戸開き面を被り舞う　天の岩戸開きの舞

三十一、太　神《だいじん》
面を被り天冠を戴き両手に日月と岩戸を持って座す

三十二、繰卸舞《くりおろしまい》
本手は八～十二人で鈴、綱などで舞う

三十三、神送り神楽《かみおくかぐら》
御笠神楽の略式舞

右上：十七番　闢開神楽
右下：二十七番　寿の舞
上　：十八番　闢開鬼神

神楽も、その恩恵を受けることができず、徐々に衰微の一途を辿ることとなります。

その後、大正時代になると、この有り様を憂いた浦幸次郎をはじめ有志の人たちが、大正六年（一九一七）一月二十七日に高鍋神楽保存会設立を計画しました。このことを契機に、同年四月に、明治天皇、昭憲皇太后のお鎮まりになられる京都桃山御陵にて神楽を奉納し、その後、伊勢神宮において奉納神楽に栄誉ある参加を果たしたことで、高鍋神楽の名が広く知られるようになりました。

その後、昭和に入ると大東亜戦争により、再び衰微の一途を辿ることとなるのです。明治以降、二度にわたる衰退の危機に瀕した高鍋神楽ですが、終戦より数えて十年後の昭和三十年（一九五五）に高鍋神楽保存会が結成され、昭和四十四年四月には、県指定無形民俗文化財となり現在に受け継がれています。

高鍋神楽を奉納する神社

高鍋神楽は、次ページ以降紹介する神社での奉納の他、以下の旧高鍋藩領内の各神社でも奉納されています。

◆舞鶴神社

その昔、舞鶴神社は秋月八幡宮と称されていました。平安時代、官職にあった藤原純友が瀬戸内海で朝廷に反乱を起こしました。秋月氏の祖、秋月春美は勅命を受け、八幡神に戦勝を祈り反乱を鎮めました。そのご神恩を受けて、天慶六年（九四三）に筑前国夜須郡秋月村南宮岳に勧請したのが始まりと伝えられています。「拾遺本藩実録」によると、「文政六年（一八二三）五月二十七日、藩主秋月種任公神楽奉納の上雨乞い」とあり、歴代藩主の篤い信仰がうかがえます。神楽面を二面保存しており、三月十五日の春大祭と、十月十五日の例祭には、比木神楽系の高鍋神楽が奉納されます。

また、宮田神社（十月第四土曜日）、高鍋護国神社（春祭三月十五日前後と秋祭十月十五日前後）、大年神社（十一月五日　三年ごと）、金刀比羅神社（十月十日）、熊野神社（十一月十九日）、毛比呂計神社（十二月第二日曜日）、火産霊《ほむすび》神社（七月第三金曜日と十一月二十七日）においても、三〜五番ほどの神楽の奉納があります。

◇鎮座地　児湯郡高鍋町大字上江一三四五
◇宮司名　永友　丈晴
◇番　付　一、御神楽　二、鬼神舞　三、将軍舞　四、振揚舞　五、手力雄舞

◆菅原神社

古くは菖蒲池天神宮と呼ばれていました。同神社の「菅原神社系図」によりますと、延徳三年（一四九一）財部城主に

七番　将軍舞

二十九番　手力雄舞

より勧請されたことがうかがえます。比木神楽系の高鍋神楽で、毎年十一月二十五日の例祭に奉納されます。

◇鎮座地　児湯郡高鍋町大字北高鍋四五四五

◇宮司名　永友　宗範

◆**平田神社**

仁徳天皇の時代に、熊襲を討つため西下された日本武尊《やまとたけるのみこと》の徳を慕い創祀されました。六社連合大神事を斎行する神社の一つです。神楽面を五面保存しており、春祭（二月二十五日）夏祭（七月二十五日）御神幸祭（十一月二十五日から二十七日）の時に、比木神楽系の高鍋神楽が五番ほど奉納されます。

また、甘漬神社（十二月十五日）、三島神社（十二月十四日）、龍野神社（十二月二十八日）においても、五番程の神楽の奉納があります。

◇鎮座地　児湯郡川南町大字平田一九二四

◇宮司名　永友　敬人

◆**北山神社**

景行天皇が熊襲征伐のおりに、「京都入瀬の北山の里人御供せし十八射の神霊を奉祀」した社と伝えられる神社です。比木神楽系の高鍋神楽で、毎年十二月十八日の例祭に奉納されます。

◇鎮座地　児湯郡川南町大字平田五三七一

◇宮司名　平田　順一

◆**霧島稲荷神社**

建武年中（一三三四～三七）に、松浦右宗亮重房が豊後国野津より日向国に来た際、松浦家の氏神として勧請したのが始まりと伝えられています。神楽面を二面保存しており、旧暦十月初午に近い日曜日に、比木神楽系の高鍋神楽が五番ほど奉納されます。

また、愛宕神社（十一月二十四日）、金刀比羅神社（十月最終日曜日）、八幡神社（十二月十七日）、市那波神社（十二月十二日）、山神社（十一月二十九日）においても、五番ほどの神楽の奉納があります。

◇鎮座地　児湯郡川南町大字川南四五六三－三

◇宮司名　永友　懿隆

◆**上名貫神社**

創建不詳ですが、往古より都農町大字川北字川原田に鎮座する、菅原道真公を祀る神社です。毎年十二月十三日の例祭に、比木神楽系の高鍋神楽が五番奉納されます。

◇鎮座地　児湯郡都農町大字川北四二四一－二

◇宮司名　壹岐　秋吉

一番　御神楽

木城町

比木神社

二十七番　寿の舞

三十二番　繰卸舞

二十九番　手力雄舞

比木神楽（高鍋神楽）

神事《かみごと》の始まり

高鍋神楽の中心的役割を担っている比木神楽が文献上に現れたのは、寛永二十年（一六四三）のことです。その当時、秋月氏が東児湯地区一帯を治めていました。『高鍋藩本藩実録』によれば、秋月氏は徳川家康に関ケ原の戦いでの功績を認められ、日向の国に所領を安堵されて間もなく、お姫様が病の床に伏されました。医師が手立てを尽くすも、なかなか回復の兆しが見えなかったことから領内にお達しを出されました。高鍋の上江鳴野の住人・大寺余惣衛門という者が申し出て、比木神社へ心を込めて日参したところ、不思議なことにお姫様の病は次第に快方に向かい、遂には全快されたのです。お殿様は大変喜ばれて、比木神社にお礼の参拝をされ、終夜神楽を奉納して神恩感謝の誠を捧げられたのです。

それ以来、比木神社では十二月五日（現在は十二月の第一土曜日）に夜を徹して神楽を奉納する「神事《かみごと》」が執り行われるようになったのです。その後、歴代藩

［神楽番付］

一、御神楽《おかぐら》
一番神楽とも称し基本の神楽である

二、花《はな》の手《て》
二人舞で地清め

三、荒神返《こうじんがえし》
現在舞われていない

四、大神舞《だいじんまい》
面を被り一人舞

五、敏伐舞《びんぎりまい》
二人舞で地固め

六、鬼神舞《きじんまい》
鬼神面を被り鬼神杖と扇子を持って一人舞

七、将軍舞《しょうぐんまい》
二人舞で、弓矢を持って舞う

八、問《とい》舞《まい》
九番の節と問答の後一人舞

九、節《ふし》舞《まい》
荒神面をつけ一人舞

十、舞《まい》揚《あげ》
神職が一人で舞う

十一、磐《ばん》石《ぜき》
「めごんめ」と呼ばれ赤衣を着し御幣、杓子、すりこぎ、椀を持って舞う

十二、神師舞《かんじまい》
本手は八〜十二人で剣と鈴を持って舞う

十三、振揚舞《ふりあげまい》
抜身の太刀を持って舞う一人舞

十四、地《じ》割《わり》
現在舞われていない

十五、帳《ちょう》読《よみ》
奉納者名の読み上げ

十六、祝《のり》詞《と》
奉納者祈願奏上

十七、闢開神楽《びゃっかいかぐら》
二人舞で、鈴と扇子で舞う

十八、闢開鬼神《びゃっかいきじん》
御幣付きの杖と扇子で一人舞

十九、繰掛卸舞《くりかけおろしまい》
本手は八〜十二人で神楽を舞い、次に綱と鈴、次に綱のみ

二十、御笠神楽《みかさかぐら》
鈴と扇子で宮神楽二人舞

二十一、笠取鬼神《かさとりきじん》
六番神楽と同じで、笠のみを持って舞う

二十二、御笠神酒上《みかさみきあげ》
一人舞で神楽の縁起を唱え神酒を捧ぐ

二十三、御笠将軍《みかさしょうぐん》
現在舞われていない

二十四、御笠練舞《みかさねりまい》
多人数で御幣を持って舞う。「田植舞」とも呼ばれ氏子も舞う

二十五、獅子《しし》舞《まい》
雌雄二匹の獅子が荒れ廻り二十六番の鬼神に捕らえられる舞

二十六、綱取鬼神舞《つなとりきじんまい》
一人舞。舞が終わった後、雌雄の獅子を取り鎮める

二十七、寿《じゅ》の舞《まい》
翁の舞で腰を折っての一人舞

二十八、伊勢舞《いせまい》
一人舞で御幣、鈴、扇子を持ち、最後に神楽縁起を唱う

二十九、手力雄舞《たぢからおのまい》
一人舞。手力面を被り御幣二本と鈴を持って舞う

三十、戸開雄舞《とひらきおのまい》
一人舞。戸開き面を被り舞う　天の岩戸開きの舞

三十一、太《だい》神《じん》
面を被り天冠を戴き両手に日月と岩戸を持って座す

三十二、繰卸舞《くりおろしまい》
本手は八〜十二人で鈴、綱などで舞う

三十三、神送《かみおく》り神楽《かぐら》
御笠神楽の略の舞い

番外
柴《しば》舞《まい》
湯立神楽のような仕草で若御子神社、日子神社二社のみで奉納

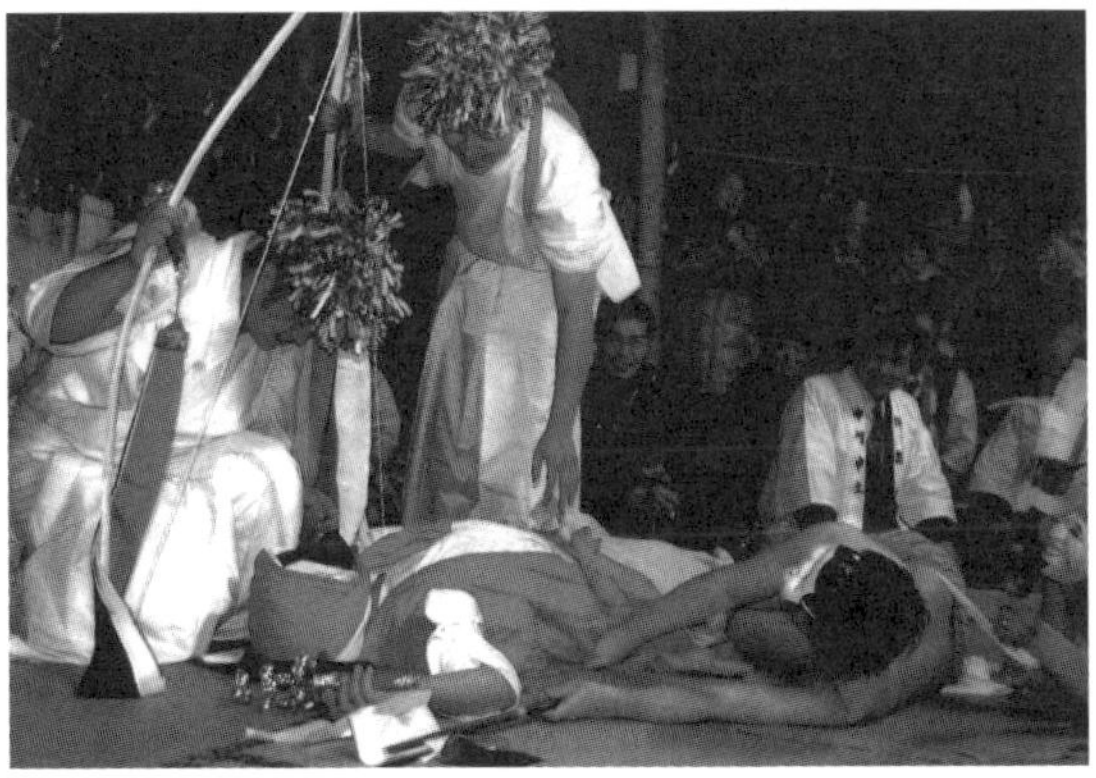

右：六番　鬼神舞
左：二十四番　御笠練舞

主の崇敬は篤く、度々の雨乞い祈祷では、霊験あるごとに神楽が奉納され褒美が与えられました。

渡来の神々を慰め祀る

比木神社のご祭神に福智王という神様がお祀りされています。その祭祀の起源は、一三〇〇年前の奈良時代に遡ると伝えられます。その昔、唐と新羅《しらぎ》の連合軍によって百済《くだら》国は滅ぼされました。そのため、百済の王族と王族に仕えていた多くの人々が日本に亡命し帰化しました。

亡命した王族の中に比木神社に祀られている福智王と、美郷町南郷の神門《みかど》神社に祀られている父の禎嘉王もおられました。それぞれ、数名の従者を従えて船で逃避するも、途中嵐に見舞われて、福智王は高鍋蚊口浜に、父禎嘉王は日向金ヶ浜に上陸したと伝えられています。

二人はそれぞれ比木と神門に逃れましたが、父禎嘉王が逃れた神門に追手が迫って来たのです。福智王も出陣し、共に戦いました。福智王は事なきを得たものの、父禎嘉王は流れ矢に当たって亡くなってしまいました。

その後、二人は比木神社と神門神社に祀られることとなりました。その遺徳を偲び、現在でも比木神社の袋神という御神体を奉持して神門神社まで神幸する師走祭りが執り行われています。このお祭りでは、親子神の対面を喜び、高鍋神楽（比木神楽）が夜半奉納されます。

修験信仰の名残と浄めの舞

比木神楽の番外に、境内に鎮座の若御子神社と日子神社でのみ奉納される「柴舞」があります。その昔、比木神社の境内に、長照寺というお寺が建立されていました。このお寺では修験僧が、山行や水行、火渡りを行っていたとされ、湯立て神楽の名残といわれています。

比木神楽で重要なものとして、「御神楽」が一番目に舞われます。二人舞で、斎庭（御神屋）を誉め称えて諸神勧請のために、その場所を浄め奉る厳粛な舞です。所要時間が一時間を超す大変長い神楽で、舞手、楽人共に真剣に努めることから、舞い納めると、参拝者からは拍手喝采が鳴り止まないほどです。

また、高鍋神楽では、東児湯地区の神楽圏外には見られないといわれる、長寿の舞「寿の舞」があります。年寄の神が腰を折って立つ仕草や、座り込む姿が滑稽といわれています。

頭に宿る神様

比木神社では、若手の伶人育成を目的とした「木城町こども神楽サークル」という、行政と連携した活動を行っています。現在、二人の小学生が毎週土曜日の練習に励んでおり、神事などで神楽を奉納しています。また、神社専属の伶人として大人三人が任命されていますが、この方たちも子どもたちと同じように、幼少より神楽を練習して現在に至っています。神霊をお慰めする神楽を一心に奉納する人たちの頭に、神様が宿るのではないでしょうか。

神社名：比木神社
鎮座地：児湯郡木城町椎木1306-イ
宮司名：橋口　清文
神楽名：比木神楽（高鍋神楽）
奉納日：①御鈴の口開け祭　旧1月5日、②お里まわり御神幸祭　10月下旬の土・日曜日、③裸祭　11月14日、④神事　12月第1土曜日
保存会名：高鍋神楽保存会
神楽面の保存：有（8面）
（代表的な面　寿の面、闢開面、磐石の面）

二十九番　手力雄舞

十番　舞 揚

九番　節 舞

六番　鬼神舞

都農神社

都農神楽（高鍋神楽）

歴代藩主の崇敬と加護

都農神楽は、東児湯地域で伝承されている高鍋神楽に属しています。創始については、天正年間の島津・大友の騒乱により古記録や文献が焼失しており、証明するものが無く不詳となっています。

藩政時代の記録によると、高鍋藩主が都農神社に祈願の折、神楽を奉納されて奨励し、全盛を極めた時代があったと伝えられています。『都農神社纂記』には、天明三年（一七八三）八月十一日の祈晴祈願に終日、文政三年（一八二〇）八月十一日祈晴に、天保三年（一八三二）六月二日の雨乞いに降雨があった報賽《ほうさい》（お礼）に八月十九日終日、それぞれ神楽を奉納したと記されています。また、嘉永五年（一八五二）七月四日には、藩主の許可を受けて、藩民が神楽を奉納し五穀豊穣を祈願したとも記されています。

高鍋藩の記録『拾遺本藩実録』には、文政六年（一八二三）五月二十七日「藩主秋月種任公、神楽奉納の上雨乞い」と記されています。その他、江戸時代、都農

［神楽番付］

一、御神楽《おかぐら》
　一番神楽とも称し基本の神楽
二、花の手《はなのて》
　二人舞で地清め
三、荒神 返《こうじんがえし》
　現在舞われていない
四、大神舞《だいじんまい》
　面を被り一人舞
五、敏伐舞《びんぎりまい》
　二人舞で地固め
六、鬼神舞《きじんまい》
　鬼神面を被り鬼神杖と扇子を持って一人舞
七、将軍舞《しょうぐんまい》
　二人舞　弓矢を持って舞う
八、問 舞《といまい》
　九番の節と問答の後一人舞
九、節 舞《ふしまい》
　荒神面をつけ一人舞
十、舞 揚《まいあげ》
　神職が一人で舞う
十一、磐 石《ばんぜき》
　「めごんめ」と呼ばれ赤衣を着し御幣、杓子、すりこぎ、椀を持って舞う
十二、神師舞《かんじまい》
　本手は八～十二人にて剣と鈴を持って舞う
十三、振揚舞《ふりあげまい》
　抜身の太刀を持ち舞う一人舞
十四、地 割《じわり》
　現在舞われていない
十五、帳 読《ちょうよみ》
　奉納者名読み上げ
十六、祝 詞《のりと》
　奉納者祈願奏上
十七、闢開神楽《びゃっかいかぐら》
　二人舞で、鈴と扇子で舞う
十八、闢開鬼神《びゃっかいきじん》
　御幣付きの杖と扇子で一人舞
十九、繰掛卸舞《くりかけおろしまい》
　本手は八～十二人で神楽を舞い、次に綱と鈴、次に綱のみ
二十、御笠神楽《みかさかぐら》
　鈴と扇子で宮神楽二人舞
二十一、笠取鬼神《かさとりきじん》
　六番神楽と同じで、笠のみを持って舞う
二十二、御笠神酒上《みかさみきあげ》
　一人舞で神楽の縁起を唱え神酒を捧ぐ
二十三、御笠将軍《みかさしょうぐん》
　二人舞　弓矢を持って舞う
二十四、御笠練舞《みかさねりまい》
　多人数にて御幣を持って舞う「田植舞」とも呼ばれ氏子も舞う
二十五、獅子舞《ししまい》
　雌雄二匹の獅子が荒れ廻り二十六番の鬼神に捕らえられる舞
二十六、綱取鬼神舞《つなとりきじんまい》
　一人舞　舞が終わった後、雌雄の獅子を取り鎮める
二十七、寿の舞《じゅのまい》
　翁の舞で腰を折っての一人舞
二十八、伊勢舞《いせまい》
　一人舞で御幣、鈴、扇子を持ち、最後に神楽縁起を唱う
二十九、手力雄舞《たちからおのまい》
　一人舞　手力面を被り御幣二本と鈴を持って舞う
三十、戸開雄舞《とひらきおまい》
　一人舞　戸開き面を被り舞う　天の岩戸開きの舞
三十一、太 神《だいじん》
　面を被り天冠を戴き両手に日月と岩戸を持って座す
三十二、繰卸舞《くりおろしまい》
　本手は八～十二人で鈴、綱などで舞う
三十三、成就神楽《じょうじゅかぐら》
　二人舞　全ての神楽を奉納した最後に舞う　舞い納めの神楽

右：十一番　磐石
左：二十五番　獅子舞

神社の境内にあった神宮寺の大泉寺（修験道場で、川北郷（当時の町名）の修験僧の本寺的役割を果たしていた）が記した文書には、都農神社の祭礼に関わりをもち、特に尾鈴神社での雨乞いには、大泉寺が修験僧を引き連れて、神楽を奉納したとあります。

願祝子《ほうり》の神楽

その昔、子どもが身体虚弱で病に罹った時、親は御祭神に一心に早期平癒を願い、その報賽として、我が子を願祝子として神楽の舞人として仕えさせることを誓ったといわれています。霊験あって壮健の身となった後は、願祝子として三年あるいは五年、長い者では十年または終身、舞人として仕えたと伝えられています。

都農神社の伶人は、古くは神社のお膝下である都農組地区出身者しか奉仕できないとされていました。しかし、現在では都農神社の神職をはじめ、町内有志により伝承されています。また、数年前から伝統文化の継承を目的に種々活動に取り組み、現在は地元小学生の加入もあり、子どもたちが都農神楽文化財愛護少年団として県の指定を受けて活動しています。

神楽指導の近代化

都農神楽の舞い振りは、高鍋神楽の中でも、型と呼ばれる基本姿勢が異なっています。太鼓と神楽笛も叩き方や旋律が異なり、やや早めに演奏します。

現在伝承されている都農神楽の番数は二十番ほどですが、冬祭等では時間の都合により奉納できない神楽もあります。場合によっては長年奉納されず、伝承が危ぶまれるものもありました。この現状を改善するために、数年前から舞の手順、太鼓の叩き方、笛の吹き方の譜面を教材として作成しました。また、その教材を基にして、誰でも練習と確認ができるように、祭当日の神楽を動画投稿サイトに掲載して、練習材料としています。

このような指導の在り方は、賛否両論あるかと思われますが、神楽の奉納は、その地域の営みが反映されたものでもあります。都農神楽は都農でしか伝承されていません。一度絶えてしまえば復活することは困難でしょう。この先人たちが残した尊い伝統を、次の世代に引き継ぐ一手段として、現在のような指導方法を取ることとなったのです。

師走を締めくくる冬の大祭

都農神社の年間の神楽奉納の中で、十二月四・五日に斎行される冬祭は、氏子繁栄と家内安全を祈るお祭りです。四日の前夜祭と五日の例祭では、両日共に都農神楽が奉納されています。「冬祭が近づくと一段と寒さが増すね」と町民の間でもよく耳にする時節となり、寒さが増す四日の前夜祭では、境内に松明《たいまつ》が明々と焚かれ、およそ二千人の参拝者で賑わう中、青年太鼓や町民総踊りが奉納され、午後七時頃から神楽が奉納されます。

翌日は例祭後に神楽奉納が行われ、せんぐ撒きで全てが締めくくられます。都農神社の冬祭が終わると、氏子の間ではお正月に向けた準備が始まります。

神社名：都農神社
鎮座地：児湯郡都農町大字川北13294
宮司名：永友　謙二
神楽名：都農神楽(高鍋神楽)
奉納日：①歳旦祭　1月1日、②夏祭御神幸祭　8月1日2日、③冬祭例祭12月4日5日、④末社瀧神社祭礼　春秋彼岸中日、⑤末社愛宕神社例祭　旧1月24日、⑥末社稲荷神社秋祭　旧9月初午
保存会名：都農神楽保存会
神楽面の保存：有（14面）
（代表的な面　鬼神面、荒神面、磐石の面）

三十番　伊勢舞

三十一番　手力

新富町

八幡神社

三納代神楽（高鍋神楽）

農耕文化を見守る三納代の神

高鍋神楽が伝承される東児湯地区最南端の新富町に鎮座の三納代八幡神社は、往古の昔より三納代という地名が表すとおり、御苗代つまり稲作、農耕の盛んな地域でした。それを裏付けるかのように、現在でも早期水稲が盛んな地域です。

新富町内には多数の古墳が点在し、そこには権威ある氏族や人々の営みがあったことを、うかがい知ることができます。

三納代神楽の創始はいずれの時代であったかは不詳ですが、鎌倉時代に記された『宇佐神宮領大鏡』によれば、富田庄八十町が宇佐神宮領に属するとの記述があることや、神楽の番付や舞様などから、武家社会が台頭した時代には、既に成立していたものと考えられます。

夜神楽と昼神楽の境

三納代八幡神社の社伝によると、第七代高鍋藩主秋月種茂公の時代、藩内は凶作に加えて疫病が流行したため、領民の生活は困窮を極めました。これを憂えた種茂公は、藩社の比木、八幡、その他の社を合わせて六社に自ら巡拝され、五穀豊穣、疫病退散、藩民安泰を祈願されました。これが、旧高鍋藩領内の郷社六社を中心に年番で執り行われる、六社連合大神事の始まりと伝えられています。

三納代神楽は、昼神楽と夜神楽の境目に位置していることから、高鍋神楽の中でも神楽の番付や舞が異なっています。特に注連縄《しめなわ》状に編んだ稲藁《いなわら》を大蛇に見立てて真剣で切り落とす「綱切舞」は、高鍋神楽の中でも三納代神楽にのみ伝承される独特の神楽です。

祭りと共にある神楽

現在、三納代神楽の伶人は大人十名と子ども十一名が務め、神楽を奉仕しています。以前は三十三番が舞われていましたが、現在は十五番が継承されています。神楽が奉納される三納代八幡神社のお祭りの中でも、特に十一月九日の前夜祭と翌十日の例祭では、十五番が奉納され、多くの参拝者で賑わいます。

［神楽番付］

一、太鼓
二、笛
三、鐘（手拍子）
四、一番神楽（二人舞）
五、華舞（花の手）
六、硯（中の手）
七、敏《すお》伐《ぬき》
八、鬼神
九、将軍
十、御柴荒神
十一、問（神主）
十二、磐石
十三、神武神楽（大神神楽）五人舞
十四、四人剣（宝剣）
十五、中央四人舞
十六、一人剣（身拭）
十七、岩通（三人舞）
十八、御酒上（神祭）
十九、御笠地舞
二十、御柴荒神
二十一、問（神主）
二十二、御笠ねり
二十三、帯舞（三人舞）
二十四、神師（四人舞）
二十五、綱地舞
二十六、御綱荒神
二十七、問（神主）
二十八、綱切舞
二十九、繰卸
三十、伊勢舞
三十一、手力（すゑみどり）
三十二、戸開
三十三、神送神楽（舞上）

神社名：八幡神社
鎮座地：児湯郡新富町大字三納代2443-1
宮司名：清　芳邦
神楽名：三納代神楽（高鍋神楽）
奉納日：①歳旦祭1月1日、②春祭2月17日、③夏祭御神幸祭7月最終日曜日、④例祭前夜祭11月9日、⑤例祭11月10日、⑥新嘗祭11月23日
保存会名：三納代神楽保存会
神楽面の保存：有（9面）
（代表的な面　鬼神面、素神面、硯面）

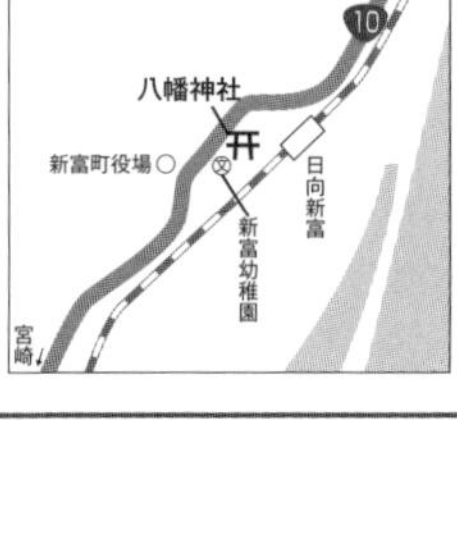

新富町

水沼神社

日置神楽

新富町日置地区の鎮守、水沼神社には日置神楽が伝えられています。歳旦祭や祖霊祭、春・秋季大祭などの時に、水沼神社、紀伊神社、日置神社などの地区内神社で奉納しています。

水沼神社の本殿後背には湖水ヶ池があり、夏になると池一面に美しい蓮の花が顔をのぞかせます。この蓮根は、七代藩主の秋月種茂公が藩の財政を立て直すために、地元の農民たちに栽培させたのが始まりと伝えられています。

この湖水ヶ池には、古くから竜神伝説が伝えられています。江戸時代、日照りが続くと藩は領内の神社に雨乞い祈祷を命じました。『続本藩実録』によると、「天保三年（一八三二）八月十九日、雨潤沢に付、比木社八幡家老中、七社は奉行中、日光院圓實院へ物頭中、立岩は番代、湖水（水沼）は勘定奉行ご代参、神楽一社に一貫文」との記録があり、水沼神社などの竜神信仰に関わりのある神社などに雨乞いを命じられ、神楽料を上げられたことがわかります。

［神楽番付］

一、御神楽《おかぐら》
二、太神《だいじん》
三、敏伐《びんぎり》
四、鬼神《きじん》
五、将軍《しょうぐん》
六、振上《ふりあげ》
七、獅子舞《ししまい》
八、手力雄《たじからお》
九、戸開雄《とひらきお》

六番　振上

神社名：水沼神社
鎮座地：児湯郡新富町大字日置679
宮司名：宇都宮　正和
神楽名：日置神楽
奉納日：①正月
②春大祭　3月21日
③秋大祭　9月仲秋
保存会名：日置神楽保存会
神楽面の保存：有（3面）

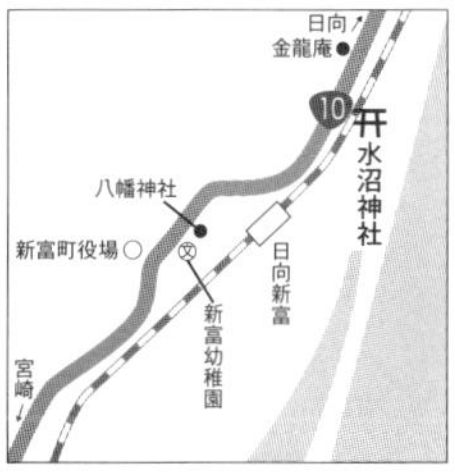

新富町

富田八幡神社

富田神楽

富田八幡神社は、平安時代初期の天慶年間（九三六〜九四六）の創建と伝えられ、鎌倉時代に富田の地が宇佐神宮領富田荘として開拓された際、宇佐神宮の分霊を奉祀したことに始まります。

富田神楽の由緒起源については伝えられていません。神楽の特徴は、何と言ってもワラ製の大綱を大蛇に見立て、真剣で一刀両断する「蛇切り」（綱切）でしょう。神楽奉納については、以前は八番ほど舞われていましたが、現在は四番が継承され大人五人で舞われています。

その他大淵神社でも富田神楽四番が奉納されています。

右：一番　鈴舞
下：二番　鬼神

［神楽番付］

一、鈴舞
二、鬼神
三、将軍
四、蛇切（綱切）

神社名：富田八幡神社
鎮座地：児湯郡新富町富田東80-811-43
宮司名：長友　崇浩
神楽名：富田神楽
奉納日：①春祭　2月17日、②夏祭御神幸祭　7月31日、③例祭11月9日、④秋祭　11月23日
保存会名：富田八幡神社神楽保存会
神楽面の保存：有（5面）
（代表的な面　鬼神面）

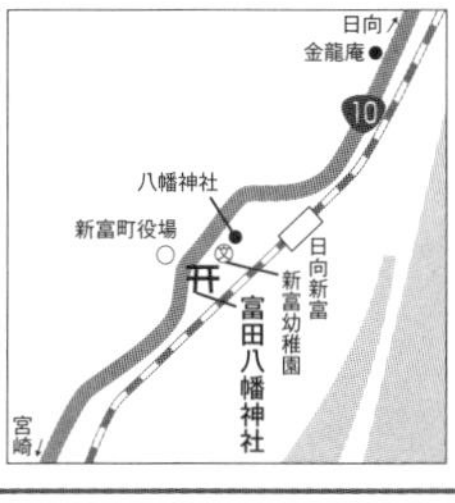

米良地方（西米良村・西都市東米良・木城町中之又）の神楽

鎮守神社
木城町
宿神社
尾八重神社
銀鏡神社
西都市
八幡神社
（村所八幡神社）
米良神社
児原稲荷神社
狭上稲荷神社
西米良村
265
219

四番　清山

三十番　部屋の神

九番　大王様

六番　地割

西米良村

八幡神社（村所八幡神社）

村所神楽

大王様と米良重鑑公

大王様伝説は、六百年もの昔にさかのぼります。肥後から入山した菊池一族は、姓を米良姓に変え、この地を安住の地とされました。鎮圧のために九州に下った征西将軍懐良《かねなが》親王没後の文明三年（一四七一）に、村所鶴地区の台地に神社を建てて「大王宮御川神社」とし、大王宮が合祀されました。その神前において生前、懐良親王が好まれた舞を組み立てて舞を納め、鎮魂供養の神楽を奉納したのが村所神楽の起源と伝えられています。

大王様とは、米良一円では征西将軍懐良親王をさしています。大王様は「神の舞」の一番を踏まれます。村所神楽は、夜食に至るまでを「神神楽」として、厳粛な態度で観客は見守ります。

領主米良弥太郎重鑑《しげかね》公は、敬神の念篤く社地を奉納して社殿を改築するなど、氏子を指揮して丁重な祭りを怠りませんでした。重鑑公は、社号の低い大王宮を宇佐八幡宮に変えたいと使者を遣わしました。しかし、お許しは出ず、重鑑公没後の天正十八年（一五九〇）ようやく三回目にして御神霊のお許しが出ました。以来宇佐八幡宮の称号を用いました。このことから、重鑑公を「八幡様」と氏子は呼ぶようになりました。住吉でお降りになる八幡様の舞は、重鑑公を御祭神の代表として神楽に組み入れたものです。

奉納日と準備

十二月十八日に近い土曜日に、一ッ瀬川に面した村所公民館前において、神楽三十三番が舞われます。例祭を午後四時村所八幡神社本殿において斎行後、御祭

［神楽番付］

一、修祓
二、献饌
三、注連拝
四、清山
五、挟舞
六、地割
七、天任
八、幣差
九、大王様
十、爺様
十一、婆様
十二、七ツ面
十三、住吉舞
十四、八幡様
十五、御手洗様
十六、獅子舞
十七、大山祇命
十八、神水
十九、一人剣
二十、白海
二十一、弓将軍
二十二、荒神
二十三、丁
二十四、伊勢の神楽
二十五、大神様
二十六、手力男命
二十七、戸隠しの舞
二十八、手力男命
二十九、挟舞
三十、部屋の神
三十一、注連倒し舞
三十二、火の神
三十三、成就の舞
三十四、くれおろし
三十五、神送り
三十六、狩面

右：十四番　八幡様
左：十三番　住吉舞

神を本殿より御神屋神棚にお遷り願います。神々を招請して、神饌を献じ賑やかに夜を徹して神楽が舞われます。

大祭の準備は、社人により選出された四人の肝煎《きもいり》のもと、氏子総代を会長として、その下に大祭の準備から斎行、終わってからの片づけまで、全ての責任者として頭取を定め、さらにその下に作業班の掌握として勘人頭を設けています。

山々にしみる太鼓とホラ貝の音

村所神楽では神の舞の前後に地舞を舞います。大王様の舞の前には地舞の幣差があります。地舞とは、神の降臨に際しての清めと警護を司り、なおかつ神の舞の介添えを行う役目を果たしています。番付け順は、幣差、大王様、爺様、婆様、七ツ面、そして幣差となります。御祭神八幡様のときも同じで、地舞住吉、八幡様の舞、住吉の順で舞われます。

大王様の舞、八幡様の舞の神の舞が近くなるとホラ貝が鳴り渡ります。ホラ貝の音は神のお降りになることを観客に知らせます。観客は、身に着けている帽子・マフラー・コート等を脱いで神様に失礼にならないようお降りを待ちます。

神楽も終盤を迎え、夜も更けて一番眠くなる暁前の朝方になると伊勢の神楽、大神様（天照大神）、手力男命（岩戸捜）、戸隠しの舞、手力男命（岩戸開き）と続きます。伊勢の神楽が一番にされている理由は、天照大神が天岩戸に隠れられて国々が困り果てた時、八百万の神々が岩戸の前に集まられて会議を開かれる様を神楽に表現したものだからです。

夜も明けて人影が少なくなった神屋では、注連倒しの舞が舞われます。注連棚のお供物が下ろされて、注連飾りの縄が解かれます。舞手は六人です。笠をかぶり、舞幣に鈴を持ち舞われます。楽は内神屋に移って太鼓は宮司、笛は師匠が受け持つのを恒例としています。

シシトギリ復活

挟舞の「狩面」（通称シシトギリ）は終戦当時まで、猟友会によって奉納されていた猟祈願の神事でした。平成五年（一九九三）、四十年ぶりに復活しました。山間部での貴重な食料である獲物を捕るための、狩猟に関するきまりなどの狩り習俗や狩り詞も残されています。

見事な本注連

神楽が舞われる場所を神屋《こうや》といいます。村所神楽では、内神屋と外神屋に分けられます。神屋の中心は注連です。注連には本注連と略注連があります。本注連は一本注連または百本注連と呼ばれ、略注連は通常三本が多く寄進されています。高さは中央が約七メートル、両脇の二本は中央より五十センチくらい低い竹です。

注連には決められた御幣を立てます。注連の棚の周りをシイの木の枝葉で囲みます。修祓をして清めた後、その棚に献饌で米・御神酒・根菜・海の幸・山の幸・猪頭・餅・弓矢等が供えられ注連を拝みます。注連拝では、宮司と社人が注連と内神屋を同時に拝み上げます。

神社名：八幡神社
鎮座地：児湯郡西米良村大字村所12
宮司名：濵砂　誠二
神楽名：村所神楽
奉納日：12月18日に近い土曜日
保存会名：村所神楽保存会
神楽面の保存：有（15面）

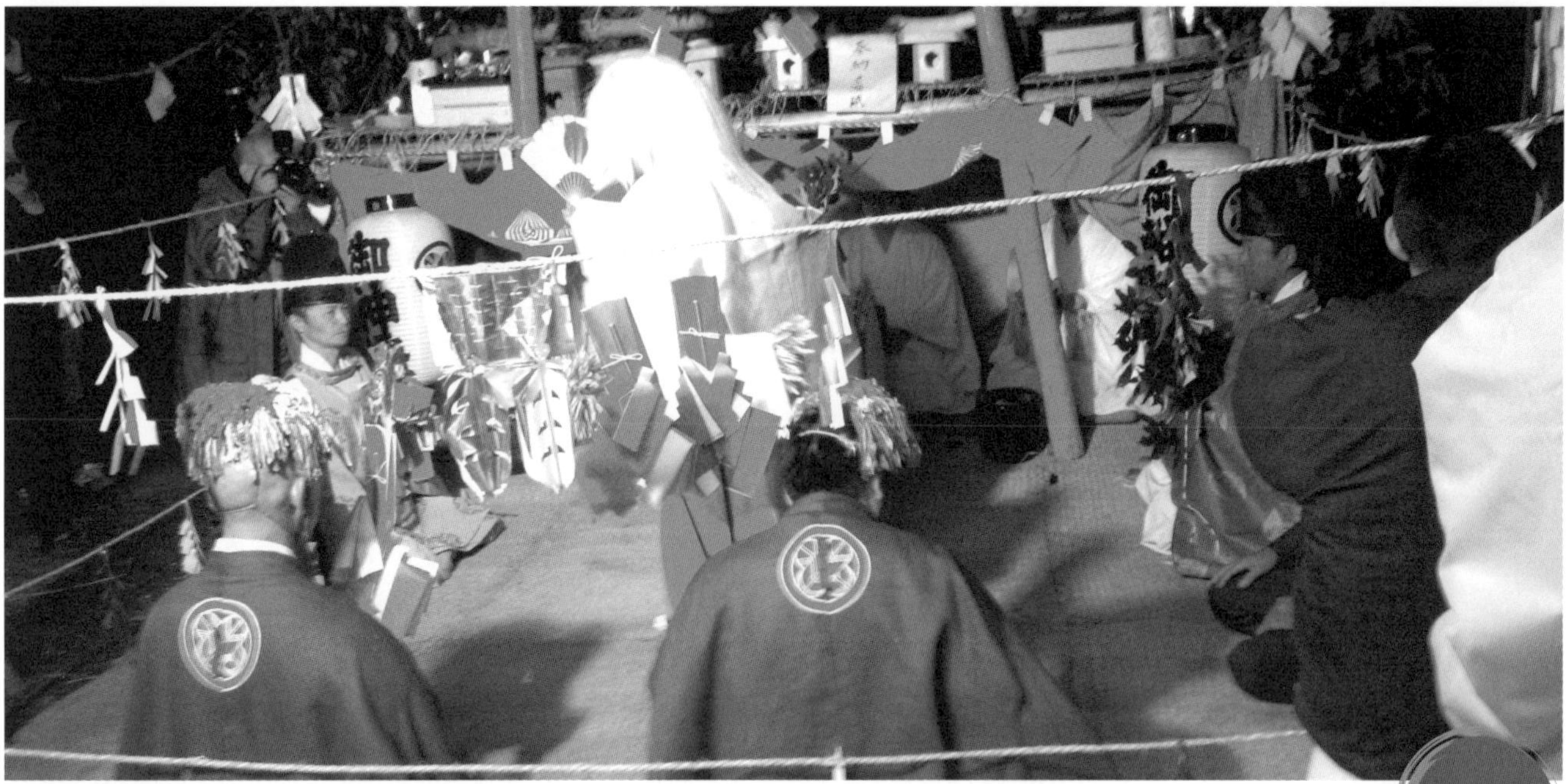
十二番　稲荷様の舞

西米良村

狭上稲荷神社

十三番　奥方の舞

十七番　神　水

村所神楽（狭上稲荷神楽）

空国の社

狭上稲荷神社のある西米良村大字村所狭上は、村の中心地の村所から車で山道を上がること約四十分、人里から離れた深山奥深くに位置しています。世帯は、宮司の中武家一軒だけで、県指定の古墳が当社の南側に位置しています。旧称は狭上稲荷大明神と称し、創立年月日は不詳ですが、社蔵の由緒記には、次のように記されています。

「皇御孫尊阿田之長屋にご臨座し、大山祇命《おおやまづみのみこと》の娘、姉の磐長比咩《いわながひめ》を畏れ給い、故に磐長比咩命は五十鈴川上川に去ってしまった。大山祇命は慕いて狭上の深川に跡を垂れ給う。爰《ここ》に御陵あり、空国にして祭る者がいなかった。世降りて当社御陵を知る人も稀になっていた。時に天正年中、山中堂栄、煮田之尾勝房、山佐礼左近、西世法師の四兄弟狭上の東西南北に柴の庵を結び露命を繋いでいた。西世法師の夢に白髪の老翁が現れ、我は大山祇命なり。我陵を以て稲荷を祀り尊敬せば、汝が子孫長久なること疑うことなしと言われた。西世法師此の神を祭り尊崇すると日数を経ずして、白狐稗粟大豆小豆を携え来て法師に与えた。その後、米良佐太夫の時に社を建立した」

佐太夫の子孫の米良半右衛門は、神主を今の中武家の祖先に譲って、人吉藩相良家の家老となって、米良山を後にしました。米良佐大夫に付き添った家来たちは氏子となって、球磨の深田村に居を構え、大祭の時には代参を続けたといわれ

［神楽番付］

一、修　祓
二、献　饌
三、注連拝
四、清　山
五、挟　舞
六、地　割
七、天　任
八、幣　差
九、八幡様
十、幣　差
十一、住　吉
十二、稲荷様の舞
十三、奥方の舞
十四、けん属の舞
十五、住吉の舞
十六、注連拝
十七、神　水
十八、一人剱
十九、白　海
二十、弓将軍
二十一、荒神の舞
二十二、丁の舞
二十三、伊勢の神楽
二十四、大神様
二十五、手力男命
二十六、戸隠しの舞
二十七、手力男命
二十八、挟　舞
二十九、部屋の神
三十、注連倒し
三十一、火の神舞
三十二、成就の舞
三十三、くれおろし神事

右：十四番　けん属の舞
左：六番　地割

ています。

丸太から彫られたけん属面

狭上稲荷大祭においての神楽は、村所神楽社人によって舞われます。そのため狭上での神楽でも神の舞の前後に地舞を舞う形になっています。八幡様の舞の前には地舞の幣差があります。地舞とは、神の降臨に際しての清めと警護を司り、なおかつ神の舞の介添えを行う役目を果たしています。番付け順は、幣差、八幡様、そして幣差となります。御祭神稲荷様のときも同じで、地舞住吉、稲荷様の舞、住吉の順で舞われます。

村所八幡様の御代理様の舞、狭上稲荷大明神の舞が近くなるとホラ貝の音が深山に鳴り響きます。ホラ貝の音は神のお降りになることを観客に知らせます。さらに、白い女面の奥方様の舞となります。

狭上神楽の神面の中には、神楽面でも特に珍しいけん属様という神面があります。白い大型の狐面で一本の丸太から彫られています。縦二十五センチ、横二十センチ、奥行き二十五センチの面となっています。この白狐の面は、西世法師（本名狭上清房）たち四人の前に現れた白狐であるといわれています。

古くからのしきたり

大祭の準備は、村所八幡神社社人と村所地区の住人が中心となって、執行、終わってからの片づけまで行われます。当日は、熊本県球磨郡からの参拝者が多くみられ、カッポ酒・猪肉・煮しめ等の田舎料理が振る舞われます。

狭上稲荷神社は、人里離れた山中に位置しているため、祭りにおいても昔ながらの風習・しきたりが守られてきています。古来からの祭りの風景、カッポ酒・猪肉・煮しめ料理等を楽しみに県外からの参拝者も多く見られます。

宮司宅前庭で神楽を舞う

狭上稲荷神社例祭で神楽が舞われる神屋は、神社に隣接する宮司宅前庭に設けられます。

村所神楽の奉納は内神屋と外神屋に分けられます。神屋の中心は注連です。注連には本注連と略注連があります。本注連は一本注連または百本注連と呼ばれてきました。略注連は通常三本が多く寄進されています。狭上の神楽では、一本注連が作られます。

参拝者は神庭の周りで火にあたりながら、または宮司宅の家の中から暖をとりながら夜明けまで三十三番の神楽を見守ります。九州脊梁山地の奥深く、昔からの形態を残す狭上神楽は、神秘の神楽とか究極の神楽と称されています。

神社名：狭上稲荷神社
鎮座地：児湯郡西米良村大字村所503
宮司名：中武　祝亮
神楽名：村所神楽
奉納日：12月第1土曜日
保存会名：村所神楽保存会
神楽面の保存：有（6面）
（代表的な面　稲荷大明神、けん属様、奥様）

六番　地割

四番　清山

十一番　御祭神舞

十番　住吉

西米良村

米良神社

小川神楽

磐長姫の悲しみ

小川地区は、十七世紀中期から十九世紀中期にかけての二百年間、米良家十代領主則重公から十七代則忠公までの居城地があり、明治初期まで東西米良の中心として栄えたところです。現在は、村内でも最も高齢化が進んだ地域となっています。伶人は若手がいるものの、大祭を準備・運営する氏子は高齢化しており、人手が足りない状態が続いているなど、神楽の保存伝承にも多大な影響をおよぼしています。

米良神社は宝永元年（一七〇四）米良十一代領主菊池則信公が建立されました。由来書によると、瓊瓊杵尊が木花開耶姫命を見初め、父の大山祇命は姉の磐長姫命も一緒に差し出されたが、妹のように容姿端麗ではなかったため、瓊瓊杵尊は磐長姫命を追い返されました。後に姫は一ッ瀬川を上って小川の地に住まわれていたが、ついに神社の下の小川川の渕に身を投じられました。

村人はこれを憐れみ一宇を建立し祀りました。当時、神宝として磐長姫命の毛髪がありましたが、元禄十六年（一七〇三）の洪水により社ごと流され川上に漂い紛失したと伝えられています。水が引き社が留まったところに拝殿を建立し、山嶺に神殿が再建されました。小川神楽は、この米良神社に伝えられています。

奉納と氏子総出の準備

十二月第二土曜日、米良神社内の拝殿において、神楽三十三番が夜を徹して舞われます。山をこしらえ、本体のシメに天照大神をはじめ、天・地の神々を勧請

［神楽番付］

一、修　祓
二、神迎えの舞
三、迚建立舞
四、清　山
五、花の舞
六、地　割
七、ハサミ
八、幣　差
九、神様の舞
十、住　吉
十一、御祭神舞
十二、カンスイ
十三、弓将軍
十四、荒神の舞
十五、テ　イ
十六、蛇神楽
十七、大神様
十八、伊勢の神楽
十九、手力男命
二十、戸　破
二十一、手力男命
二十二、一人剣
二十三、七ツ面
二十四、エナ褒め
二十五、唐っ旦
二十六、田の神
二十七、部屋の舞
二十八、幣の舞
二十九、獅子トギリ
三十、火の神舞
三十一、迚倒の舞
三十二、神送り舞
三十三、成就の舞

右：八幡様
左：折立様

してその前面に棚を設け、献饌してこの斎場で神楽が舞われます。

準備は、大祭当日の三日前から行われます。三日前に氏子役員が山にシメの柴を、二日前に祝子がニガ竹を取りに行き、御幣切りも行われます。前日、御幣つくり、シメつくり、氏子による茶店つくりが行われます。

神迎え

大祭当日の午前中に神迎えがあり、小川地区内の氏神様を米良神社からお迎えに上がり、神々は行列をつくって神社へ向かわれます。この時に神迎えの舞が舞われます。

シシバ様

大祭当日の昼に、神職は神社対岸の本殿・沢水菊池殿様の墓地・囲シシバ様の三カ所に分かれて幣帛と神饌を奉り神事が行われます。また、夕刻には米良神社において祭典が斎行され、献饌・玉串奉奠・宮司の祝詞および献幣使の祭詞が奏上されます。その後、直会でそろって食事をとります。神楽は神庭において、全ての伶人が揃い修祓をして心身を清めて始まります。

夜を徹して舞う

夜神楽は斎場を清め、神々のご降臨を感謝して舞われる清山から始まります。舞は二人舞で、装束は烏帽子・狩衣を着し、左手に幣、右手に鈴を持ち優雅に舞われます。

続いて花の舞は小中学生が神にお供えをし、結界と献饌をかたどった舞です。地割は四人舞でその土地の地鎮の神楽です。次に舞われるハサミは初三舞の意味と思われます。二人舞で、他のあらゆる神楽の基本と言われ、降神行事を意味する神楽で、三番の最初に舞われるので「初三舞」ともいわれています。

幣差も二人舞で、ツマドリ素襖を着し、背後の腰に小幣二本を交差して差しながら舞われるので、幣差といわれます。このハサミと幣差の神楽の中で小川地区内の氏神様、鹿倉大神・折立宿神・八幡様・吹（副）将軍・菊池殿宿神・天神様の六神による神様の舞が舞われます。

住吉は四人舞で、装束は幣差と同じですが、みだれは異なります。全体的に威勢の良い活発な舞で、荒神神楽の地舞ともいわれます。この住吉の神楽の中で米良神社の御祭神、磐長姫命が登場され、宮司が舞われます。

カンスイの神楽は、神崇の意と思われます。神屋の中央と東・西・南・北の五方を祓い清め、さらに五方の守護神（五方神）に御守護を祈念する舞で四人舞です。

弓将軍は、二人舞です。天照大神の御田を荒そうとされる素戔嗚尊を弓矢を以って防ぎ、御田を守護される様子を表現した神楽です。

神 社 名：米良神社
鎮 座 地：児湯郡西米良村大字小川988
宮 司 名：土持　光浩
神 楽 名：小川神楽
奉 納 日：12月第２土曜日
保存会名：小川神楽保存会
神楽面の保存：有（24面）
（代表的な面　髪長姫、宿神面、荒神面）

一番　清山

十六番　神崇

二番　花之舞

七番　白稲荷

西米良村

兒原稲荷神社

越野尾神楽

神楽の伝習

神楽は鵜戸神楽の流れを汲み、鵜戸権現の別当をしていた濱砂淡路守重賢が帰省して編み出したといわれています。

鵜戸神楽は、銀鏡では門外不出とされていましたが、禁を破って八重地区に伝わりました。そして、昭和六年（一九三一）には、逆に越野尾の住人が八重に師事して神楽を習うことになりました。

昭和十七年（一九四二）頃、戦争が激化し、舞手も一人二人と戦地に駆り出され、やむなく中止せざるを得なくなり、暫くは完全に途絶えていました。

昭和三十年（一九五五）頃からの九州電力によるダム建設で、越野尾集落のほとんどの家がダム湖に沈みました。ダム完成後村づくりも整い、兒原稲荷神社参道も整備され、神社まで車で上がれるようになってから、参拝者も増加しました。

昭和四十一年（一九六六）に氏子による神楽保存会が発足し、経験者を中心として若い人たちも多く加入し、再出発されるようになりました。現在も八重地区（西都市）とは神楽を通して、行政区を越えての交流があります。

奉納と準備

大祭は十一月最終土曜日。場所は兒原稲荷神社の境内です。例祭を斎行後、御祭神を本殿より御神屋神棚にお遷り願うとともに、大国主命、栗三郎、越野尾水神社の三神も同時にお祀りします。神々を招請して、神饌を献じ賑やかに夜を徹して神楽が舞われます。

神楽保存会員および神人二人が早朝に集い、内、外神屋組に分かれます。内

［神楽番付］

一、清　山
二、花之舞
三、地　割
四、初三舞
五、栗三郎
六、住　吉
七、白稲荷
八、幣　差
九、赤稲荷
十、神和（山之神）
十一、水神地舞
十二、水神男舞
十三、水神女神
十四、大国主地舞
十五、大国主尊
十六、神　崇
十七、将　軍
十八、芝荒神
十九、祝　詞
二十、一人剣の舞
二十一、綱荒神地舞
二十二、綱荒神
二十三、祝　詞
二十四、綱神楽
二十五、大　神
二十六、伊勢神楽
二十七、手力男命
二十八、戸破明神
二十九、白蓋鬼神
三十、室之神
三十一、傘外し
三十二、鎮　守
三十三、成就神楽

右：九番　赤稲荷
左：十七番　将軍

神屋組は、御幣、紙垂、天、御幣竹つくり、外神屋組は、神楽神屋、⿺辶神、大蛇を作ります。神人は、本殿拝殿、参集殿、鳥居等注連縄張り紙垂下げ、幟立て、薪寄せ等を行います。

⿺辶神《しめ》立てと神迎え

準備終了後に本屋にて祭典を執り行い、神楽に使用する道具一切のお祓いを済ませ、内神屋で神楽（清山）が舞われます。内神屋に四方、四隅から対角に注連飾りをして、小幣二十八枚を取り付けます。二十八星宿を表したものです。舞が終わると、先地の持った餅は白紙に包み榊葉に結わえて天井の中央に吊します。この時榊の穂先が北を向くよう吊します。後地の持つ白布は西の角に吊されます。

翌朝、朝日が差す頃、⿺辶神建てを行います。一連の準備で最も清浄な気持ちとなる時です。太鼓・笛・歌を添え、米・塩水で清めながら、大勢の人々に引かれ静かに⿺辶神が立てられます。外神屋の飾り付け、神楽場の筵敷きが終わると、神迎えとなります。

神迎えは、下越野尾の氏神「大国主命」、出合内の氏神「栗三郎」、越野尾水神社各神霊は祀り人に背負われ、太鼓を打ち鳴らしながら児原稲荷神社へと上がって来られます。それにこたえ神社では歓迎の笛・太鼓でお迎えし、内神屋の神棚にお祀りされます。

白と赤の稲荷様

午後七時から翌日夜明けまで神楽が奉納されます。式一番は清山。外神屋を清め、神々の御降臨座すことに感謝し、神聖な斎場の清浄を願い三十三番が清く正しく奉納できるように祈りを込めて舞われます。

花之舞は、現在は四人舞ですが、古くは二人舞でした。この舞は結界とも言われ、小中学生によって舞われ、結界と献饌を形どった神楽です。四人舞の地割は、白衣、白袴、右手に鈴、左手に羽笠・赤たすき・太刀を持って舞われ、土地の地鎮めの神楽です。

初三舞は白衣白袴に素襖を着て羽笠を冠り、腰に小幣を揃えて差し、右手に鈴、左手に扇子を持って舞われます。住吉は四人舞でツマドリを頭に素襖を着、腰に小幣二本を交差して差します。舞い方は幣差によく似ていて、全体を通じて活発な舞い方です。

この神楽の中で児原稲荷神社御祭神である白稲荷様が登場されます。それは宮司の舞となっています。赤稲荷は神職の舞で男神赤面を付け、赤衣赤袴で外は白稲荷と舞、歌ともに同じです。神和（山之神）はお太鼓帯締めた女性の装いで面を付け、烏帽子を冠り「かみ」「たか」の幣二本と扇を持って静かにゆるやかに舞う巫女の舞です。

神崇は四人舞で右手に鈴、左手に太刀、頭にツマドリを付け袈裟タスキを掛け大きく飛び舞う勇壮な神楽です。神屋の中央と東西南北の五方を祓い清め、五方を守護する五方神に祈念する舞です。

神社名：児原稲荷神社
鎮座地：児湯郡西米良村大字越野尾134-1
宮司名：甲斐　法長
神楽名：越野尾神楽
奉納日：11月最終の土曜日
保存会名：越野尾神楽保存会
神楽面の保存：有（16面）
（代表的な面　栗三郎、白稲荷、赤稲荷、山之神、水神）

西都市

銀鏡神社

上：八番　西之宮大明神
左：三十一番　鎮守

銀鏡神楽

里人を見守る龍房山

古くは龍房山を御神体として、その山麓（今の銀鏡神社本殿）に生い繁っていたイチイ樫（昭和五年倒伏。樹齢七百年）に注連縄を張り、遥かに龍房山を望み神楽を奉納していました。古来から三十三番の神楽が廃れることなく舞い継がれてきています。

神楽を舞う祝子の家柄は十二家あり、これを祝子本株と称し世襲制です。願祝子制を設けて現在二十二名で使命感を持って舞い続けています。祝子本株は全て修験《しゅげん》と関係のある家柄です。

修験者たちの伝えによると、肥後の菊池氏二十五代重続公が入山。身を秘して天氏を名乗り初代銀鏡城主となり、長享三年（一四八九）三月銀鏡神社を創建し、磐長姫命・大山祇命・懐良親王を祀りました。

肥後より入山した菊池氏随従の公家・武将たちが舞っていた能や舞が従来の銀鏡神楽に組み込まれ、それに銀鏡神社社家の先祖淡路守重賢が鵜戸山道場で修得した鵜戸神楽と鵜戸鬼神舞を持ち帰り、これが銀鏡神楽に交わり、強く影響して次第に発達したのが銀鏡神楽です。銀鏡神楽を鵜戸門流の神楽というのは、このことに起因しています。

［神楽番付］

一、星神楽
二、清　山
三、花の舞
四、地　割
五、鵜戸神楽
六、鵜戸鬼神
七、幣　指
八、西之宮大明神
九、住　吉
十、宿神三宝稲荷大明神
十一、若男大明神
十二、初三舞
十三、六社稲荷大明神
十四、七社稲荷大明神
十五、神　崇
十六、荘　厳
十七、柴荒神
十八、一人剣
十九、神　和
二十、綱荒神
二十一、綱神楽
二十二、伊勢神楽
二十三、手力男命
二十四、戸破明神
二十五、白蓋鬼神
二十六、オキヘ
二十七、室の神
二十八、七鬼神
二十九、獅子舞
三十、衣笠荒神
三十一、鎮　守
三十二、ししとぎり
三十三、神送り

奉納と注連の準備

十二月十四日、銀鏡神社神楽殿前の祭場において、三十三番が夜を徹して舞われます。山をこしらえ、本体の注連に天照大神をはじめ、天地の神々を勧請してその前面に棚を設け、献饌してこの斎場で神楽が舞われます。

右：三十二番　ししとぎり
左：十六番　荘厳

十二日、門注連祭で禰宜《ねぎ》と宮人が祭場・社務所を祓います。十三日は注連つくりで、祝子と氏子が大祭の諸準備と注連つくりをします。宮人は境内の末社に幣帛を奉ります。その後、神楽殿で神楽番付一番の星神楽が舞われます。十四日大祭当日は、早朝に祭場の注連建て・注連飾りを行います。

神迎え

銀鏡神楽は、宿神三宝稲荷大明神、手力男命、六社稲荷、七社稲荷、若男大神等、土地神を鎮守社の銀鏡神社に迎える神迎えから始まります。各神社での神事の後、白布に包み背負われた土地神の神面は、神社手前の囲橋に進み、夕方五時ごろ揃って銀鏡神社へ向かいます。

神々との出会い

夜神楽は斎場（外神屋）で舞う神屋清めの清山から始まります。次の花の舞は小中学生八名で舞う結界と献饌を表現した舞です。地割は剣を持って四人で舞う、その土地の地鎮の神楽です。二人舞の鵜戸神楽は、鵜戸山道場から伝わったものです。これに続く鵜戸鬼神は鵜戸からの登山の神という伝承があります。

幣指は二人舞で、左手に持った二本の御幣で神屋の四方をすれ違いに指しながら舞います。御祭神西之宮大明神は着面の舞で、宮司が宝冠を被り長袖の着物に大口袴を着し厳かに舞います。住吉は四人舞の活発な舞。宿神三宝稲荷大明神は社家の神主が御神体の面を被って舞うもので、着装は西之宮大明神と同じです。若男大明神は着面の舞で夫太王命《ふとだまのみこと》の舞です。

初三舞は古くは二人舞でしたが、現在は四人で舞われています。六社稲荷大明神は社家の神主が着面して舞います。当神社には翁面・狐面の二面があります。七社稲荷大明神も社家神主が着面して舞います。山の神で七鬼神の主座に座す神です。神崇は四人舞で左手に太刀、頭にツマドリをつけ、片だすきをかけて勇壮に舞われます。荘厳は二人舞で左手に弓、背に二本の矢を差し、頭にツマドリ、白足袋・赤だすきを十文字にかけて舞います。

柴荒神では荒神と神主との問答が繰り広げられます。柴荒神問答と言います。

笑いを誘うししとぎり

山間部では、仕事の安全と猪等の獲物が多く獲れるように猪頭が神の祭壇に神饌として神に供えられます。銀鏡神楽番付三十二番に「ししとぎり」（狩法神事）があり、着面弓矢を持つ狩り姿の爺と婆二人と狩行司役の三人で猪狩りの実演をします。狂言的でユーモアたっぷりの神楽で、古来の格式を守りながら観客の笑いを誘います。昔の狩りの様子が表現されており、猪肉のズーシィが観客にふるまわれます。

十六日のシシバ祭りは狩法神事と呼ばれ、銀鏡川の河原で、禰宜と宮人で執り行われます。御幣を立て神職が祝詞を奏上し、その年獲られた猪霊を供養します。

神 社 名：銀鏡神社
鎮 座 地：西都市大字銀鏡492
宮 司 名：上米良　久通
神 楽 名：銀鏡神楽
奉 納 日：12月14日
保存会名：銀鏡神楽保存会
神楽面の保存：有（24面）

御神屋

十三番　稲荷鬼神

一番　迣上

迣祭り

西都市

尾八重神社

尾八重神楽

修験者の所作

尾八重神楽発祥の湯之片神社、壱岐家
の祖・宇多守《うたのかみ》は月読の行に秀でた法者で
した。日向国三宅、国府の地に知行を授
かり、都萬神社の社人として仕えました。
保安二年（一一二一）、権威ある神主と
して易事に優れていましたが、都萬神社
境内の生産湖のことで神問神答、「月の
蘇生と三十三夜月に三儀を賜り人体とな
す」と説き明かしました。
その後、さらに己を磨くために米良山
中を散策して尾八重の地で一本杉に遭遇
し、法者になるべく意を決し、湯之片の
地に修験の籠堂を建て、一本杉を祭祀の
正中として奉り修験者の道を開きました。
今から約八九八年前のことです。
尾八重神楽の御神庭の中心にある迣作
は、月の蘇生と三十三夜の謂れ三歳和同
の儀を解き明かす造りになっています。
舞いには修験者特有の鎮魂所作の反閉が
随所に見られます。修験者が山籠もりを
すると唯一下界のことを知る手段として、
霊感鳥とされるカラスを通して知り、故
にカラスを使鳥としていたといいます。
壱岐宇多守が発祥とされる尾八重神楽の
特徴であるカラス飛びの所作は、その証
しとされています。

奉納と迣《しめ》立て

十一月第四土曜・日曜日、尾八重神社
境内において、神楽三十三番が夜を徹し
て舞われます。山をこしらえ、本体のシ
メに天照大神を始め、天・地の神々を勧
請してその前面に棚を設け、献饌を行い
ます。迣が出来上がると神主による迣清
めが行われます。祝詞の後、迣に係る

［神楽番付］

一、迣　上
二、清　山
三、地　割
四、幣　差
五、花鬼神
六、大神神楽
七、宿神地舞
八、宿　神
九、鎮守神楽
十、八　幡
十一、八社神楽
十二、八子舞
十三、稲荷鬼神
十四、四方鬼神地舞
十五、四方鬼神
十六、獅子舞
十七、磐　石
十八、神　和
十九、四人神崇
二十、一人剣
二十一、大将軍
二十二、柴荒神
二十三、綱地舞
二十四、綱荒神
二十五、綱神楽
二十六、繰落し
二十七、衣笠荒神
二十八、伊勢神楽
二十九、手　力
三十、戸　開
三十一、お　清
三十二、百弐拾番
三十三、舞　上

右：十九番　四人神崇
左：二十五番　綱神楽

諸々の神を招聘し、湯之片神社の大神、今宮八幡大神の神勧請をします。迣立は総動員で進められます。神庭では村人によって山が作られます。柴壁が出来上がると正面に祭壇が設けられ、迣の中心部が高御座処となります。

夜を徹しての舞

迣上は迣が立ち神楽斎場の出来たことを報告しお祝いをする舞です。清山は、神様に神楽の始まりを告げ、神庭を清め祓う舞で、師匠の舞でもあります。地割は神庭の天地を鎮め奉る舞です。幣差は太玉命に幣帛のお許しを受け、幣帛の飾り付けをします。花鬼神は、壱岐宇多守が神格化され降臨される湯之片若宮大明神の舞です（年少者の舞）。大神神楽は大直日、神直日命に奉じる舞です。

宿神地舞は御主神のお出ましで神庭を清め祓う舞。宿神は尾八重神楽の中心で壱岐家の氏神、岩清水正八幡大明神で一子祖伝の舞とされています。鎮守神楽は八幡様のお出ましのため、神屋を清め祓う舞。八幡は菊池の殿様の氏神として出現されます。尾八重神社大祭時にのみ舞われ、鬼神の舞型とも異なります。

八社神楽は尾八重神社創建以前に尾八重区域内八カ所の鹿倉社で舞い上げられていた神楽です。八子舞の八子とはお供えをする子どものことで、稲荷様に初物供えをする表現です。稲荷鬼神は稲荷様を通して山や畑の生活、食と作物に感謝して舞われます。四方鬼神地舞は四番の幣差を四人で舞います。四方鬼神は東方・西方・南方・北方・中央を守護賜う神を鎮める舞です。

獅子舞は狩猟民族と獅子の共存の姿を表現されています。磐石は食と生活文化を伝え、子孫繁栄を願う舞です。神和は天ノ岩戸伝説により天照皇大神様を慰め祀る優雅な舞です。

珍しい舞

尾八重神社には、神楽番付にない二つの神楽が伝えられています。一つが宮神楽といいます。神殿における神前の舞で清山を基本としていますが、清山より手数が多い神楽です。もう一つの遷宮神楽は、お宮を新築したときや鳥居を建立したときに舞う神楽です。両親の健全な祝子が舞うしきたりになっています。

豊猟を祈願

尾八重には猪鹿場祭り（シシバマツリ）という神事が残っています。狩猟の神祭り（流れ勧請）、八幡宮祭りとともに下の殿掛りとされ、神官も分担されていました。シャク米（うるち米）を湿して搗いたシトギ（生餅）、飯、豆腐等の供物を準備し、シトギ、飯をシュロの葉で作ったツトに入れて固め、御神酒を注ぎ雁股の矢を立てます。矢の倒れた方向がその年の豊猟と占います。

豆腐一切れを山竹（アオ木）の葉に吊るしてツトとともに供え、神官が祝詞を奏上します。なお、以前はこの猪鹿場祭り前一週間狩りはしないとされていたので、尾八重の祭りに猪頭は供えられません。

神社名：尾八重神社
鎮座地：西都市大字尾八重859-ロ
宮司名：中武　貞夫
神楽名：尾八重神楽
奉納日：11月第４土曜・日曜日
保存会名：尾八重神楽保存会
神楽面の保存：有（20面）

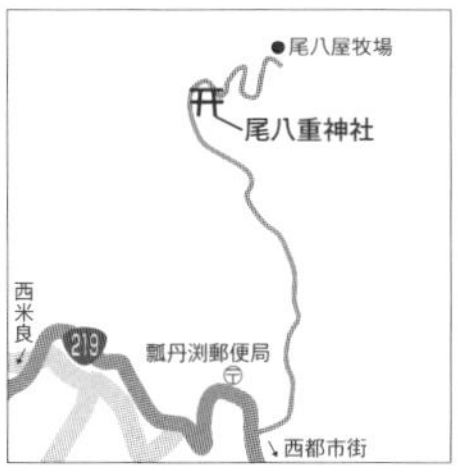

一番　清山

西都市

宿神社

打越神楽（尾八重神楽）

打越の歴史と神楽

打越の神楽がいつ始まったかは定かではありませんが、湯之片神社の祖、壱岐宇多守《うたのかみ》が神楽を始めたとされる保安二年（一一二一）から三百七十年後の長享三年（一四八九）三月、宿神社創建時の鏡と面が納置されていることから、この時期を起源とするのが妥当と思われます。

宝暦年間（一七五一～五九）に入り、一般家庭でも法者による神楽が祈祷・祈願祭の中で舞われていたことも推察できます。その後、文政年間（一八一八～二九）に入り、宮尾にあった宿神社の老朽化が進み、社を神楽殿（梅木一二宮司旧宅）横の岩屋に奉じ、花屋（拝所）を建造、三十三番夜神楽が奉納されました。

文政十年（一八二七）五月九日現在地に移築遷宮され、祭日を旧十二月十八日から一月十日に改め、領主監修の元で、明治三年（一八七〇）大祭まで斎行されました。その後、新政府成立で打越でも神仏分離政策の対処が検討され、真言色のある神楽は外され、明治四年氏子総代をはじめ三十四戸氏子協議の上、大祭日を新暦十二月十日と定め、近年に至りますが、昭和五十六年（一九八一）洪水で神楽道具・文献が流失し現在は昼祭となっています。

奉納日と特徴

十二月第二日曜日、打越宿神社神楽殿において、神楽九番が舞われます。天照大神をはじめ、天・地の神々を勧請してその前面に棚を設け、献饌してこの斎場で神楽が舞われます。

〓つくり

〓が出来上がると神主による〓清めが行われます。祓詞の後、〓に係る諸々の神を招聘します。〓立は総動員で進められます。神庭では村人によって山が作られます。壁が出来上がると正面に祭壇が設けられ、〓の中心部が高御座処となります。

〔神楽番付〕
一、清山
二、地割
三、幣差
四、鬼神
五、大神神楽
六、瀧権現
七、聖《ひじり》
八、宿神
九、舞上

六番　瀧権現

三番　幣差

打越に響く神楽の音

神楽番付一番の清山は、二人舞で、神屋を清め祓う舞で神楽の基本の舞の一つとなっています。舞の手数が多く、極めて厳粛な神楽です。経験豊富な祝子がゆっくりと滑らかに舞います。

二番地割は、大地主神に神屋を設営する地を借り受け区切り、五方の神を鎮め祀る舞です。清山とともに神楽の基本の舞の一つです。地割は六調子で始まり太刀の鍔に榊葉で封印し、力強くヘンベ（反閇）を踏み五方を割ります。

また、舞いながら唄う地唄があります。下陣は抜き身の太刀を持ち尾八重神楽特有のカラス飛びが始まります。上陣と同じく五方を割り更に天の割、中の割、地の割を行い舞納めます。

幣差は、太玉尊を敬い祀る舞です。神屋の造営・飾りを象徴する幣飾りの舞です。毛頭に素襖、左手に扇、右手に鈴を持ち、後腰に舞幣を一対差して舞います。

鬼神は、陰と陽を表わす神面の舞です。

次の大神神楽は大神様（天照皇大神）に神楽を無事に滞りなく執行させていただくことをお告げする舞で、地割の舞方と同じですが穏やかに舞われます。

瀧権現は、大山祇神の権現神とされます。聖《ひじり》は阿闍梨により持ち込まれたといわれます。宿神は打越川に住む龍神とされます。

舞上は、すべてを祓い、神を送り、神楽の終わりを告げる舞です。現在は一人舞ですが、明治三年まで二人舞だったということです。

打越の人々の笑顔

打越宿神社は、国道二一九号瓢箪淵から支線の林道に入り、谷沿いに車で走ること、約三十分で到着します。道沿いには数キロごとに「宿神社まであと〇キロ」の案内板が設けてあります。

神楽当日は、宿神社から御神輿で神楽殿まで来て頂く遷宮祭を斎行します。その後、神楽殿において祭典式が行われ、献饌・宮司及び献幣使の祝詞が奏上され、玉串が奉奠されます。それらが終って、直会でそろって食事をとります。昔ながらの手料理が振る舞われます。

神楽は、宿神社に隣接する民家を改築した神楽殿において舞われます。神楽がすべて終わると、神送りの神事が執り行われます。

現在は、人が一人も住んでいない打越地区ですが、この御祭りの日だけは、打越地区に住んでいた元住人や関係する人達が参拝し賑やかな祭りとなります。

神社名：宿神社
鎮座地：西都市大字尾八重148-3
宮司名：梅木　一二
神楽名：打越神楽（尾八重神楽）
奉納日：12月第２日曜日
保存会名：尾八重神楽保存会
神楽面の保存：有

四番　鬼神舞

木城町

鎮守神社

中之又神楽

中之又の歴史

元々、中之又地区は東米良村に属していましたが、昭和三十七年（一九六二）四月一日に木城村に編入されました。このため、中之又神楽は、米良系の神楽です。なお、木城村は昭和四十八年四月一日に町制を施行、木城町となり現在に至っています。

鎮守神社の創建は永正元年（一五〇四）七月二十一日です。由緒記によれば、

「肥後豊後日向の三国にまたがる祖母岳より大神氏朝臣都甲駿河守惟信負来たり、日向国児湯郡都農新納院へ暫時住居、その後都甲駿河守惟基其嫡左京進惟治中之又地頭となり、その負い来たる棟札を小宮を造り奉納　本社及び神武天皇含四柱の神　永世元年七月二十一日とあり、これより五代目信心大檀那大神氏都甲朝臣米良久馬右衛門尉重堅、元禄四年未年神殿奉造、明治三十五年九月十二日、無資格社鎮守神社別格合祀に及ぶものなり」

とあります。

［神楽番付］

一、一番神楽
二、花の舞
三、三番舞（鬼神地舞）
四、鬼神舞
五、地舞（大社地舞）
六、大社舞
七、地舞（宿神地舞）
八、祝（宿）神舞
九、地舞（天神地舞）
十、天神舞
十一、地　舞（鹿倉稲荷地舞）
十二、鹿倉舞
十三、稲荷舞
十四、弓将軍
十五、荒神舞
十六、舞　上
十七、四人神酔舞
十八、中央之舞
十九、一人神酔舞
二十、獅子舞綱神楽
二十一、獅子舞
二十二、磐石舞
二十三、嫁女之舞
二十四、住吉之舞
二十五、若男之舞
二十六、伊勢神楽
二十七、手力雄之舞
二十八、戸開雄之舞
二十九、繰おろし舞
三十、成就神楽
三十一、神送神楽
三十二、舞　上
三十三、宮神楽

中之又地区は、昭和の初め頃までは北目と前向きとに分かれていました。神楽も少し違っていたようです。現在は前向きの神楽が残っています。

奉納日と特徴

十二月第二土曜日、鎮守神社境内において、神楽三十三番が舞われます。これまでは夜を徹して朝まで舞われてきましたが、高齢化により夜通しの奉納が難しくなり、平成二十八年度からは時間を繰り上げ、午後一時からの奉納となりました。

二番　花の舞

一番　一番神楽

𨗉《しめ》立て

𨗉が出来上がると神主による𨗉清めが行われます。𨗉に係る諸々の神を招請します。𨗉立は社人・氏子総動員で進められます。舞殿では村人によって神霊が宿る山や森を象徴した山が作られます。壁が出来上がると正面に祭壇が設けられ、神饌が供えられます。

人と人をつなぐ神楽

一番神楽（奉賛舞）は、二人舞で諸神を勧請しての舞殿清めの舞です。花の舞も二人舞で、膳に入れた榊柴を用い折敷（ひざを立てて座ること）の手を見せるのが、結界を表すとともに、献饌の姿を印象付けます。

三番舞（鬼神地舞）は二人舞で、鬼神舞を誘引する舞で、鬼神来臨のために舞殿を清め鬼神の出を待ちます。

鬼神舞は、つえんぼ（杖）を採り物に、森羅万象の根本を説き、在地神出現のための諸厄を祓い、先導役を果たします。

地舞（大社地舞）は、鎮守の神を迎えるための舞殿固めの舞です。

大社舞は、三十三番中最も重い番付で、中之又鎮守神社の祭神が登場します。大社装束と大社面を身につけ、梵天直下で厳かに舞われます。

宿神地舞は宿神の導引舞です。祝（宿）神舞は仏説三宝荒神（かまどの守護神・山伏の祭る守護神）に由来するとされ、聖火守護の神舞とも伝えられます。

天神地舞は、天神のご降臨を願う舞で、板谷天神が著名です。天神舞は農神の神格も賦与されている舞です。

鹿倉・稲荷地舞は、鹿倉・稲荷の両神を迎えるための四人舞です。鹿倉舞は中之又各小集落に祭られている豊猟祈願と感謝の神事で、鹿倉神は青色面です。稲荷舞は山の神とも作の神ともされています。

荒神舞は荒神と神主との問答が主体で、天地陰陽の理を説き、天神・地神の由来を語り、山川草木のあり様へと展開し、呪力をもつ荒神杖を与えることによって舞上へと引き継ぎます。

舞上は神主の一人舞です。

小学校の閉校

中之又地区は、昭和三十年代には、林業も盛んで中之又小学校の生徒数も百名を超えていました。やがて過疎化が進み、平成になると生徒数も十名を切り、山村留学を受け入れていましたが、平成二十一年（二〇〇九）三月、同小学校は閉校されました。

山村留学中に神楽を学んだ経験者たちが毎年、宮崎市や日向市から神楽に戻ってきて、舞い手を担っています。

神社名：鎮守神社
鎮座地：児湯郡木城町中之又121
宮司名：中武　春男
神楽名：中之又神楽
奉納日：12月第２土曜日
保存会名：中之又神楽保存会
神楽面の保存：有（21面）

西都・新田地方（西都市・新富町新田）の神楽

西都市
高鍋IC
高鍋町
東九州自動車道
穂北神社
西都市
高鍋町
219
10
芳野神社
古墳群
調殿神社
三宅神社
新田原古墳群
清水神社
住吉神社
新富町
新田神社
新富町
鹿野田神社
西都IC
日向新富駅

西都市

三宅神社

二十一番　綱切り

伊勢派六調子

三宅神社の歴史

創建不詳ですが、旧称を覆野大神宮、福野八幡宮（覆野八幡宮）、覆神社と称し、建久八年（一一九七）の「建久図田帳」にも「福野宮神田二五町」と記されており、それ以前の創建とみられます。古くは「覆野」は「オオノ」と称していましたが、やがて「フクノ」と称するようになり、「福」の字が当てられるようになったと考えられます。

古来三宅郷ならびに右松村の産土神、また三宅・清水・黒生野・岡富・右松・調殿・童子丸・南方・穂北の宗廟として、歴代の領主からも篤く崇敬されました。

地名の由来は古代、屯倉《みやけ》が置かれていたことにちなむと伝えられています。

三宅神社の神楽

いつの頃から神楽が奉納されていたかは、文献や伝承等が伝わっておらず定かではありませんが、春の例祭、夏至祭、山陵祭では神楽が奉納されていたようです。

三宅神社の伊勢派六調子の神楽は午前零時を境に、零時前は「庭神楽」、零時以降は神楽による天孫降臨の祭りとされていました。

「庭神楽」では三十三番のうち十八番が舞われ、最後は「綱切り」で、神楽の合間に浦安の舞、盆舞、めごめが番ぜきといわれて奉納されていました。また天孫降臨の祭りでは、まず末三番と呼ばれた「戸開」他二番、次いで伊勢神楽が舞われ、合間には「神武」「ほっしゃ」「里人」「旅人」と呼ばれる四人の舞人による大人《だいじん》神楽も舞われていました。

しかし舞人の高齢化と伝承者不足のため、神楽の番付も「庭神楽」以外は次第に失伝し、二十二番が伝承されています。

また、神事と関わりの深い稲作が普通稲から早期稲に移行したため、春の大祭はいつしか途絶えてしまい、秋の大祭も神楽は無く、祭典と御神幸だけが行われていました。昭和五十七年からは神楽と御神幸が一年交替で行われるようになり現在に至ります。

三宅神社と古墳まつり

西都古墳まつり（現在は十一月第一土曜日、日曜日）は元々は三宅神社の山陵祭として斎行されていた行事で、現在舞われている神代神楽は、伊勢派六調子の将軍の舞を基にして創作されたものです。

［神楽番付］

一、小屋賞め
二、小屋潔め
三、御祈念招神
四、花舞一人
五、はさみ舞二人
六、将　軍
七、花鬼神
八、繰下り
九、ひきの鬼神
十、四人神師
十一、榊荒神
十二、曲　舞
十三、ひきのじめ
十四、岩　貫
十五、三笠鬼神
十六、一人剣
十七、三笠荒神
十八、榊　繰
十九、綱荒神
二十、四方鬼神
二十一、綱切り
二十二、三笠根利

神社名：三宅神社
鎮座地：西都市大字三宅3415
宮司名：杉尾　茂美
神楽名：伊勢派六調子
奉納日：11月15日（例祭）
保存会名：なし
神楽面の保存：有（2面）

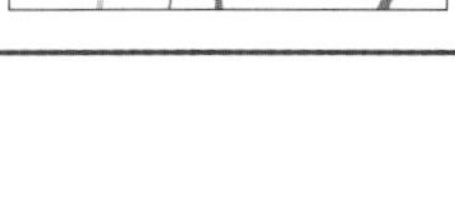

四人剣

綱切り

西都市

清水《きよみず》神社

穂北神楽

創建は不詳、建久二年（一一九一）に松本の地に鎮座と伝わるが、『宮崎県史蹟調査報告』には天喜元年（一〇五三）に字松崎に鎮祭したとあり一定しません。永和二年（一三七六）に清水《きよみず》に遷座し、清水村宗廟若宮大明神と尊称されました。

神楽は穂北神楽の流れを汲むが詳細は不詳、現在は右松神社の伶人と合同で、はさみ舞、鬼神、将軍、繰下し、岩貫、比木舞、曲舞、神奈喜、四人剣、四方鬼神、比木鬼神、榊《しば》繰り、綱切りの計十二番を保存継承しており、十一月二十日の例祭に、境内の神楽場にて昼神楽として奉納される他、十一月二十九日の石貫神社の例祭でも奉納されます。

神社名：清水《きよみず》神社
鎮座地：西都市大字清水36
宮司名：冨田　宗賢
神楽名：穂北神楽
奉納日：11月20日
神楽面の保存：有（3面）

西都市

住吉神社

岡富住吉神社神楽

創建は不詳、社伝には第十三代成務天皇の御代、武内宿禰が日向五郡を定めた時、岡富邑三十町の鎮守として奉祀するとあり、また『宮崎県史蹟調査報告』では、大同元年（八〇六）の創建とされています。昭和五十年の新田原基地周辺移転措置に伴い、一ツ瀬川左岸から、右岸の現在地に遷座されました。

神楽の由緒は、昭和二十年八月四日の空襲で古文書等が焼失したため不詳です。

氏子の地元保存会により保存継承され十一月の例祭に十八番ほどが奉納されています。境内に神楽斎場が設けられ昼神楽として奉納されます。例祭祭典は、古来より神楽斎場内で斎行されています。

［神楽番付］

一、神屋清め
二、四方の舞
三、榊繰り
四、花鬼神
五、繰下し
六、笠取鬼神
七、将　軍
八、はさみ舞
九、四人神崇
十、神　和
十一、四方鬼神　北
十二、四方鬼神　東
十三、四方鬼神　南
十四、四方鬼神　西
十五、老　舞
十六、一人剱
十七、三笠根利
十八、三笠荒神
十九、大神神楽
二十、二人剱
二十一、きよっけ
二十二、岩　貫
二十三、磐　石
二十四、問　答
二十五、ひきの注連
二十六、ひきの鬼神
二十七、神主祝詞
二十八、伊勢神楽
二十九、蛇切り
三十、手　力
三十一、戸開き
三十二、四方の舞
三十三、神送り

神社名：住吉神社
鎮座地：西都市大字岡富963
宮司名：濵砂　孝行
神楽名：岡富住吉神社神楽
奉納日：11月23日
保存会名：住吉神社神楽保存会
神楽面の保存：有（8面）

曲舞

綱切り

西都市

調殿《つきどの》神社

伊勢派六調子

創建不詳、天児屋根命《あめのこやねのみこと》を主祭神として祀ります。地名の由来は神を祀る斎殿《いつきどの》からや、中世に宇佐領であったので、宇佐宮への貢物を納める倉庫の意からともいわれています。旧称は調殿八幡宮、後に斎殿《つきどの》神社と改め、明治四年（一八七一）調殿神社と改称し、現在に至ります。

社伝には「醍醐天皇延喜五年（九〇五）十二月二十六日、宣下に従い初めて神楽を奉る」とあり神楽が存在したようです。現在は三宅神社の伶人に指導を受け、はさみ舞、杣木の鬼神、曲舞、荒神、綱切りの計五番が境内神楽場にて昼神楽として奉納されています。

神社名：調殿《つきどの》神社
鎮座地：西都市大字調殿328
宮司名：法元　紘一
神楽名：伊勢派六調子
奉納日：11月第１日曜日
保存会名：調殿神社神楽同好会
神楽面の保存：無

六番　鬼神

西都市

芳野神社

【神楽番付】

一、宮入
二、御清浄式
三、御祈念
四、壹番舞
五、華舞
六、鬼神
七、繰卸
八、鬼神
九、将軍舞
十、荒神
十一、問神主
十二、四人劔
十三、中央
十四、中之手
十五、貳人劔
十六、御祭典
十七、岩通
十八、御笠地舞
十九、荒神
二十、問神主
二十一、神武神楽
二十二、地舞
二十三、七鬼神
二十四、曲舞
二十五、鬼神
二十六、綱地舞
二十七、荒神
二十八、問神主
二十九、神楽
三十、手力
三十一、戸開
三十二、諸神法楽
三十三、神送

三納大々神楽

永正元年（一五〇四）創建の三納一郷の産土神社で、かつては三納郷宗廟鎮守の芳野妙見として崇敬を集めていましたが、元は周防国の氷上《ひかみ》妙見が、肥後国、日向国児湯郡米良村等とご遷座を繰り返された後、現在の社地にご鎮座になったと伝えられています。

神楽は、十一月から十二月に三納地区各集落鎮守神社でも奉納されていますが、その由緒は不詳で、昭和三十年に当時の宮司が「大々神楽次第」を記し、代々の宮司家に伝えています。

現在の伝承者は二人で、「宮入」「鬼神」「中之手」のみ奉納されています。

神社名：芳野神社
鎮座地：西都市大字三納9442
宮司名：黒木　彰教
神楽名：三納大々神楽
奉納日：10月29日･30日
神楽面の保存：有（５面）

西都市

穂北神社

九番　笠取鬼神

二十七番　綱荒神

穂北神楽

穂北神社の歴史

一ツ瀬川の中流北涯に鎮座し、御祭神磐長姫命《いわながひめのみこと》の他十一柱を祀る創建不詳の神社です。

神代の昔、天孫瓊瓊杵命《ににぎのみこと》が妃とされたのは、大山祇神の長女である磐長姫命ではなく、妹の木花開耶姫命《このはなさくやひめのみこと》であったことから、磐長姫命は五十鈴川（現一ツ瀬川）の川上に去られました。当神殿には古来より神像と、磐長姫命の形見である神鏡が奉安されていたが、火災に遭い神鏡の他宝物・古書等も焼失し、わずかに姫命の神像半体のみが残りました。

穂北の地名は、木花開耶姫命が姉磐長姫命に稲穂を五十鈴川に流して送ったところ、北岸に流れ着いたという伝承に因むといわれています。

穂北神楽の歴史

古くは正徳二年（一七一二）霜月大堂院坊により造立された王宮社に舞い納められ、その後文化五年（一八〇八）九月より新名伊兵衛なる人の肝煎《きもいり》で神楽三十三番を天下泰平、国家安栄、五穀成就を祈願すべく、願祝子を募り霜月二十四日の大祭に向け、王宮社において伝授練習を始めたのが、今の穂北神楽の始まりとされます。その神楽が伊勢派であるか黒住教派であるかは詳らかではありません。

その後、王宮神社他十一社が穂北神社に合祀され現在に至ります。

保存会

平成元年（一九八九）七月七日に穂北神社、南方神社、速川神社、童子丸神社の各神社伶人合同で「穂北神楽保存会」が結成され、保存と継承に努めるとともに、各神社の例祭で奉納しています。

当日は、境内に総代と伶人総出で神屋が設営され、社殿での祭典の後、午後二時頃から午前一時頃までかけて奉納されますが、速川神社では御神幸御旅所に神屋が設営され、昼神楽として奉納されています。

［神楽番付］

一、小屋眥め
二、小屋潔め
三、御祈念招神
四、市神楽
五、花　舞
六、芝繰り
七、花鬼神
八、繰下し
九、笠取鬼神
十、御祈念
十一、将　軍
十二、はさみ舞
十三、榊荒神
十四、四人神師
十五、神奈喜
十六、四方鬼神
十七、老　舞
十八、一人剣
十九、三笠根利
二十、三笠荒神
二十一、大神神楽
二十二、二人剣
二十三、曲　舞
二十四、岩　貫
二十五、磐　石
二十六、鈴　舞
二十七、綱荒神
二十八、綱切り
二十九、伊勢神楽
三十、手　力
三十一、戸　開
三十二、神送り
三十三、諸神放楽

他社奉納日

南方神社　十一月十八日
速川神社　十二月十二日

神社名：穂北神社
鎮座地：西都市大字穂北935
宮司名：川越　佑一
神楽名：穂北神楽
奉納日：11月15日
保存会名：穂北神楽保存会
神楽面の保存：有（11面）

西都市

鹿野田神社

十三番　中の手の舞（藤田神社例祭での奉納）

二十七番　綱荒神の舞（藤田神社例祭での奉納）

高屋神楽

鹿野田神社の歴史

彦火火出見尊《ひこほほでみのみこと》を御祭神とする神社です。創建は不詳ですが、享保十一年（一七二六）に社殿を再興した時の棟札から弘安年代（一二七八～八八）以前に勧請されたと思われ、日向伊東氏、旧佐土原藩主島津氏累代から篤く崇敬されました。

社前に塩水の霊泉があり、かつては潮《うしお》神社、潮妙見大神《うしおみょうけんおおかみ》、潮様《うしお》とも称しました。

高屋神楽の歴史

都於郡《とのこおり》地区に伝わる神楽ですが、起源は不詳です。氏子の無病息災、繁栄、五穀豊穣を祈念して奉納したのがはじまりといわれ、地区内外の神社の大祭に広く奉納されています。

伊勢派神楽の流れをくみ、巨田《こた》神社や新田《にゅうた》神社の神楽と同一系統で、旧伊東氏領、また島津藩領内各地の神楽とも似ています。

平野部の里神楽で、拍子も早く舞も勇壮活発であり昼神楽として奉納されています。

他社奉納日

藤田《とうだ》神社　春分の日、十一月二十三日
平郡《へごおり》神社　六月二十六日、十一月九日
高屋神社　旧暦九月九日
都萬神社　十一月十九日（夕刻より）
岩爪神社　十一月第三土曜
荒武神社　十一月二十四日
山田神社　十一月二十八日
日吉神社　十二月第一日曜（五番のみ）

神楽谷《かぐらだに》の伝承

荒武神社（西都市大字荒武鎮座）の近く、かつての都於郡城三の丸の西麓杉林の中に神楽谷と呼ばれている処があります。

今より約二百年ほど昔の文化三年（一八〇六）の大晦日の晩、林の中からいみじき神楽囃子の音が聞こえてきて、三日三晩鳴り響くということがあり、人々の話題となりました。その後、慶応三年（一八六七）にも同じ場所から笛太鼓の音が聞こえ、その響はまさしく神楽の音に他ならず、村人が怪しんで近づくと夢のように消えてしまったそうです。

［神楽番付］
一、神座祭
二、御祈念
三、一番舞
四、華の舞
五、鬼人の舞
六、繰卸の舞
七、鬼人の舞
八、将軍の舞
九、柴の荒神舞
十、問神主舞
十一、四人剣の舞
十二、中央の舞
十三、中の手の舞
十四、一人剣の舞
十五、御祭典
十六、岩通しの舞
十七、御笠地舞
十八、諸祭人
十九、御笠荒神
二十、問神主
二十一、大神神楽
二十二、四人地舞
二十三、七鬼人の舞
二十四、曲舞
二十五、鬼人の舞
二十六、綱地舞
二十七、綱荒神の舞
二十八、問神主
二十九、神楽の舞
三十、手力の舞
三十一、戸開の舞
三十二、諸神放楽
三十三、神送り

神 社 名：鹿野田神社
鎮 座 地：西都市大字鹿野田2020
宮 司 名：川崎　功文
神 楽 名：高屋神楽
奉 納 日：旧暦10月15日
保存会名：高屋神楽保存会
神楽面の保存：有（４面）

二十二番　四人地舞

二十九番
神楽（綱切り）

新富町

新田神社

新田神楽

新田神社の歴史

創建不詳、彦火火出見命《ひこほほでみのみこと》を祀る神社です。かつては正八満宮《しょうはちまんぐう》と称され新田郷の総鎮守として崇敬されてきました。

天正五年（一五七七）都於郡城主・伊東氏が島津軍に敗れ米良に敗走した際の兵火に遭い、本殿や宝物等が焼失しており、それ以前の記録は定かではありません。現存する最古の棟札には、慶長十一年（一六〇六）三月吉日藤原朝臣忠就公修復とあり、その後延享四年（一七四七）島津忠雅公、明和五年（一七六八）島津久柄《ひさもと》公の棟札も残っており、旧佐土原藩主島津氏からも篤く崇敬されていたことがうかがえます。

新田神楽の歴史

新田神楽の由来、伝承等の明確な記録や口伝はありませんが、舞の形式等から判断するとかなり古くより舞われていたと考えられます。

伊東氏や島津藩の神楽番付や演舞の骨子等と同一とみられ、神楽の歌詞や文言に氏子の無病息災と繁栄、五穀豊穣等が語られるとともに、舞の勇壮活発なところは武士の士気を鼓舞するのにも貢献していたと考えられます。

神楽の奉納

二月の例祭では朝五時からの神事の後、拝殿内で奉納が始まり、日が昇り明るくなる八時頃からは境内の御神屋《みこうや》で夕方まで奉納されます。昭和四十六年には新富町の無形民俗文化財に指定される等、県中央東部の代表的な昼神楽です。

奉納日

一月一日　　歳旦祭
二月十七日　　例祭
十〜十二月　　新田地区各神社例祭
十一月十一日　　新田原古墳群古墳祭

保存会

昭和四十五年に新田神楽保存会が結成され、これを機に後継者の育成とそれまで口伝に依っていた「歌」等を末永く残すため「新田神楽教本」を作成、神楽の保存継承に努めています。

［神楽番付］

一、御清め
二、御祈念招神
三、壱番舞
四、華　舞
五、鬼　神
六、繰　卸
七、鬼　神
八、将軍舞
九、柴荒神
十、問神主
十一、四人剣
十二、中央（地割）
十三、中之手
十四、一人剣
十五、御祭典
十六、岩通し
十七、御笠地舞
十八、諸神祭
十九、御笠荒神
二十、問神主
二十一、大神神楽（神武神楽）
二十二、四人地舞
二十三、七鬼神
二十四、曲　舞
二十五、鬼　神
二十六、綱地舞
二十七、綱荒神
二十八、問神主
二十九、神楽（綱切り）
三十、手　力
三十一、戸　開
三十二、諸神法楽
三十三、神送り

神社名：新田神社
鎮座地：児湯郡新富町大字新田10006
宮司名：本部　享
神楽名：新田神楽
奉納日：1月1日
　　　　2月17日
保存会名：新田神楽保存会
神楽面の保存：有（10面）

宮崎市北部域（宮崎市北部・国富町）の神楽

巨田神社
219
宮崎平野
宮崎市
一ツ瀬川
国富町
東九州自動車道
河上神社
10
佐土原駅
石崎川
広原神社
八幡神社
国富町
衾田八幡宮
日向住吉駅
住吉神社
新名爪
八幡宮
奈古神社
江田神社
白髭神社
跡江神社
蓮ヶ池駅
シーガイアＩＣ
高屋神社
名田神社
日向灘
宮崎西IC
宮崎神宮駅
大島神社
小松神社
若宮神社
宮崎駅
一葉神社
浮田神社
八幡神社
長嶺神社
生目神社
大塚神社
220
南宮崎駅
細江神社
大淀川

宮崎市

住吉神社

七番　芝の荒神

三番　花の鬼神

住吉神社神楽

県内各神社の神楽の中にも、住吉の舞等の演目があるが、住吉神は古くから和歌の祖神とされ、神楽の起源はかなり古いように思われます。

住吉神社には、天保十一年（一八四〇）銘の衣装が現存することから、少なくとも江戸時代末期ごろ特に盛んに舞われていたと思われます。当時は三十四番が舞われていたようです。

戦後、組織的な伝承、保存活動ができず、ほとんどの神楽が失われてしまいましたが、平成十五年、神楽復興の機運が高まり、保存会が結成されました。それ以来、近隣の神社より数番ずつの神楽を教えてもらい、現在は下記の九番の神楽を奉納できるようになりました。しかし、保存会は地元の消防団等を中心に構成されていて、神楽の指導者がいないため、番数を増やすことは容易ではありません。

住吉地区は昭和三十二年に宮崎市に合併されるまでは宮崎郡に属していたので、佐土原・新田地方の神楽団体との交流が深く、番付・神楽歌等を見ても、現在の新田神楽と同種の神楽であります。

［現在舞れている九番］

一番舞　最初に舞う舞で、神庭を祓い清める神楽の基本となる舞。

花の鬼神　神庭を祓い、悪魔祓いをして神楽の起源を解き明かす舞。

繰卸鬼神　中つ国の悪魔を祓い、安心してニニギノミコトが降臨できるようにする舞。

芝の荒神　神主との問答へと続く舞で、始めはあまり動きのない舞であるが後半荒々しくなる。

中の手　天鈿女命《あめのうずめのみこと》の舞で、静かに優雅に舞われる。

一人剣　二人舞で太刀の曲芸を主とする勇壮な舞。

神武　大変荒々しい舞で、神武太鼓を打つ所作がある。

綱切鬼神　素戔嗚尊《すさのおのみこと》の八岐《やまた》の大蛇《おろち》を退治する舞。蛇切り。

戸開　天の岩戸を押し開く舞で、力強さと迫力があふれ出る舞。

神社名：住吉神社
鎮座地：宮崎市大字塩路3082-1
宮司名：金丸　幸市
神楽名：住吉神社神楽
奉納日：①2月11日　例祭
②元旦
③3月　社日祭
保存会名：住吉神社神楽保存会
神楽面の保存：有（9面）
（代表的な面　鬼神、荒神、中の手、神武、戸開、里人、綱切鬼神、鬼神、荒神）

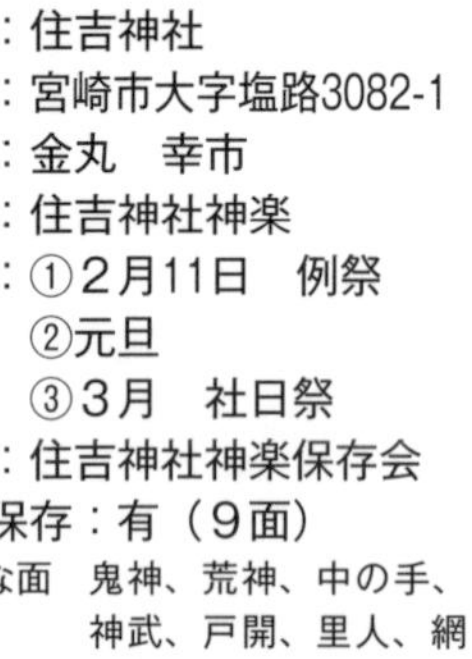

［記録にみる神楽番付］
（○印は現在舞われているもの）

○一、一番舞
二、花　舞
○三、花の鬼神
四、繰　卸
○五、繰卸鬼神
六、将軍舞
○七、芝の荒神
八、問神主
九、四人剣
○十、中の手
○十一、一人剣
十二、岩通し
十三、三笠の地舞
十四、三笠の荒神
十五、問神主
十六、内宮御祈念
十七、奉仕者
十八、稲荷山
十九、里　人
二十、陰　陽
○二十一、神　武
二十二、七鬼神の地舞
二十三、七鬼神舞
二十四、曲　舞
二十五、白紅鬼神
二十六、綱の地舞
二十七、綱の荒神
二十八、問神主
○二十九、綱切鬼神
三十、伊勢神楽
三十一、手力男
○三十二、戸　開
三十三、諸神放楽
三十四、神　送

宮崎市

江田神社

五番　下北鬼神

十番　杵 舞

三番　破鬼神

江田神楽

起源等は不詳ですが、神楽面に「慶長十七年（一六一二）壬子十二月四日大宮司奈古」の刻字銘が記されていることから、江戸時代の初めには舞われていたものと考えられます。

神楽番付は十三番の記録が残っていますが、現在では豊作祈願、無病息災と氏子の厄祓いを兼ねて、次の五番が春祭等で舞われています。

一、花　舞
神楽の祭場を祓い清める二人舞。

二、破鬼神
家内安全、無病息災を祈念する舞。

三、下北鬼神
家内安全、無病息災を祈念する舞。

四、柴荒神
天岩戸神話に基づいた舞。天照大神の弟の素戔嗚尊《すさのおのみこと》のあまりの凶暴さに耐えきれなくなった天照大神は、難を避けようと天岩戸に入り戸を閉ざしてしまわれました。そのため、世の中が常闇となり善神は影を潜め、代わって禍津神《まがつかみ》（災いを起こす神）、悪霊が横行、不幸や災害が多く発生し悪しき世界になりました。そこで八百万《やおよろず》神が会議をされ、元の世の中にするために天児屋根命《あめのこやねのみこと》が祝詞をあげ、天鈿女命《あめのうずめのみこと》が神楽を面白おかしく舞われたので、天照大神は外の様子が気になり岩戸を少し開かれました。そこを、手力男命《たぢからおのみこと》が満身の力で天岩戸を開かれ、世の中は明るさを取りもどしたという神楽。

五、杵　舞
陰と陽を表したもので、男女の交わりと子宝を表した舞。

［神楽番付］

一、花　舞
二、小屋入り
三、破鬼神
四、三人舞
五、下北鬼神
六、岩透し
七、地　割
八、四人かんじ
九、柴荒神
十、杵　舞
十一、お田植舞
十二、鈿女命の舞
十三、大神の舞

神 社 名：江田神社
鎮 座 地：宮崎市阿波岐原町産母127-イ号・ロ号
宮 司 名：金丸　忠孝
神 楽 名：江田神楽
奉 納 日：①春祭
②社日祭　4月第3日曜
保存会名：江田神社神楽保存会
神楽面の保存：有（13面）
（代表的な面　鬼神面）

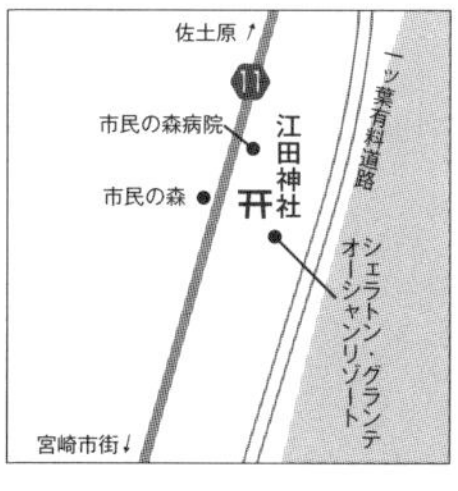

宮崎市

髙屋神社

十二番・十三番
金山と嫁女舞

髙屋神社社日神楽

宮崎市村角地区に伝わる神楽で、その由来は定かではありませんが、「享保十四年（一七二九）己酉三月吉日」の記銘のある神楽面が現存することから、古人の伝えるとおり江戸時代前期より奉納されてきたことがうかがえます。

毎年三月の春社日に境内に縦十一《メートル》、横八《メートル》ほどに広く注連を張り、孟宗竹を用いてハリヤ（張り屋）と称する舞庭を作り、一丈三尺の注連三本（入厄、中厄、晴厄）を建てて神楽を奉納します。五穀豊穣、厄祓いの神楽として舞い継がれています。

奉納一か月前の稽古始めは、「神楽要《かなめ》」と称する節目の集会を地区役員と共に行うのが古来のしきたりです。

当日早朝は、関係者一同で浜降りを行います。祓いを受け塩砂を持ち帰り、境内に撒いて清めを修めます。

平成二十八年三月三日に宮崎市の無形民俗文化財に指定されています。

○主な番付

二番　鬼神舞

異界からの訪問者であり、「邪気祓い」の舞と言われています。

四番　やわらし鬼神

鬼神と異なり、前半は扇を使わず、白い棒のみを使い、色紙は使わない舞です。

十二・十三番　金山・嫁女舞

頬かむりを着け、箕（ヤクナモン）を持った嫁女（アマノウズメノミコト）と、杵を持った金山（ニカニカ面）が絡み、生産儀礼を表す舞です。

神社名：髙屋神社
鎮座地：宮崎市村角町橘尊1975
宮司名：金丸　勘解由
神楽名：髙屋神社社日神楽
奉納日：①春社日祭　3月
②村角地区桜まつり　3月
保存会名：髙屋神社神楽保存会
神楽面の保存：有（5面）
（代表的な面　鬼神の舞、やわらし鬼神の舞、鬼神の舞（子供用）、金山の舞、嫁女の舞）

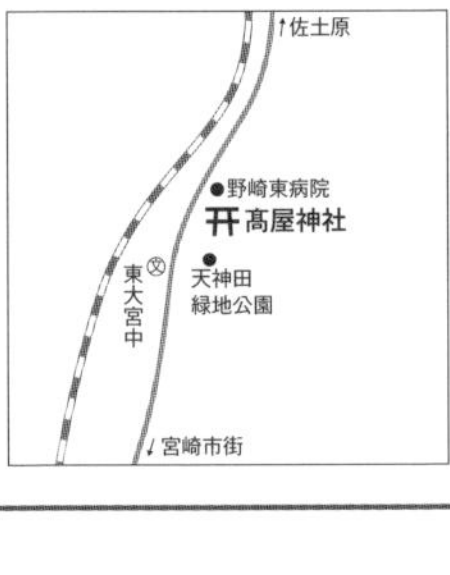

［神楽番付］

一、奉仕者の舞
直面【ひためん】の一人舞。神楽の舞い始めで四方を祓い、邪気を祓って場を清める

二、鬼神舞
着面の一人舞。神迎えの意味を込め、新しく入った児童が舞う。唱教あり

三、三人剣
直面の三人舞。刀の力で邪気を祓う。小・中学生の舞

四、やわらし鬼神
着面（鬼神面）の一人舞。荒々しい鬼神とは対照的にやわらかく舞う。唱教あり

五、一刀（いっとう）
直面の一人舞。刀の力で邪気を祓う。中学生の舞

六、百戒（びゃっけ）
着面（鬼神面）の一人舞。開闢【かいびゃく】の由来を説く。唱教あり

七、将　軍
直面の二人舞。住まいやそこに住む人々の邪気を祓う。小・中学生の舞

八、花
直面の二人舞。脱いだ装束を押し頂いて舞う

九、地　割
直面の二人舞。次の地割鬼神と一連の地鎮の舞

十、地割鬼神
着面（鬼神面）の一人舞。地割舞い手二人と共に舞う。唱教あり

十一、二　刀
直面の一人舞。刀の力で邪気を祓う。中学生の舞

十二、金　山
着面（ニカニカ面）の一人舞。ユニークな舞で、観客たちの笑いを誘う。次の嫁女舞、杵舞と一連の舞で、五穀豊穣・子孫繁栄を祈願する。唱教あり

十三、嫁女舞
着面（嫁女面）の一人舞。小学生（男子）の舞。唱教あり

十四、杵　舞
直面の二人に嫁女が入る。この演目での嫁女舞は、面を外して頬被りをし、「セクナ《み》ムン」と呼ばれる箕を持って舞う

十五、綱
着面（鬼神面）の鬼神一人に直面の蛇頭持ち二人が入る。唱教あり

十六、蛇切り
直面の四人舞。大蛇に見立てた綱を吊し、刀を持って舞う。最後は吊した縄を切り、落ちた大蛇の胴体（綱）を神庭の外へ投げ捨てる。大人二人と小・中学生二人の舞

十七、叙事（じょじ）
直面の一人舞。一番舞の奉仕者の舞に対応する修めの舞。ベテランの大人が舞う

ハリヤの正面飾り

宮崎市

広原神社

六番　中の手

二番　荒 神

十四番　蛇切り鬼神

広原神社神楽

旧藩時代の広原村即ち現在の宮崎市大字広原地区の総鎮守たる社、広原神社の奉納神楽として、およそ三百年以上前から絶えることなく舞い継がれてきました。

三十三番からなり、いわゆる「天照大神の岩戸隠れ」などの神話に基づくものです。末三番といわれる「伊勢神楽」「手力男」「戸開」の後、クライマックスは「蛇切り鬼神」の八岐《やまたの》大蛇《おろち》退治の舞で終了します。その他は「一番舞」「鬼神」「中の手」など優雅なものがあります。

戦前は、夜明けから日没まで十二時間かけて三十三番を舞い通していましたが、戦後になって絶えたものが多くあります。住吉地区にある五つの神社（島之内八幡・住吉・新名爪八幡・諏訪・広原）で神楽勉強会を行いながら、お互いの神楽の伝承に努力した時期もありましたが、その勉強会は廃止されました。

以前は住吉の浜で禊《みそぎ》をした後、中島・羽佐間の空き地を借りて神楽をしていました。いつからか中島地区のチビッコ広場で神楽舞が行われるようになり、振る舞い酒や、子供会親子会のぜんざいの振る舞いもあって、ますます賑やかになりました。

○広原神楽保存会

昭和二十六年九月、神楽の護持と地域の貴重な文化遺産の顕彰、さらには後世に伝承することを目的として結成され、現在に至ります。

［神楽番付］

一、一番舞
二、荒　神
三、一人剣
四、鬼　神
五、将軍舞
六、中の手
七、岩通し
八、柴荒神
九、四人剣
十、中　央
十一、伊勢神楽
十二、手力男
十三、戸　開
十四、蛇切り鬼神

※十二、十三番は現在は舞われていません。

神社名：広原神社
鎮座地：宮崎市広原5832
宮司名：山本　義彦
神楽名：広原神社神楽
奉納日：①春分の日
②秋分の日
③11月３日
保存会名：広原神社神楽保存会
神楽面の保存：有（13面）
（代表的な面　鬼神、稲荷山、戸開、荒神、里人、中手、手力男）

宮崎市

大島神社

七番　金山

［神楽番付］
一、獅子舞
二、花　舞
三、鬼　神
四、三　笠
五、大神神楽
六、二人剣
七、金　山
八、氏舞杵舞
九、三人剣
十、奉仕者
十一、里　人
十二、稲荷山
十三、陰　陽
十四、神　武
十五、三笠荒神
十六、将　軍
十七、薙刀舞
十八、太　玉
十九、四人剣
二十、杵　舞

大島神楽

大島神楽は、里神楽の昼神楽です。時期は春なので、春神楽とも呼ばれています。神楽の起源は明治初期といわれており、約百五十年の歴史があります。

長い歴史の中には、後継者不足から一時途絶えましたが、平成三年、神楽を後世まで残していこうと、若者たちが立ち上がり大島神社神楽保存会を結成、再興されました。同じ頃、地区の方より獅子が奉納され、獅子舞も始まりました。

○主な番付

一番　獅子舞　祭礼の中では御神幸行列に加わったり、地区の家々を回って庭先で舞うことで悪魔祓いを行います。

二番　花　舞　神舞の始まりを告げる舞。

三番　鬼　神　五穀豊穣の収穫を願う春神楽において、鬼神とは超人的な能力を持つ存在で邪気を祓うという意味があり、稲作作業に先だって豊作を祈念する舞。

四番　三　笠　平地の稲作神楽（春神楽）の根幹を成す農神舞。平地神楽の成立を促した本源だと考えられます。古来、農業守護の霊山として仰がれています。

七番　金　山　金山と稲荷山の絡みなど、非常にユーモラスな舞であり、舞い手の疲労する様子が焼酎を飲んで酔ったように見えるため、見物客も焼酎が入りヤジが飛び非常に盛り上がります。

金山の口上

一、この山は　性ある山か　性なくば
　木の葉を刈りて　わが山とせん
二、金山に　雪降り積もり　人もなく
　今日来る人は　氏とさだめぬ

二十番　杵　舞　五穀豊穣と子孫繁栄を願う舞。稲作豊穣と子宝に恵まれるよう願い、舞を奉納します。終わりには饌供《せんぐ》をまきます。

神社名：大島神社
鎮座地：宮崎市大島町本村200
宮司名：金丸　忠孝
神楽名：大島神楽
奉納日：①春の社日祭
②夏の御神幸祭
③越年祭
保存会名：大島神社神楽保存会
神楽面の保存：有（6面）
（代表的な面　鬼神の面、三笠の面、里人の面、稲荷山の面、金山の面）

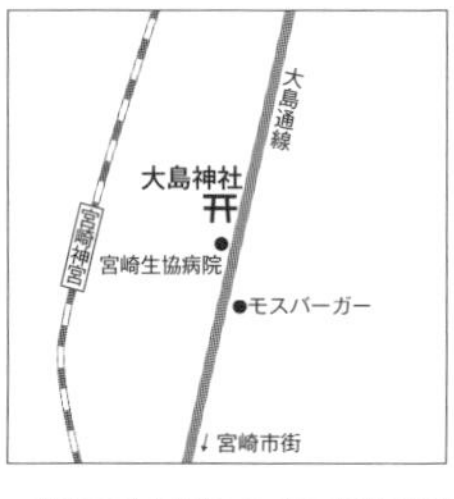

宮崎市

一葉神社

春神楽

起源は不詳ですが、神楽面に「明治十三年（一八八〇）辰二月吉日」の記銘があり、それ以前から舞われていたものと推定されます。

現在では、御幣で飾り付けた舞庭《めにわ》と呼ばれる舞台で四番が奉納され、御神酒が当たる餅まきなどもあります。

※鬼神舞詩

榊葉《さかきば》のいつの時かや老いそめて
　天の岩戸もふかくなるらん
船塚に船にて通う神なれば
　みメ《しめ》のまにまに神はましまします
二月《きさらぎ》の初穂の神楽面白や
　黄金のみメ神はましまします
暗き世に天の岩戸を開けに
　さよう付人の御戸神楽

［神楽番付］

一、奉者の舞
二、八鬼神
三、一　刀
四、やわらし鬼神
五、二　刀
六、地　割
七、三　刀
八、里人舞
九、嫁　舞
十、神　武
十一、舞　納

※現在は、一、二、七、十一番のみ舞われています。

二番　八鬼神

神 社 名：一葉神社
鎮 座 地：宮崎市新別府町前浜1402
宮 司 名：石川　浩
神 楽 名：春神楽
奉 納 日：3月18日に近い日曜日
保存会名：一葉稲荷神社神楽保存会
神楽面の保存：有（4面）
（代表的な面　鬼神、女（嫁女）、鼻タレ）

宮崎市

八幡神社

吉村八幡神楽

吉村八幡神楽は、山間部の夜神楽が江戸時代初期に宮崎平野に伝わり、時を経て昼神楽として八幡神社の春秋の例祭に合わせて奉納されていました。戦時中に伝承者の出兵により一度は途絶えましたが、その後氏子農家が中心となり復活しました。

昭和三十四年に神社組織として吉村八幡神楽保存会が結成されました。現在二十人ほどで構成され、寛永十六年（一六三九）より伝わる神楽面の保管と伝承された神楽のうち十番ほどを守り続けています。

平成十年に建立された八幡神社神楽殿で行われる「春神楽祭り（三月最後の日曜日）」をはじめ例祭や地区主催の祈願祭などで舞う機会をいただいています。

右：御笠之舞
左：とこしこの舞

神 社 名：八幡神社
鎮 座 地：宮崎市吉村町宮ノ脇甲2133
宮 司 名：黒木　英彦
神 楽 名：吉村八幡神楽
奉 納 日：春神楽祭（3月最終日曜日）
保存会名：吉村八幡神楽保存会
神楽面の保存：有（16面）
（代表的な面　鬼神複数）

宮崎市

新名爪八幡宮

鬼神の舞

新名爪八幡宮神楽

宮崎市の北部に位置する住吉地区に残る神楽のひとつであり、江戸時代初め頃には、士族の家柄の者が伶人として奉仕されていたと、古老から言い伝えられています。戦前までは三十三番舞われていましたが、戦後は廃れてしまい、現在は七、八番しか舞われていません。

特徴として、住吉地域の他の神楽や宮崎市域の神楽では見られない「めめ」（めんめ「面目」の意味）があります。「鬼神」「荒神」の舞に登場します。「めめ」役の二人は舞の途中に神前へ進み、舞手により左右に開かれます。この所作は天岩戸開きの意味であるともいわれますが、詳細は定かではありません。

神社名：新名爪八幡宮
鎮座地：宮崎市大字新名爪4449
宮司名：山田　道徳
神楽名：新名爪八幡宮神楽
奉納日：春秋の彼岸の中日
保存会名：新名爪八幡宮神楽保存会
神楽面の保存：有（5面）
（代表的な面　鬼神面、荒神面、婦女面、翁面、手力男面）

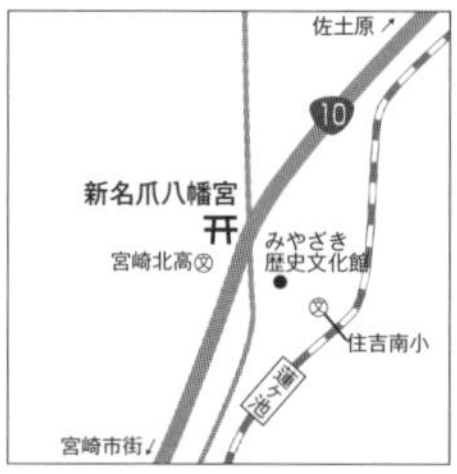

宮崎市

八幡神社

二十七番　白紅鬼神

［神楽番付］

一、壱番舞
二、花　舞
三、花の鬼神
四、繰　卸
五、繰卸鬼神
六、将軍舞
七、初芝の荒神
八、初芝の荒神
九、四人剣
十、中　央
十一、中の手
十二、壱人剣
十三、岩　通
十四、蓑笠の地舞
十五、蓑笠荒神
十六、蓑笠荒神
十七、内宮御祈稔
十八、保津肆耶
十九、稲荷山
二十、狭登毘都
二十一、陰　陽
二十二、神　武
二十三、神　武
二十四、四人舞
二十五、七鬼神
二十六、曲　舞
二十七、白紅鬼神
二十八、綱の地舞
二十九、綱の荒神
三十、伊勢御神楽
三十一、天の手力男
三十二、戸　開
三十三、諸神放楽

島之内八幡神社神楽

当神社の神事縁起書によれば、承徳元年（一〇九七）に藤原秀光が写したものを使用していましたが破損しました。そのため、安政三年（一八五六）藤原英継が改めて書写しましたが、これも破損してしまいました。さらに、明治三十七年（一九〇四）藤原秀徳が書写したものが、現在に至るという記述があります。

白装束で舞う奉仕者舞（清め舞）と面被り舞とがほぼ交互に舞う演目で三十三番の目録がありますが、その六割は継承されず、現在は十三番ほどを元旦祭、春祭、例祭で奉納演舞しています。

神社名：八幡神社
鎮座地：宮崎市大字島之内7599
宮司名：児玉　逸郎
神楽名：島之内八幡神社神楽
奉納日：①春社日前後の日曜日
②11月15日
③1月1日
保存会名：島之内八幡神社神楽保存会
神楽面の保存：有（10面）
（代表的な面　荒神面、鬼神面、中の手面、天の手力男面、戸開面、ナゴメ面）

宮崎市

名田神社

鬼神舞

下北春神楽

起源等は不詳ですが、神楽面に「天保壬寅年（一八四二）冬十月」の記述があり、少なくとも百七十余年前には舞われていたものと考えられます。

宮崎市南方、花ヶ島、大島、山崎、跡江地区に伝わる神楽は、下北神楽が基になっていると口伝されています。

現在も山崎神楽には下北鬼神舞が残っていることから、下北神楽はその他の神楽より古いのではないかと思われます。地元では春の筍の季節に奉納されることから「たけんこ神楽」ともいわれています。

神社名：名田神社
鎮座地：宮崎市下北方町平ノ下5217-1
宮司名：須田　明典
神楽名：下北春神楽
奉納日：4月下旬
保存会名：下北春神楽保存会
神楽面の保存：有（8面）
（代表的な面　鬼神面（複数）、嫁女面、田の神面、その他数点（名称不詳））

宮崎市

奈古神社

五番　かんなぎ

奈古神社春神楽

以前は祭典のたびごとに神楽が奉納されていましたが、最終的には春神楽として奉納されてきたものが現存の神楽です。

奈古神社が八幡神（武運の神）を崇めたことから、戦いの前に勝利を祈願する舞や、戦いのない平和な世の中が末永く続くことを願って舞う演目もあります。

昭和四十年頃、神楽面・衣装・道具一式が盗難にあい、活動中止を余儀なくされましたが、平成元年に地区の有志により神楽の復興が始まり、現在に至っています。

［神楽番付］
一、浦安の舞
二、岩とおし
三、豊栄舞
四、とこしこ
五、かんなぎ

神社名：奈古神社
鎮座地：宮崎市南方町御供田1192
宮司名：串間　清克
神楽名：奈古神社春神楽
奉納日：4月第1日曜日、1月1日、9月敬老の日
保存会名：奈古神社春神楽保存会
神楽面の保存：有（6面）
（代表的な面　鬼神面（赤面）、鬼神面（白面）、鬼神面（白面）、鬼神面（白面）、女面（白面）、女面（白面））

宮崎市

河上神社

鬼神の舞

上畑神楽

上畑神楽は、河上神社秋の祭礼に奉納される神楽であり、慶長年間（一五九六〜一六一五）に勧請されたと伝わりますが詳細は定かではありません。

河上神社秋の例祭に御神幸と併せ奉納舞とされていましたが、戦後は途絶えた状態となっていました。しかし平成四年河上神社の再改築を機に、平松の八幡神社から指導を受け、同六年より大祭に奉納できるまでに復活されました。

世帯数十一戸の小さな集落ですが、前日の準備から秋祭まで地区民が一体となって奉仕している姿は、崇高な気高ささえ感じられます。

神社名：河上神社
鎮座地：宮崎市大字大瀬町5714
宮司名：日髙　正豪
神楽名：上畑神楽
奉納日：11月中旬
保存会名：上畑神楽保存会
神楽面の保存：有（1面）
（代表的な面　鬼神面）

宮崎市佐土原町

巨田神社

十六番　岩通し舞

［神楽番付］

一、御　清
二、御祈念
三、壱番舞
四、華　舞
五、鬼神舞
六、繰卸舞
七、鬼神舞
八、将軍舞
九、柴荒神舞
十、問神主
十一、四人剣舞
十二、中央舞
十三、中乃手舞
十四、一人剣舞
十五、御祭典
十六、岩通し舞
十七、御笠地舞
十八、諸神祭
十九、御笠荒神舞
二十、問神主
二十一、大神々楽舞
二十二、四人地舞
二十三、七鬼神舞
二十四、曲　舞
二十五、鬼神舞
二十六、綱地舞
二十七、綱荒神舞
二十八、問神主
二十九、神楽舞
三十、手力舞
三十一、戸開舞
三十二、諸神放楽
三十三、神　送

巨田神楽

神楽面内の記述に四百年前の年号があり、それ以前から舞われていたようです。

江戸期、佐土原藩主は「誰々の舞が見たい」と舞手を指名していたようです。舞手は面を保管しており、藩主の要望に応えたとの言い伝えがあります。現在は保存会で面を管理しています。

神社名：巨田神社
鎮座地：宮崎市佐土原町上田島10732-1
宮司名：鬼塚　圭司
神楽名：巨田神楽
奉納日：①巨田神社例祭（11月第2日曜日）
②愛宕神社大祭（11月23日、24日
保存会名：巨田神楽保存会
神楽面の保存：有（10面）

宮崎市

大塚神社

二十八番　大年

大塚神社春神楽

起源は不詳ですが、神社には江戸期の古い面、獅子頭を有することから、当時から舞われていたものと考えられます。

因みに現在使用している十二面の古面（数点）と獅子頭（数点）は宮崎市の古遊館に寄託し、管理をお願いしています。

大塚神社春神楽には「白海《びゃっかい》」など独特な番付のほか、神楽歌も有名です。以下五番を紹介します。

十八番　地割鬼神
抑々天神七代地神五代のその時に
三十九切に割ったる地を
如何なる神の争いて
四十九切に割るぞ世を

十四番　四人剣
神代より　執り伝えたる剱こそ
我が氏人の悪魔を払わむ

三番　鬼神
霧島の峰より奥を霧払うて
灼に拝む天の逆鉾

二十四番　白海
抑々天の白海とは我が事なり
天地陰陽の根源なり
百々との和合なり
土も木も我が天皇のものなれば
鬼も何処か　宿と定めむ

二十七番　太玉
抑々も太玉の尊とは我が事なり
願かくる　五十鈴の音に　通うらむ
なお栄え奉る太玉の神
この山は木の葉も散らぬ深山かな
木の葉散るがね　我が山にせむ

神社名：大塚神社
鎮座地：宮崎市大塚町原ノ前1598
宮司名：中村　俊文
神楽名：大塚神社春神楽
奉納日：①3月17日に近い日曜日（祈年祭）
②2月3日（節分祭）
保存会名：大塚神社春神楽保存会
神楽面の保存：有（12面）
（代表的な面　田ノ神、大年）

［神楽番付］

一、神迎
本殿で祓い清めた神楽道具を神庭に移し、神庭の親注連（神籬）に神々を迎える

二、奉社舞
奉仕者の舞。烏帽子、狩衣、白袴の装束で、鈴、扇を持って神庭の四方を祓い清める

三、鬼神
面を替え色々な神として舞う。剣舞の間々に舞う。四番から十六番の剣舞の間々に、適宜一人、二人、三人のいずれかを舞う

四、一本剣
五、鬼神
六、二人剣
七、鬼神
八、二本剣
九、鬼神
十、三本剣
十一、鬼神
十二、三人剣
十三、鬼神
十四、四人剣
剣、鈴、襷を持ち、頭にカッパのような毛頭を着け白衣、裁付袴を着て舞う。四人剣では蛇切りをして舞を閉じたそうだが現在はない

十五、鬼神
十六、将軍
弓と矢で邪気を祓う

十七、地割地舞
矢を用いて舞い、土地を区画する

十八、地割鬼神
区画の仕方が悪いと再区画

十九、繰下し
立てた親注連に降臨願う

二十、祝詞
親注連の前で各種の祈願祭

二十一、御酒舞
祈願のお礼と神楽の再開を示す

二十二、氏舞
天鈿女の舞。うずめの訛りか？

二十三、杵舞
棒状の杵を持った男と箕を持った女性の舞。伊邪那岐、伊邪那美の国生みを物語る

二十四、白海
天之御中主の舞といわれる。天地開闢の訛りか？

二十五、薙《なぎ》刀《なた》
長刀の舞

二十六、神登夜迦
天の岩戸の前での神々の会議。神々の夜の会議か

二十七、太玉
太玉命の道開きの舞

二十八、大年
田の神が神庭に稲種を播いて帰る

二十九、神送り
太玉においての問答、稲種を播いた後、注連縄にお招きした神々にお礼を申した末、御座にお上がりいただく

二人鬼神

四番　三笠

二番　鬼人舞

宮崎市

生目神社

生目神社神楽

宮崎平野の代表的春神楽

起源は不詳ですが、平賀快然《かいぜん》（一七〇三～五七）銘の神楽面が現存することから、近世には成立していたと考えられます。

生目の平野に広がる稲作地帯の文化が反映され、稲作儀礼が表象されている宮崎平野の代表的な春神楽であり、春耕の増殖祈願（予祝）の舞であります。岩戸系と神武系、宇佐八幡信仰や地域神が巧みに組み合わされています。

神楽始めの「神酒舞」や、「方社舞」から「神武」までの「神武神楽」と呼ばれる着面舞、神楽最後の「田の神」は変わらずに奉納され続けています。また、「杵舞」「田の神」の番付は重要視されています。

力強い足の運びに特色がみられ、舞と太鼓の強弱や緩急の差が激しく非常に荒々しく舞う特徴があります。宮崎市の江田神社神楽や西米良の兒原《こばる》稲荷神社の神楽を伝えたものとされ、霧島神舞との関連性も指摘されています。

平成二十四年二月には、宮崎市指定無形民俗文化財に指定されました。

大宝の注連

大宝の注連は、高さ五メートルほどの竹竿の先端に、御幣を幾本か付けたものが立てられます。御幣は五色のものがつけられ、五行説の影響が窺《うかが》われます。

生目神社では、ヒバシラと呼ばれる三本の柱が立てられ、柱の先には五色と白の御幣が掲げられます。黄色は太陽を指し、白は八百万《やおよろず》の神、その他の色は四方神を指すといわれています。

神社名：生目神社
鎮座地：宮崎市大字生目345
宮司名：高妻　和寛
神楽名：生目神社神楽
奉納日：①里神楽　3月15日に近い土曜日
②縁日大祭　旧1月15日～17日に近い土、日曜
保存会名：生目神社神楽保存会
神楽面の保存：有（15面）
（代表的な面　鬼神舞、三笠荒神舞、太玉舞、三笠舞、稲荷山舞、氏舞、田の神舞、二加面（金山）舞、陰陽舞、まねこず舞）

［神楽番付］

一、神酒舞　神楽始めの宮司舞。四方祓
二、鬼人舞　鬼の面をつける最初の舞
三、一人剣　刀と鈴を持つ一人舞
四、三　笠　両手に円錐形の笠を持つ舞
五、二人剣　二人で刀と鈴を持つ舞
六、金山（二力面）　笑顔の面をつけ調子よく舞う
七、氏　舞　天鈿女命の舞（嫁女面）
八、三人剣　三人で刀と鈴を持つトコシコ舞
九、方社舞　連番舞の最初。サキモリともいう
十、里　人　里の住居安全を祈る舞
十一、稲荷山　山を守り風難よけの舞
十二、陰　陽　天地、昼夜、日、月で男女舞
十三、神　武　皇神国安泰の舞
十四、二刀舞　刀二本と鈴を持つ舞
十五、三笠荒神　建雷神の舞
十六、将　軍　弓、矢を持つ舞。弓正護
十七、薙刀舞　薙刀を持ち悪魔祓舞
十八、太玉命舞　大玉命舞が樹を根こそぎ起こす舞
十九、岩通し　三人で刀と鈴を持つ舞
二十、四人剣　四人で刀と鈴を持ち舞う
二十一、柴荒神舞　岩戸の前に柴立て飾る舞
二十二、杵　舞　豊作を祝い夫婦で餅をつく舞
二十三、田の神　田の神が国、農耕を神主と問答する
二十四、神送り　神々を元津社に送る舞
二十五、太鼓舞
二十六、杉　登
二十七、地　割
二十八、花　舞
二十九、七鬼神
三十、蛇切り
三十一、田植え舞
三十二、繰下し
三十三、ビャク開

※二十五～三十三番は現在は奉納されていません。

宮崎市

浮田神社

浮田春神楽

「浮田庄」の地の作神楽

天喜五年（一〇五七・平安時代）、日向の国司菅野政義が旧生目村の発祥地となる「浮田庄」を設定、その発祥地にふさわしいご神徳の神社として浮田神社を創建しました。古来、祇園社（通称：祇園さま）と呼ばれていたこの神社に伝承されてきたのが浮田神楽です。

神楽の起源は詳らかではありませんが、古代からの農作地帯であるこの地区に、五穀豊穣、無病息災、家内安全を祈願する典型的な作神楽として、近隣の作神楽と融合しながら現在まで伝承されてきました。

浮田地区には主に霧島地域で見られる「田の神」があちこちにあり、神楽の演目の中にも豊作を祈る「田の神舞」が見られます。この舞は、天より穀の神が五穀を地に撒く様子を表したもので、特に盛り上がる演目となっています。

保存会結成で継承される

以前は、神社前庭に注連柱を三本立てて、注連縄を引き渡し、神前に蔬菜、穀物、神酒、鶏などを献納し神楽を奉納していました。しかし現在では、地区で話し合いの上、三月第一もしくは第二日曜日に浮田公民館にて、昼過ぎから夕刻まで十一番が奉納されています。

一時期、舞い手が二人となり伝承が危惧されましたが、平成十五年頃に保存会が結成されました。現在では小学生から大人までの約十五人で組織され、維持継承に努めています。

一番　四方舞

三番　鬼神舞

浦安の舞

［神楽番付］

一、四方舞
新しい神殿を舞い清め、神をお招きする舞

二、五社舞

三、鬼神舞
地域を回り、悪魔を追い払い、人々の幸福を開き、五穀豊穣の山の幸を支配する舞

四、天鈿女《あめのうずめ》の舞
天照大神が岩屋の中に隠れられた時に、舞を始めてから出現する舞

五、剣　舞
高天原から眺めた地上世界の神々の力によって抜いた剣を突き立て、大国主命と国譲りの交渉をされて、和議が成立した舞

六、杵　舞
国生みの舞ともいう。いわゆる子孫繁栄であるが、新穀物感謝を祝うために、男女の神が餅をつき神前に捧げる舞でもある

七、地割舞
命が土地を分配また割り替えを司る、地霊を祭る神事を行う

八、地割鬼神舞
命が土地を再度分配し、地をならす

九、薙刀《なぎなた》舞

十、岩戸開きの舞
天照大神が岩屋の中から出現されたことを祝う舞

十一、田の神舞
天より穀の神が五穀を地に撒かれる舞

神社名：浮田神社
鎮座地：宮崎市大字浮田2816
宮司名：松浦　正敬
神楽名：浮田春神楽
奉納日：3月
保存会名：浮田郷土芸能神楽保存会
神楽面の保存：有（5面）
（代表的な面　鬼神面、田ノ神面）

宮崎市

跡江神社

跡江春神楽

当社は、寛元四年（一二四六）の創建といわれ、伊勢の豊受皇大神を祀ることから、この地は「伊勢」ともいわれます。また、跡江神楽は湯立神楽を中心とする「伊勢流神楽」であったともいわれます。家内安全、無病息災、五穀豊穣を祈り、午後から夜にかけて舞われる半夜神楽で、勇壮で力強い舞が特徴です。

［神楽番付］
一、鬼神舞
二、四人神示舞
三、中央舞
四、三人剣
五、一人剣
六、弓　舞
七、矢抜神楽
八、将　軍
九、闢開舞
十、薙刀舞
十一、太玉舞
十二、氏　舞
十三、杵　舞
十四、田ノ神舞
十五、神送り
十六、メ切り舞

五番　一人剣

一番　鬼神舞

神社名：跡江神社
鎮座地：宮崎市大字跡江810
宮司名：児玉　孝作
神楽名：跡江春神楽
奉納日：①旧２月初午
保存会名：跡江神楽保存会
神楽面の保存：有（７面）
（代表的な面　鬼神面、太王面、田ノ神面、嫁女面、へぐろ面）

宮崎市

長嶺神社

長嶺神社神楽

明応七年（一四九八）より伝わり舞われています。後継者不足により一時中断していましたが、地区の要望により平成十六年頃に長嶺神社神楽保存会（現在十五人ほど）を結成し、保存継承活動をしています。

［神楽番付］
一、法　者
二、鬼　神
三、三人舞
四、二人舞
五、一人舞
六、御き舞
七、墨　下
八、地　割
九、鬼　神
十、鼻高面
十一、長　刀
十二、嫁　女
十三、杵　舞
十四、田の神
十五、四人剣
五穀豊穣、子孫繁栄を十二支の神々に祈り、蛇を争いの種とみなし、これを切り払うことにより、この一年の地区の安寧を祈る舞

四番　二人舞

二番　鬼神

神社名：長嶺神社
鎮座地：宮崎市大字長嶺292
宮司名：野田　恭一郎
神楽名：長嶺神社神楽
奉納日：３月第２日曜日
保存会名：長嶺神社神楽保存会
神楽面の保存：有（４面）

宮崎市

白髭神社

火祈祷神楽

生目地区で唯一、薩摩藩に属していた当社に伝わる火祈祷神楽は、霧島神楽の流れを汲む宮比《みやび》之《の》神楽といわれ、明和年間（一七六四～七二）に始まったといわれています。明治十九年に東臼杵郡北郷村（現美郷町北郷）の宇納間地蔵尊を分祀し、有田の国土様に祀られる土地の神と共に合祀したのが、火祈祷神楽の名前の由来と伝わります。現在は宮比之神楽と火切地蔵信仰が習合し、十二月に奉納されています。

［神楽番付］

一、地割舞
二、金山舞
三、中乃手舞
四、御酒舞
五、箕　舞
六、二人剣
七、三人剣
八、小鬼神舞
九、田乃神舞
十、薙刀舞
十一、綱　舞

二番　金山舞

三番　中乃手舞

神 社 名：白髭神社
鎮 座 地：宮崎市大字有田2311
宮 司 名：山川　隆道
神 楽 名：火祈祷神楽
奉 納 日：12月第２土曜
保存会名：火祈祷神楽保存会
神楽面の保存：有（６面）

宮崎市

小松神社

小松里神楽

起源は室町時代に遡り、厄祓いと五穀豊穣を祈願して奉納されてきました。もとは白知八幡宮と称し、明治の初めに小松神社と改称されました。神楽はこの頃が最も盛んだったといわれています。戦後、一時期途絶えたが、昭和二十八年頃から復活し、昭和五十六年の神殿新築の折に保存会が結成されました。

［神楽番付］

一、四方祓
二、鬼　神
三、扇之手
四、二　刃
五、鬼　神
六、とこしこ
七、鬼　神
八、三人刃
九、太　玉
十、扇之手
十一、一人剣
十二、鬼　神
十三、将　軍
十四、氏　神
十五、鬼　神
十六、扇之手
十七、薙　刀
十八、鬼　神
十九、神　武
二十、杵　舞
二十一、田ノ神

九番　太　玉

二十一番　田ノ神

神 社 名：小松神社
鎮 座 地：宮崎市大字小松1930
宮 司 名：児玉　孝作
神 楽 名：小松里神楽
奉 納 日：２月最終日曜日
保存会名：小松神楽保存会
神楽面の保存：有（７面）
（代表的な面　鬼面（角あり二面、角なし一面）、扇面（田の神一面）、へぐろ面（里人一面）、嫁女面（氏神・稲荷山二面）、他、子供面など）

十六番　杵舞

十三番　地割鬼神

宮崎市

細江神社

細江神楽

細江地区には、応永八年（一四〇一）創建の八幡神社と、同三十一年創建の金宮神社が鎮座していました。

細江神楽の起源は不詳ですが、江戸時代から伝わるとされています。もともと、上の神楽、下の神楽として二つの神楽が五穀豊穣と厄祓い、子孫繁栄を祈願してそれぞれ奉納されていました。

時を経て統合され、細江公民館に設けられた舞庭（五・五メートル×五・五メートル）で奉納されるようになりました。現在では、毎年三月第一日曜日に斎行される春祭にあわせて、昼頃から午後八時頃にかけて、生目地区をはじめ、県央、県南などの平野地帯の神楽と同じように半夜神楽として奉納されています。この日、公民館には地区住民のほとんどが足を運ぶなど、大きな賑わいを見せています。

また、平成二十四年には、細江神楽を次の時代へ継承すべく、神楽保存会が設立されました。小中学生も参加し、春神楽の二ヶ月ほど前から週に一度練習を行い、十六番前後が継承されています。

なお、神楽保存会の活動は、次代を担う子供たちに対して伝統文化に関する活動を、計画的・継続的に体験・修得できる機会として認められ、平成三十年には、伝統文化親子教室事業として文化庁より採択されました。

神社名：細江神社
鎮座地：宮崎市大字細江12-3
宮司名：野田　恭一郎
神楽名：細江神楽
奉納日：3月第１日曜日
保存会名：細江神楽保存会
神楽面の保存：有（12面）
（代表的な面　鬼面、嫁女面、田の神面）

［神楽番付］

一、浦安の舞（神事）
巫女の舞う神楽舞

二、奉者舞
連舞の舞い始め。サキモリ・鎮守ともいう。五穀豊穣、家内安全を祈り、かつ神恩に感謝し、四方八方即ち八百万の神々に感謝する高尚優雅な神楽

三、神酒舞
色鮮やかな短い御幣を二本左手に持ち舞い、お神酒を捧げて四方を祓う

四、浦安の舞

五、鬼　神
鬼の面を着け、せんぼう（丈ん棒）を片手に舞う。地区全体の悪魔を祓う

六、素襖《すおう》脱き
この舞の途中で素襖を脱ぐが、この舞以降、くつろいでよいとされる

七、嫁女面
岩屋戸にお隠れになった天照皇大神のお出現を願い、宇受売命が天の岩戸の前で舞われたのが始まりと伝えられている

八、真似面
さまざまな面を着け、嫁女面、鬼神の真似をする滑稽な舞

九、長　刀
素戔嗚男命が、八双の蛇を退治した剣にあやかった長刀で世を治め、悪をこらしめる勇壮な舞

十、太　玉
手力男命が柴を根こそぎ引き起こす舞

十一、子ども杵舞
子どもたちが、豊作と子孫繁栄を祈念して舞う。小学生が一生懸命舞う姿は、細江の明るい未来を暗示しているようで微笑ましい

～せんぐ撒き～

十二、地　割
土地を神々に分配するための測量の舞。弓矢で長さを測り、測量点に矢を立てて置く

十三、地割鬼神
神代の昔、国造りに伴う領地配分、即ち「地割」が行われた時、最初三十九分割にしたが、それでは領地を貰えぬ神々があって紛糾の末、四十九分割に割り直された。その紛糾を鎮めたのが地割鬼神であり、鬼神は歩幅で測量する

十四、剣　舞
勇壮な舞で、邪気祓いとされる。剣の柄、根元、切っ先、柄と持つ場所を変えて舞うが、最後の柄を持ち、四方を連続して五回後転する場面は見もの

十五、田の神
田の神が国産み、農耕を教える神主と問答する

十六、杵　舞
五穀豊穣と子孫繁栄を願って餅をつく舞。四人の男神が杵を、一人の女神が箕（当地方ではセクムンと呼ぶ）を持って舞い、最後は箕の中の餅を杵で搗いた後、餅撒きをする

～せんぐ撒き～

十七　神送り
神々に感謝し、神楽閉めの舞である

宮崎市

若宮神社

下小松神楽

若宮神社に伝わる神楽で、地域住民の熱い気持ちにより脈々と継承されています。五穀豊穣と無病息災を祈る半夜神楽であり、近くの大塚神社神楽とも交流があったことがうかがえる演目になっています。四方を祓い清めるホジャメ（方謝舞？）から、四方を祓い清めるミキメ（神酒舞？）まで十七番が継承されています。

五番　トコシコ

［神楽番付］
一、ホジャメ
二、鬼　神
三、二人剣
四、三　笠
五、トコシコ
六、ミドリ
七、一人剣
八、扇の手
九、将　軍
十、岩通し
十一、太　玉
十二、二　刀
十三、曲　舞
十四、氏　舞
十五、田の神
十六、四人神人
十七、ミキメ

二番　鬼神

神社名：若宮神社
鎮座地：宮崎市大字小松780-1
宮司名：児玉　孝作
神楽名：下小松神楽
奉納日：3月の日曜日
保存会名：若宮神社神楽保存会
神楽面の保存：有（4面）
（代表的な面　鬼神面、嫁女面、太玉、田ノ神）

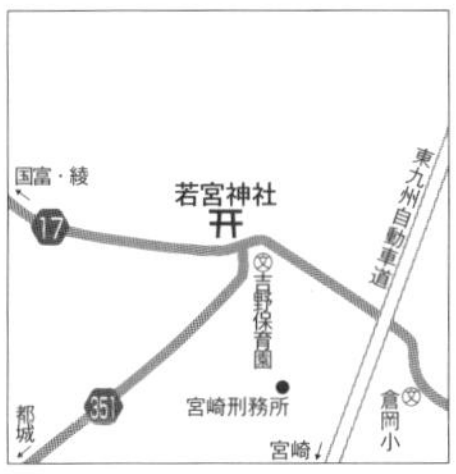

国富町

袰田《ふすまだ》八幡宮

三名神楽

神楽の起源は定かではありませんが、約八百年前に五穀豊穣、家内安全、武運長久を祈願し産土神《うぶすながみ》の袰田八幡宮に奉納したと伝えられています。

戦後は後継者不足により衰退し、昭和三十六年に三名神楽保存会が結成されて復活し、現在に至っています。

一番　正一舞

［神楽番付］
一、正一舞
二、住吉中ノ手鬼神
三、神奈伎舞

神社名：袰田八幡宮
鎮座地：東諸県郡国富町大字三名1982
宮司名：土井　一功
神楽名：三名神楽
奉納日：旧暦　6月15日夏祭
旧暦　9月15日秋大祭
12月31日大祓式
保存会名：三名神楽保存会
神楽面の保存：有

宮崎市南部域（宮崎市南部）の神楽

古城神社
南宮崎駅
大淀川
船引神社
清武IC
宮崎IC
田元神社
宮崎市
中野神社
清武JCT
今泉神社
加江田神社
田野IC
青島神社
青島駅
日南市
野島神社
220
269

十九番　たちから

宮崎市

野島神社

八番　すだ舞

五番　星おろし

四番　いれん鬼神

野島神楽

神々との時間

浦島太郎の伝説が残る野島神社に伝わる野島神楽は、四百六十年の伝統を誇ります。三月二十日の春の例祭に奉納されていましたが、戦後は早期水稲栽培の普及に伴い、十一月二十三日の秋の例祭に奉納されるようになり、野島地区を挙げての行事となっています。

伊勢神楽の系統で、「降臨の舞」と「里舞」との舞により成り立ち、四方を踏むことが基本といわれ、太鼓の音は「六調子」といわれるリズムが基本です。

神楽当日は、境内を大漁旗で飾り立て、注連縄を張りめぐらした神庭で「いれん鬼神」を皮切りに奉納されます。

神楽は人々の願い

野島神楽には、人々の生活の営みと共に舞い継がれた神楽もあり、その代表的なものが「杵舞」と「箕どり舞」です。「杵」は男性を表し、「箕」は女性を表しています。この舞は、生産の神楽で「海幸・山幸」の大漁と豊作を、また子孫繁

［神楽番付］

一、神迎え
前日深夜に神職、総代で行う神事

二、一番舞
祓いの舞。白装束で舞い、神歌を唱える

三、二番舞
祓いの舞。白装束で舞い、静けさがあり優雅

四、いれん鬼神
一番舞、星おろし、いれん鬼神を神楽式三番という。いれん鬼神が降臨し、神と人との遊びと別れ〈昇神〉の舞

五、星おろし
一番舞と同じく、八百万の神々を迎える舞

六、花の手
榊葉を用いて舞うことから花の手と称する

七、素襖《すおう》ぬき
肩よりかけた「たすき」を素襖にみたてて舞う

八、すだ舞
「すだめ」と呼ぶ。伊邪那岐命、伊邪那美命の国生みから、大国主神の国譲り、天孫降臨までの国づくりの舞で、矛を中心にした舞。矛の呪力によって大地を固め、大地の霊を鎮める舞といわれる

九、地　割
地割とは耕地の割り換えのことで、国づくりを表したものである

十、矢抜き
地割と一対を成すもので、国づくりが終わり矛を納める様子の舞

十一、鬼神舞
七鬼神と同じ舞。面を着けず小学生が舞う

十二、矛　舞
天の沼矛による国づくりを舞曲で表したもの

十三、人　剣
大国主命と国譲りの交渉をした高天原の二神の舞で、舞手が剣の様を表現している

十四、岩くぐり
岩間を走る激流の意で太刀をくぐる舞の手より成る

十五、七鬼神

十六、へぐろ面
鬼神とへぐろ面から成る。へぐろで厄を祓い、生活の安寧を祈念する舞。神社に伝わる神面七面がすべて揃う

十七、杵　舞

十八、箕どり舞
人々の生活の営みと共に舞い継がれた神楽。この二つの舞は生産祈願の舞で、大漁、豊作、子孫繁栄を祈る

十九、たちから
天の岩戸を押し開くために思案する様子を表す。後続の二番と合せて「天の岩戸開き」の舞になる

二十、戸隠し
天の岩戸を取って投げた天力男命〈戸隠明神〉の様子を表す舞

二十一、たちから
天の岩戸が開かれ、天照大神が出現し、天も地も光明に満ちる。天力男命と八百万の神々たちの歓喜に満ちた舞であり、神楽のフィナーレでもある

二十二、神送り
神楽奉納の翌日の日没に行う神事

お囃子
まえーまえーまえよ野島の神楽

右：十四番　岩くぐり
左：十六番　へぐろ面

栄を祈願するものと言われています。今でも子どもの誕生を願う多くのご夫婦が、十一月二十三日に参拝・祈願に訪れ、神楽で用いられた「杵」をいただいていき、その後、参拝者から嬉しい報告も届いています。

また、「杵舞・箕どり舞」とともに野島神楽の代表的な神楽として「七鬼神」があります。この舞は七人の福徳の神ともいわれ、人々の無病息災を祈願する舞です。鬼神のうち二鬼神が境内を駆け巡り老若男女問わず、「へぐろ」をつけて回り、これにより人々の厄を祓い健康を祈願します。この舞は野島神社に伝わる神楽面すべてが揃う舞であります。

古来の玉手箱

野島神楽で用いられる神楽面は、一五五五年に日向倭寇により、明との私貿易により手に入れたと伝えられます。

これらの神楽面は面箱にて保管され、これまで受け継がれてきました。面箱には「寛政八年（一七九六）」と記されており、神楽の起源はさらに遡ります。

現在残されている七つの神楽面のうち、一番新しい面が青草色の面であります。この面には「河野通房」と名が記されており、当時の野島神社宮司村社石見守が亡くなった時に一面を入れて一緒に葬ったことから、河野宗家を分家した通房が今から三五〇年前に制作補充したものとなります。

野島神楽と「野島ようかん」

神楽が奉納される十一月二十三日（秋の例祭）には、各家庭でようかんが作られます。

野島地区は、明治維新後、サトウキビの栽培が盛んに行われていました。気候温暖のためサトウキビの生育がよく、それをしぼって生産される「野島の黒砂糖」は、他の地区のものと比較にならないほど優れていて、明治末期から大正年間には、県外に出荷されていました。

野島ようかんは、もち米と小豆と黒砂糖（現在は砂糖）で団子を作り、これを竹の皮に包んで二時間ほど蒸します。味がよく日持ちがよいので、団子と言わず野島ようかんと呼ばれ、野島地区の名物の一つになりました。

この季節には、祭の数日前からようかんが作られるため、地区内は小豆で作られたあんこの甘いにおいに包まれ、神楽の季節を感じることができます。近年では少子高齢化に伴う後継者不足により、神楽の存続が危ぶまれています。さらに、神楽を単なる賑やかしと扱う気運も見受けられます。

野島神社では、野島地区だけでなく宮崎市内全域を地元ととらえ、中心市街地で出前教室を行ったりして野島神社の神楽の後継者を育てようとしています。

神社名：野島神社
鎮座地：宮崎市大字内海6227
宮司名：河野　武嗣
神楽名：野島神楽
奉納日：11月23日
保存会名：野島神楽保存会
神楽面の保存：有（7面）
（代表的な面　入れん鬼神面、たちから面、戸隠し面、天照大神面）

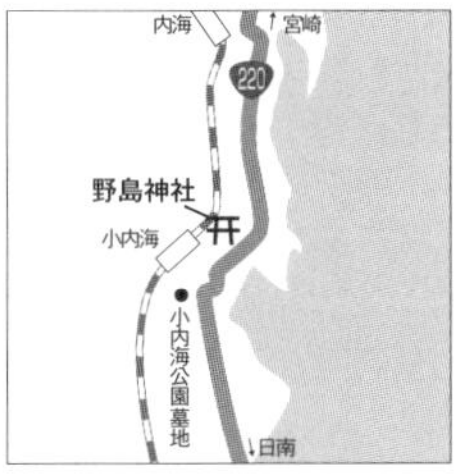

宮崎市

古城神社

上：十四番　神体舞（嫁女面）
左：まね面（杵舞等に使用）

古城神楽

起源は不詳ですが、『日向国神祇史料』巻四の古城神社の頁に「延岡藩調書明治二年古城村丸尾山神社祭神大山祇命祭礼九月初申神楽」とあり、古くから神楽が奉納されていたことが見えます。

現在では古城、山内、山ノ城、時雨各地区公民館を年ごとに持ち回りで奉納し、近隣の宮崎天満宮や恒久神社の祭典でも奉納されています。

［神楽番付］
一、奉社舞
二、しめ鬼神
三、一本剣
四、二本剣
五、三本剣
六、二人剣
七、三人剣
八、弓正護
九、地割鬼神
十、薙　刀
十一、太　玉
十二、輪くぐり
十三、四人剣
十四、嫁女面
十五、杵　舞
十六、田の神

神社名：古城神社
鎮座地：宮崎市古城町時雨3861
宮司名：中原　捷博
神楽名：古城神楽
奉納日：春分の日
保存会名：古城神楽保存会
神楽面の保存：有（8面）
（代表的な面　鬼神面、嫁女面、田の神、まね面）

宮崎市

田元神社

上：十二番　杵　舞
左：二番　しめ鬼神

本郷神楽

起源等は不詳です。昭和三十七年頃まで奉納されていましたが、その後途絶えていました。しかし、地元の有志により復活への機運が高まり、平成二十一年に「本郷神楽保存会」が発足しました。一度継承が途絶えたため、宮崎市内近隣の神社（古城神楽）から舞の指導を受け、平野部農村地帯の神楽を参考に修得し、現在では田元神社や加護神社で十二番が奉納されています。

［神楽番付］
一、奉社舞
二、しめ鬼神
三、剣　舞
四、輪　舞
五、矢立舞
六、太玉舞
七、地割鬼神
八、二本剣
九、弓矢舞
十、薙刀舞
十一、嫁女舞
十二、杵　舞

神社名：田元神社
鎮座地：宮崎市大字本郷南方3940-1
宮司名：小八重　地明
神楽名：本郷神楽
奉納日：①祈年祭
②例祭
保存会名：本郷神楽保存会
神楽面の保存：有（2面）
（代表的な面　鬼神面2）

宮崎市

青島神社

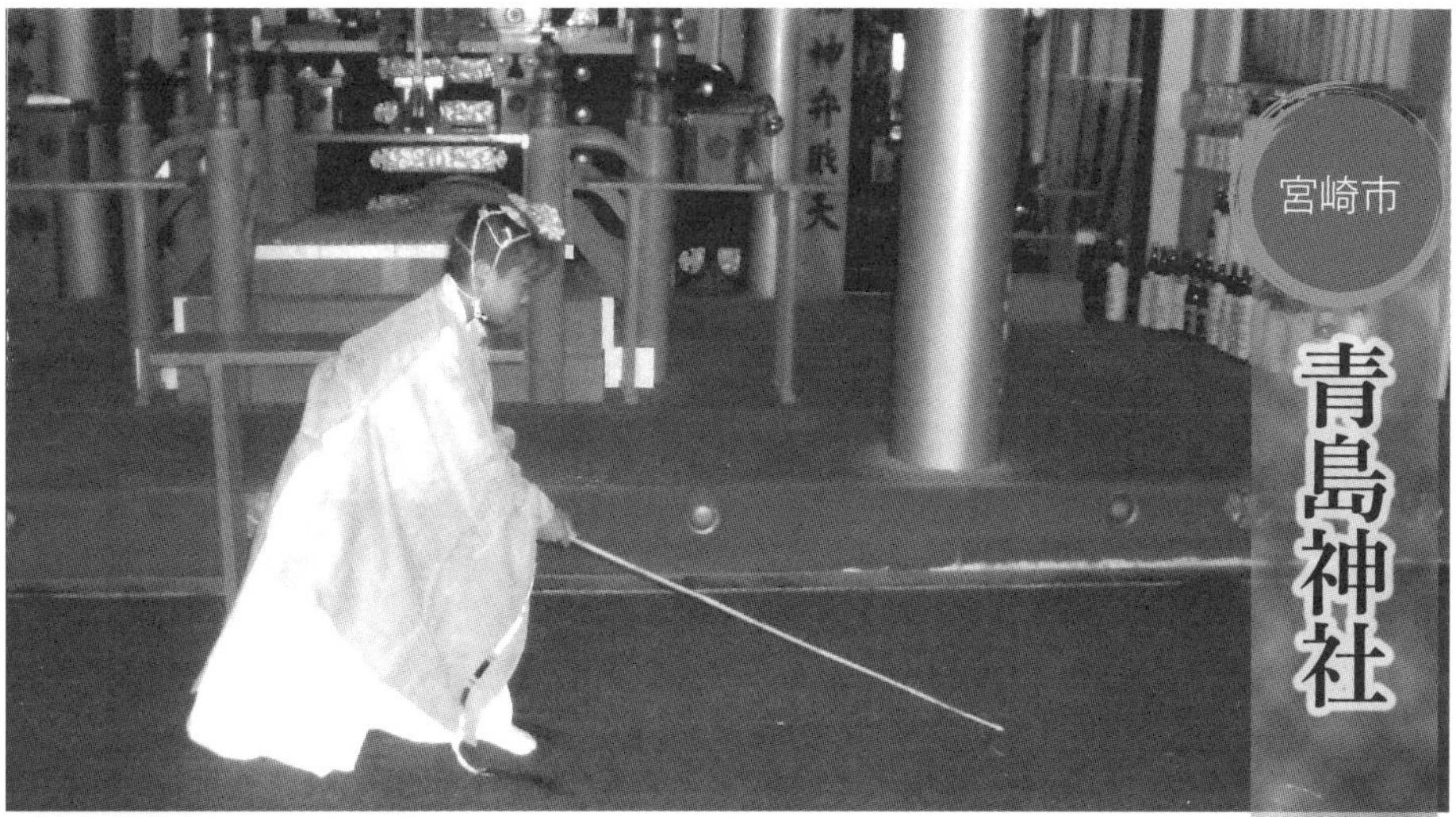

上・左下：十八番　鵜戸舞

前夜祭

青島神社神楽

伊勢神楽の流れをくむ神楽であり、工藤祐経の六代目の子孫伊東祐持が日向国都於郡に下向の際、青島神社社家長友家の先祖阿部弥三郎がこれに従って伝えたものです。

一時伝承者が減り、衰えていたものを天正十五年（一五八七）伊東藩が成立した際、長友玄番が復興したと伝えられています。三十三番まであった番付は、近代まで二十番が伝えられています。

現在では、笛、太鼓、とびよし（鉦）の三種の楽器を使用し、青島神社冬祭りの特殊神事である「裸参り」の前夜の御祭で鵜戸舞等の神楽を奉納しています。

鵜戸舞は一人舞であり、宮崎県日南海岸の七浦七峠の沖で漁をしていたところ、鵜戸地区の沖で網を入れて大漁祈願並びに海上安全を祈請していた古事を伝えており、青島神楽の中でも特色ある番付です。

また鵜戸舞は、青島地区の漁師たちの航海安全、大漁祈願を願う一年に一度の「浦祭」という祈願祭でも毎年奉納されており、奉仕する青島地区の子供たちは、定期的に練習を行い希少神楽の伝承を保っています。

鵜戸舞　解句

天の小舟　入江入江を通い来て　吹毛井の浦におろす大網　そもそも天照大神　第二にアマヤアカツカツノハヤヒアメノオシオミノミコト　第三ヒコホニニギノミコト　第四にオトウトアベノミコト　第五にウガヤフキアエズノミコト　これにて天神地神五代なり。
満潮に波打ち払うていこうせき　行き交う舟にも　心して乗るははも川　渡りてぬれむすそより　みちのしずくを袖ぞしぼるぞ　潮かりそめや乙女ごが浜のはそでに　はげし心あり。

［神楽番付］

一、奉社舞《ほしやめ》
二、鬼神の舞
三、葉盛りの舞
四、素襖《すおう》ぬぎの舞
五、地割りの舞
六、すだ舞
七、御幣舞
八、星降しの舞
九、繰降しの舞
十、八重笠の舞
十一、剣の舞
十二、薙刀の舞
十三、矛　舞
十四、人つるぎの舞
十五、御酒の舞
十六、荒神舞
十七、二笠の舞
十八、鵜戸舞
十九、家具の舞
二十、戸開きの舞

神社名：青島神社
鎮座地：宮崎市青島2-13-1
宮司名：長友　安隆
神楽名：青島神社神楽
奉納日：①裸参り前夜祭　1月成人の日前日
②浦祭り　3月中旬
保存会名：青島神社神楽保存会
神楽面の保存：有（2面）
（代表的な面　鬼神、鵜戸）

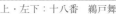

宮崎市

加江田神社

右：三番　田植神楽
上：八番　手力男舞

御伊勢神楽

起源は不詳ですが、もともとは三十三番が旧二月初亥の日に舞われていました。その後、三月三日に変更、現在では三月第一日曜日の春の例祭終了後に八番までが舞われています。

神楽は、先ず牛祭神楽といわれる「田作」から始まります。以前は生きた牛で行っていましたが、現在では牛の面を着けた伶人が、スキ、マンガの農作業道具を作り、藁を散らして田と仮定した舞庭で田作りを行います。その後、鍬で畦を塗り、地均しを行います。

次いで種蒔神楽を行い、松葉を稲苗に見立て、太鼓に合わせて田植歌を歌いながら田植神楽を舞います。

さらに、奉者舞、夫婦舞、鬼神舞を行い、最後に手力男が戸開を舞い、岩を取り月と日が姿を現します。

終了後にはせんぐ撒きを行い、五色御幣（一尺二寸）を頒布《はんぷ》します。直会《なおらい》はこの御幣を持ち、全員で願上事を歌うことから始まります。

舞庭について

当神社では舞庭（山、神庭とも言う）が作られます。詳細は次のとおりです。

○舞庭の一角に樫木で垣を作る。

○斎竹を立て、注連縄を張り巡らせる。

○注連を作る。注連は約四メートルの杉丸太上端に藁《わら》を巻き、上下に白御幣（二尺四寸）を六本ずつ刺す。最上部北側に緑色、南側に赤色の五色御幣を立て、日の丸扇（三本にて丸く成す）と樫木の枝を付ける。

○注連に八本の縄（八つ張）を付け、その縄に酒を入れる竹筒、月と日に見立てた紙垂を付ける。

○注連は太鼓を打ちながら立て、舞庭の前方に天照大神赤旗、後方に天之児屋根之命白旗を立てる。

○中央の八つ張の下部に、月と日を置き岩戸で隠しておく。

○神籬《ひもろぎ》を持って降神し、神饌《しんせん》を供える。

田植歌

二月の伊勢の音楽の音　伊世の国では
　伊世ゾ楽しき
日本キリシマダケニ　撒きたる種は
はっせ　はころびとなる
とやまが　おくなる　榊葉を
右手に持ちて　舞えば
四方の神も　たいと　こうずるや

願上事

ハイヤヤア日向ナル　伊勢オノツマア
ノ　五十鈴川　末ノウヨマデモ　流レ
タイイセーノ
ハイヤヤア日向ナル　アワギガア原ノ
ナミマアヨリ　アラワレーイデシ　住
吉ノ神
ハイヤヤア　コノホドウ　ムスビコメ
ケル　願ノ日モ　今コソトケル　神ノ
心　ロウヤ

［神楽番付］

一、田　作
二、種蒔神楽
三、田植神楽
四、奉者舞
五、夫婦舞
六、鬼神舞
七、神　体
八、手力男舞
九、鬼　神
十、一本剣
十一、二本剣
十二、地　割

神社名：加江田神社
鎮座地：宮崎市学園木花台桜1-29-4
宮司名：鈴木　藤利
神楽名：御伊勢神楽
奉納日：①春例大祭
②夏例祭
③秋例祭
保存会名：加江田神社子供神楽
神楽面の保存：有（9面）
（代表的な面　手力男面２面、鬼神面４面、神体面１面、めご夫婦面２面）

宮崎市清武町

今泉神社

一番　葉盛

［神楽番付］
一、葉　盛
二、素襖脱ぎ
三、ヒカンズイ※
四、地　割
五、矢抜き
六、ズワイ※
七、繰り降ろし
八、シンテマイ※
九、輪　舞
十、ホコー※
十一、四人カンズイ※
十二、四人ホコー※
十三、ロンギ※
十四、二本剣
十五、薙刀舞
十六、三本剣
十七、種　蒔
十八、杵　舞
十九、箕　取
※印は漢字表記不明

今泉神社神楽

今泉神楽は、宮崎市小内海の野島神楽を習ったと伝えられています。

農具や山樵用具を八人が持って舞うホコーは、当神楽の特徴です。

ミドリや杵舞その他、町内の他の神楽と共通する演目があり、大まかに同じ神楽と言ってよいでしょう。

昭和六十年頃までは二十番ほどの演目が舞われていましたが、現在は後継者不足により数番が舞われるのみとなっています。

鬼神

神社名：今泉神社
鎮座地：宮崎市清武町今泉丙1525
宮司名：川越　繁美
神楽名：今泉神社神楽
奉納日：①1月1日
②3月の第4日曜日
③3月と9月の彼岸
保存会名：今泉神社神楽保存会
神楽面の保存：有（15面）

宮崎市清武町

中野神社

十一番　杵舞

［神楽番付］
一、奉仕者舞
二、注蓮鬼神
三、四人剣
四、二本剣
五、矢立て
六、矢抜き鬼神
七、薙刀舞
八、戸開鬼神
九、輪　舞
十、神体舞
十一、杵　舞

中野神楽

中野神社には戦前から地元の方々により神楽が奉納されていましたが、舞手のほとんどが戦死され、一時期途絶えていました。戦後、古城出身の戸高氏が古城の方々を同行して奉納されていました。その方々も高齢となって舞手不足となり、昭和四十年頃から舞われなくなりました。

昭和六十年頃神楽復興の気運が高まり、保存会を結成し、戸高氏から教えを受けながら現在まで、神楽の一部（約十三番）を舞っています。

資料は明治二十三年薩摩郡と官軍との戦いで消失しています。現在はＤＶＤ等で神楽の様子を保存しています。

二番　注連鬼神

神社名：中野神社
鎮座地：宮崎市清武町木原525
宮司名：日高　洋
神楽名：中野神楽
奉納日：①2月第3日曜日
②毎年12月～1月
保存会名：中野神楽保存会
神楽面の保存：有（3面）

二十番　三笠鬼神

宮崎市
清武町

船引神社

船引神楽

船引神楽の歴史

船引神楽の歴史については詳かではありませんが、江戸時代の中期には既に独立した「船引神楽」として定着したと伝えられています。

古来、一年に一度、五穀豊穣と子孫繁栄を祈願して、船引神社をはじめ、庵屋《いおや》の炎尾《ほのお》神社、黒北の大将軍神社、正手の高台にあった弁財天寺の隣の神社（神社名不詳）で奉納されてきました。現在、船引神社では、大晦日の夜十一時過ぎから元日の午前二時半頃まで、十数番の夜神楽が奉納されています。また、春神楽は春分の日の朝十時から午後四時半頃まで舞われています。一方、正手での神楽は終戦後まもなくして奉納が中止となり、今に至っています。

その間、栄枯盛衰を繰り返し、時には衰滅の危機もしばしばありました。明治中期に危うく途絶えそうになった際には、同じ系統の神楽を舞う現在の串間市に鎮座する串間神社に三人の少年を派遣して復活を図りました。大正中期には若者が

［神楽番付］

一、降神・宮入り
降神詞を奏上、舞庭で修祓した後御神殿から神楽道具を捧げて舞庭に供える

二、一番舞
神楽舞の始まりで神々の御降臨を願う

三、方謝舞
四方八方の神々に感謝する

四、四人舞
方謝舞を四人で舞う

五、三笠舞
田植えを振り付けた舞

六、神体舞
天の岩戸に隠れられた天照皇大神にお出まし願う

七、注連鬼神
天の安河原に神々を集める鬼神の舞

八、素襖脱
舞の途中で素襖を脱ぐ

九、柴鬼神
柴舞の柴を鬼神が用意する

十、柴　舞
柴を盆に入れて撒く清めの舞

十一、剣　舞
剣を持って舞う魔除けの舞

十二、岩通し
調子の違った太鼓で三人で舞う

十三、四人神師
刀を持って方謝舞を舞う

十四、繰降し
高所から幣を付けた縄を垂らし、一本ずつ持って舞う

十五、蝿追い
体についた蝿を追い払う舞

十六、相撲舞
二人でアクロバット的に舞う

十七、ろんぎ
神々を警護した舞

十八、弓　舞
農作物を荒らす鳥獣を弓矢で追っ払う

十九、三本剣
短刀を口に加え両手に刀を持って舞う

二十、三笠鬼神
鬼神が風神に挑んで行く

二十一、三人脇入れ
剣舞の脇につき三人で舞う

二十二、輪　舞
竹の輪に幣を付けなわとびのように舞う

二十三、地　割
弓矢で測量をする

二十四、地割鬼神
測量を鬼神がやり直す

二十五、薙刀舞
八双の蛇退治の剣にあやかる薙刀で世を治める

二十六、戸開鬼神
手力男の命が天の岩戸を開く

二十七、七鬼神
素人の舞人が鬼神の真似をして舞う

二十八、めご舞
五穀誕生から国造り人造りの由来を披露

二十九、箕取舞
豊作を感謝して箕を持って舞う

三十、杵　舞
杵を持って餅つきの仕種をする

三十一、祝　詞
厄年の男女らが御幣を戴き斎主祝詞奏上後、せんぐ撒き

三十二、蛇切り
ワラで作った蛇を四人の舞人が真剣で切る

三十三、昇　神
斎主の昇神詞奏上と所役による警蹕で終わる

二十八番　めご舞

二十二番　輪舞

兵役に召集されたことにより舞手の不足が発生しましたが、地区内で少年五人を選び継承が図られました。

　以後、昭和五十六年旧清武町の無形民俗文化財に、平成三年には宮崎県指定無形民俗文化財を受け、今日に至っています。

船引神楽の特徴

　船引神楽は同じ舞の中でも太鼓の調子、笛の曲調が場面で変わります。また勇壮活発な舞と、高尚優雅な舞に大別されますが、中にはユーモラスな舞も一、二番混じっています。

　勇壮な舞としては注連鬼神、相撲舞、三笠鬼神、薙刀《なぎなた》舞などがあります。三笠鬼神は暴風を起こす風神に、三笠鬼神が敢然と挑む舞で、背筋が凍るほど鬼気迫ると言う人もいます。また相撲舞では二人の舞人が腕を組み横転、後背転、二人回転など曲芸のような神楽で、体が柔らかく運動能力の高い人でなければできない、まるで体操の床運動を思わせる危険な舞です。

　ユーモラスな舞である、めご舞は非常に人気の高い舞です。時間の都合で番付を割愛せざるを得ない場合でも、この舞を省こうものなら氏子、見物人から不満の声が出るほどです。翁の着面に白の毛頭、左手に貝の杓子、右手に鈴を持ち、股間に直径五センチくらいの木製の男根を付け、背中には籾種を入れた藁《わら》の苞《つと》を掛けて神主との問答を行います。

　問答の中で、五穀の発生から国生み、種の起源、人づくりなどを『日本書紀』の神話に添って説いていきます。この問答が正しく言えない者は、めご舞の役は原則として許されません。

　箕《み》取舞もユーモラスな舞です。姉さん被りで女装し、手には穀物の実を風選する古い農具（清武では「セクムン」と言います）を持った舞手一人と、裁着袴《たつつけばかま》姿の二人との三人で舞われます。酒に酔った見物人が飛び入り参加し、女装をしている舞手の着物の裾をめくるなど、卑猥な悪態を行い、舞手から箕で叩かれ大げさに転んでうずくまる様に、見物客は大笑いします。

神楽の準備

　神楽の舞庭の鋪設に使う柴や竹を山から切り出し、奉納日の二日前に舞庭を作ります。当日は早朝から注連立てや注連縄張り、紙垂《しで》付けなどを保存会や区の役員で行います。御幣を立てる順位、方位などは厳格に守り伝えられています。

　春分の日の神楽は、地区の主催で行われ、区長が斎行の責任者を務め、地区の役員総出で率先して準備、後片付けをします。

　このように地区民、保存会会員の協力があってこそ、船引神楽は盛大に奉納できるのです。

神社名：船引神社
鎮座地：宮崎市清武町船引6622
宮司名：田代　敏徳
神楽名：船引神楽
奉納日：①春分の日、②３月第２日曜日、③３月第３日曜日
保存会名：船引神楽保存会
神楽面の保存：有（５面）
（代表的な面　注連鬼神、三笠鬼神、めご舞、神体舞、戸開鬼神）

県西南部の神楽

西諸県・都城地方（小林市・高原町・都城市）の神楽

小林IC
小林市
268
221
岩戸神社
小林市
宮崎自動車道
221
高原IC
223
西諸県郡
狭野神社
高原町
霧島東神社
221
宮崎自動車道
都城市
10
221
都城IC
269
10
的野
正八幡宮
269
都城市
島津稲荷神社

十六番　拾弐人劔

高原町

霧島東神社

祓川神楽

霧島東神社と祓川神楽

霧島東神社は、高千穂峰の中腹標高約五〇〇メートルに古くより鎮座する社で、明治の初頭までは霧島東《きりしまひがし》御在所《ございしょ》両所権《りょうしょごん》現社《げんしゃ》と尊称され、現在の霧島神宮である西御在所宮と共に尊崇されてきました。天暦年間（九四七～五七）に、天台宗の僧性空上人《しょうくうしょうにん》が開山されてより、霧島山大権現東光坊花林寺錫杖院《とうこうぼうけりんじしゃくじょういん》と号する別当寺が建立され、霧島修験の霊場として厳然たる威容を誇りました。

この社に、およそ六百年前から伝わる祓川神楽は、「記・紀」に記される隼人舞や『続日本紀』に記される諸県舞が起源とされ、祓川地区の神道の家柄のみで伝承されてきた神楽です。各家に代々伝わる真刀を用いる勇壮な舞が特徴とされています。

当日の様子

毎年十二月第二土曜日に、神楽殿で行われる夜神楽です。

御講屋の設営は奉納日の早朝より執り行われます。

先ず第八番「地割」の舞手によって地を割り、三間四方に柱が建てられます。柴垣や注連を施し、四段に張られた結界には御幣と榊を括《くく》っていきます。

四季の造花と呼ばれるえり物は、春は「梅と鶯」、夏は「菖蒲と鳥」、秋は「紅葉と鹿」、冬は「松と雪」を四枚一組として、注連縄に巡らし御講屋を装飾します。

また、御講屋の四方に鳥居が建てられ、「法殊門」と謹製された鳥居の上段に神棚を祀り、三方には「福徳門」「成就門」

［神楽番付］

一、宮入りの事
二、門　境
三、御祓祝詞
四、壹番舞
五、神　随
六、式参番
七、大光神
八、地　割
九、飛　出
十、高　幣
十一、金　山
十二、宇　治
十三、幣　貫
十四、諸神勧請
十五、舞　揚
十六、中　入
（拾弐人劔）
十七、舞　揚
十八、田の神
十九、納
（御花神随）
二十、舞　揚
二十一、劔
二十二、杵　舞
二十三、鉾　舞
二十四、長　刀
二十五、陰　陽
二十六、住　吉
二十七、龍　藏
二十八、大神祝詞
二十九、太　刀
三十、柴の問
三十一、三　笠
三十二、将　軍
三十三、花　舞
三十四、（釜祭）

二十一番　劔

十一番　金山

「延命門」と記した鳥居が設けられます。

　神楽は斎行に先立ち旧参道入り口にて神迎えの儀式の破魔下りを執り行い、御講屋入りをします。その後、宮司以下舞人、宿主が一夜の神楽の成就を祈り、舞へと入っていきます。

特徴的な舞

　特徴的な舞を挙げていくとまず、「諸神勧請」があります。これは、諸神を招き入れる御講屋が清浄であるべきことを説き、舞庭の四方、中央、天地をそれぞれの神が、また、十二の方角を修験道、密教の十二神将が守護していることを問答の中で表す舞です。

　次に「拾弐人劔《じゅうににんつるぎ》」は、舞手十二人が天神七代・地神五代となり抜身の真刀と錫《しゃく》杖《じょう》の音で魔を祓い、「心のために劔執らする」と唱え上げて祓川神楽の真髄を説きます。

　他の舞にも、「輪宝・法界・閼伽《あか》・梵天帝釈《ぼんてんたいしゃく》・九字法・蔵王権現」等、修験道の文言や所作を多く残し、霧島修験山岳信仰の影響を色濃く残す神楽として伝承されています。

修験者と里人との交流の証

　明治初頭に起こった廃仏毀釈《きしゃく》によって当社の別当寺錫杖院も廃寺へと追い込まれました。神を仰ぎ仏を敬うことを常としていたその時代にあっては、大変な出来事でした。しかし性空上人開山以降六社権現の中でも厳しい信仰を厳修していた当社では、霧島信仰（神仏習合）を分離令によって縛ることはできず、なおも一社不変の神域に信奉者が途切れることはありませんでした。

　祓川神楽は、錫杖院の修験者と里人との信仰的な交流を形として残すものであり、往古の霧島信仰を窺《うかが》い知ることのできる貴重な神楽であると言えます。

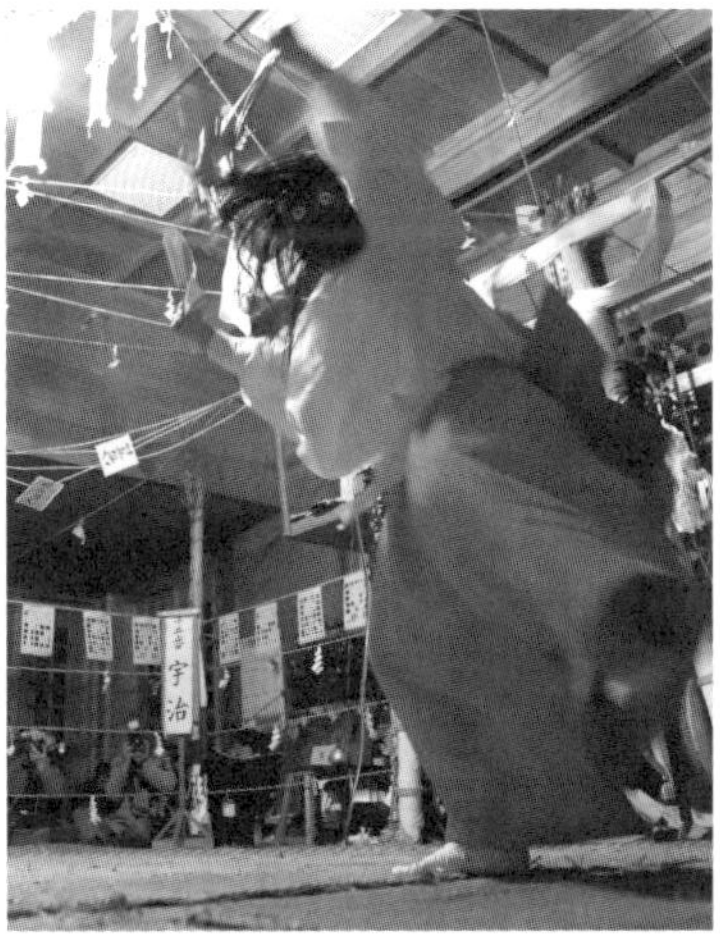

十二番　宇治

逆鉾打ち立てり

神社名：霧島東神社
鎮座地：西諸県郡高原町大字蒲牟田6437
宮司名：黒木　将浩
神楽名：祓川神楽
奉納日：12月第二土曜日
保存会名：祓川神楽保存会
神楽面の保存：有（10面）

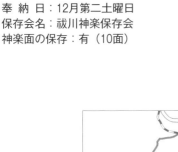

十七番　踏劔

高原町

狭野神社

狭野神楽

狭野神社と狭野神楽

狭野神社は神武天皇御生誕地皇子原より東に、また天孫降臨高千穂峰の麓に鎮座しています。創建は第五代孝昭《こうしょう》天皇の御代といわれ、以来二千有余年、霧島山信仰や霧島六所権現の中枢を担う一座に数えられてきました。

そこに伝わる狭野神楽は、霧島東神社の祓川神楽と共に「高原《たかはる》の神舞《かんめ》」と称し、別称狭野神社付属伊勢講神楽として伝承されています。起源はおよそ五三〇年前の天文年間以前とされます。

奉納と伝承

かつては毎年旧暦九月十六日に夜を徹し舞われていました。現在は十二月第一土曜日に翌朝までかけ斎行されています。舞庭も大正十二年（一九二三）までは氏子の家を斎行宿「セコヤ」にして執り行われていましたが、狭野公会堂を経て現在では第二大鳥居前で行われています。この他に、一月三日の元始祭でも狭野神社拝殿で行われています。

一時期は数名の舞手しかおらず途絶えかけたが、現在は、保育園児から長老まで約五十名の幅広い年齢層の保存会を組織しています。舞手の充実により神楽伝承の最盛期を迎え、神楽三十三番中十一番が真剣を用いた舞となっています。

平成二十三年一月の新燃岳噴火の記憶も色褪《あ》せませんが、狭野神楽は御祭神は元より伊勢皇大神宮、ひいてはこの地方の噴火の歴史とともにある霧島の山々に捧げる神楽として伝えられてきました。

約二十年前までは神社主体により斎行されていましたが、伝統文化継承の観点から南北狭野区の年間行事として組み入れられ担い手も充実するようになりました。神楽習得の稽古は約一カ月間にわたり日毎に気迫を重ねて当日を迎えます。

山をこしらえる

早朝より主取《ぬしと》りという集落の長老の采配により舞庭が作られていきます。四季の広葉樹や果樹を織り交ぜ祭壇を「山」に見立てていきます。また、神饌を供える檀下には、江戸時代より伝わる昇り龍の染め幕が張られ、支度部屋にも同様の木綿の番付幕を掲げます。

舞庭の中心には「注連《しめ》」と称する三本の白布を巻いた檜柱を立て、上部より四方八方に紙垂《しで》を付けた縄を張り廻らせ庭は整えられていきます。最後に舞庭入口

二十一番　御酔舞

［神楽番付］

一、御神幸召立
二、宮入ノ事
三、浜下り
四、斎場祭
五、壱番舞
六、大鞁之事
（神楽歌）
七、神　師
八、一人劔
九、飛　出
十、地　割
十一、金　山
十二、志　目
十三、高　幣
十四、四ツの事
十五、小　房
十六、柴荒神
十七、踏　劔
十八、鉾　舞
十九、臣　下
二十、大神楽
二十一、御酔舞
二十二、花　舞
二十三、龍　藏
二十四、問神師
二十五、箕　舞
二十六、長　刀
二十七、住　吉
二十八、本　劔
二十九、御笠舞
三十、武者神師
三十一、神　化
三十二、縄入荒神
三十三、手力男
三十四、霧島講

に「天照大神」と記した鳥居を建て庭の完成となります。

さらに、休憩や昼食時は婦人部が総出で炊き出しを行い、郷土料理「ガネ」というかき揚げも供されます。舞で使用する各種採物は、真剣・長刀・錫杖《しゃくじょう》・弓矢・帯・杵・杓子《しゃくし》・瓶・鉾《ほこ》・御幣・榊・扇・鬼神棒等多種に及びますが、故実に基づき装飾を凝らし神楽に備えます。

舞の特徴

狭野の「神舞」の始まりは、盛大な「浜下り」によって幕を開けていきます。狭野神社本殿より遷霊の儀を行い、御鳳輦《ごほうれん》を中心とした「木綿引《もめんび》き」といわれる紐を結界にして、中に舞手や伶人が入り約一キロ先の斎場まで渡御します。斎場祭の後、午後九時頃から小学生の「壱番舞」から行われていきます。

狭野神楽といえば真剣を用いた数多くの舞がありますが、その中に呼び物として「踏劔《ふみつるぎ》」の中入《なかい》りがあります。大人二人の中に稚児装束男児一人が入り、鬼神棒や真剣を採物に舞う神楽として知られています。

他に、「御酔舞《ごすいまい》」と称する舞があります。五合の酒を満たした瓶を採物に、舞を終えるまでに飲み干さなければならない神楽ですが、その挙動は激しく新米舞手の登竜門となっています。また、師匠四名による劔舞「神師《かんし》」は、舞手の憧れとして番付けされています。真剣を切り込み神歌を唱える様は、神人合一の神楽にふさわしい威風を湛《たた》えています。

故郷を守る

狭野集落に脈々と受け継がれてきた神楽は、この地に生まれた氏子の誇りとして、また新たに移住して来た者の憧れの文化として存在し、今薄れつつある地域共同体の正しい在り方を伝承しています。その神楽で奏でられる太鼓や笛の音は故郷の音色として幼心に刻まれ、神楽蕎麦《かぐらそば》の振る舞い等の風習は暮らしに溶け込み、神楽は神々へ最大限の感謝を伝える場として行われます。

神楽を終えた夕方には直会《なおらい》の儀として神武ふるさと館に集い、無事に神楽を納められたことを祝いお互いを労《ねぎら》うのです。そして集落全体で守り伝えている霧島様（古い神棚）を、一年ごとの担当宿まで神歌や囃《はや》しに合わせて神送りします。その家の神床では鎮座祭を厳重に執り行いさらに一年間の安泰を祈るのです。

伝統を守ることは難しい世の中になりました。しかし、伝統を守ることは故郷を守ることに繋《つな》がると信じ狭野神楽は伝えられています。守り続けてきた神楽に対する畏敬の念は、その時代時代で変化を経ながらも次の世代へと託されています。宮崎県各地に現存する神楽の保存継承という課題は、視点を変えれば集落の再生に繋がる砦《とりで》なのかもしれません。

神社名：狭野神社
鎮座地：西諸県郡高原町大字蒲牟田117
宮司名：松坂　公宣
神楽名：狭野神楽
奉納日：12月第一土曜日
保存会名：狭野神楽保存会
神楽面の保存：有（12面）
（代表的な面　飛出、龍蔵、金山、手力男、臣下）

小林市

岩戸神社

長刀が結界を切り祓う

岩戸開きの舞

岩戸神楽

岩戸神楽の歴史

岩戸神社は小林市東部に位置し、大宝元年（七〇一）の創建より一三〇〇年にわたり堤・水流迫区の鎮守社として崇敬を集めてきました。

太古は岩瀬川対岸の柿川内（旧野尻町）に建っていましたが、洪水で社殿が流失し堤の観音原に奉遷されました。二、三百年後には野火により社殿が焼失し、現在の所在地下方に鎮座されていました。しかし、ここでも大雨のたびに土砂が流入し社殿が埋まるばかりであったので、嘉永二年（一八四九）九月二十二日に現在の地に遷座しています。

元宮跡の柿川内の対岸に在っては社名に準《なぞら》える巨大な洞穴が残されており、聖地天孫降臨の遺風を伝えています。

神楽の奉納と特徴

岩戸神楽は小林市に伝承される唯一の神楽で、創始三百年を超える神楽です。天の岩戸開き、剣の舞、長刀の舞の三番が舞われています。

毎年七月三十日、夏祭りと六月灯の風物詩に併せて奉納されます。五穀豊穣を祈願し、神人和合の場として岩戸神社境内で奉納されています。

先ず境内に設けた斎場を祓い清め、子ども神楽にて幕を開けます。続いて御祭神手力男命《たぢからおのみこと》に因んだ三人の神々（夷守《ひなもり》大権現の大神・天の岩戸探しの大神・重蔵《じゅうぞう》権現の大神）が出現し、問答を交えながら「天の岩戸開き」を舞います。

また、岩戸神楽は霧島系神楽の特色も色濃く残し「剣の舞」「長刀の舞」も勇壮果敢な神楽として喝采を浴びます。「長刀の舞」の終盤には、研ぎ澄まされた刃にて結界を解き、不浄を祓う舞を表現しています。

戦後の動乱期に長らく途絶えていましたが、昭和三十年市史編纂《へんさん》の折、復活を果たし現在では三番を継承しています。また、古代色豊かな多数の神楽面や装束を保存し、伝統的文化として三松保育園児や三松中学校生に対して舞や楽の指導に力を注いでいます。

神社名：岩戸神社
鎮座地：小林市堤4447
宮司名：小多田　将志
神楽名：岩戸神楽
奉納日：7月30日
保存会名：岩戸神楽保存会
神楽面の保存：有（11面）
（代表的な面　鬼神、怪士、中将）

上：五番　宮毘舞
下・左：二番　双剣舞

都城市

島津稲荷神社

神《かん》舞《め》

島津庄開拓とともに

島津稲荷神社の創建を辿ると、約八百年前、源頼朝公から命を受けた島津忠久公が日向・大隅・薩摩の守護職に任ぜられました。その後、建久七年（一一九六）八月二十三日薩摩の国出水郡山に御着され、島津荘に定着されました。

忠久公は、摂州住吉で誕生され初参りを稲荷神社で行った縁により稲荷信仰を大切にされていました。建久八年九月七日午の日郡元に島津稲荷神社を建立するため、柱立の神事をなされ、同年九月十九日午の日に遷宮が行われました。

「剣の舞」と「田の神舞」

ちょうどその頃、郡元近郷一帯は天候不順に見舞われ大飢饉に襲われていました。その上疫病が流行し人畜に多大なる被害が及び、この上は神の御加護にすがるばかりと当社に病魔退散の祈願を奉りました。その際、「剣の舞」も奉納され罪穢《けが》れを切り祓い、併せて「田の神」の舞も奉納して五穀豊穣悪病退散を願ったといわれています。

その後、これらの舞に「薙刀《なぎなた》の舞」「手力の舞」「宮毘舞」を加え八一八年間にわたり受け継がれてきましたが、終戦前後三十年間は途絶えていました。しかし昭和五十一年、古老の方々の奨めにより神舞として復活され現在に伝えられています。

［神楽番付］

一、手力舞
二、双剣舞《もろつるぎのまい》
三、片剣舞《かたけんまい》
四、田の神舞
五、宮毘舞

神社名：島津稲荷神社
鎮座地：都城市郡元4丁目23-17
宮司名：半代　明良
神楽名：神舞（カンメ）
奉納日：11月26日（拝殿）
保存会名：島津稲荷神社神舞保存会
神楽面の保存：有（3面）

都城市

的野正八幡宮

的野正八幡宮神楽

片剣舞

的野正八幡宮と神楽の歴史

的野正八幡宮は一三〇〇年ほど前に、大隅国の国分正八幡宮を勧請して創建されたと伝えられ、山之口町民や町内外から広く信仰をあつめています。

的野正八幡宮神楽は古来より例祭等で奉納されてきました。以前は十月二十五日を例祭日とし前日から夜を徹して舞われていました。薩摩藩政資料の「山之口名勝志御糺方付御調帳」の文政七（一八二四）年六月の頃には既に記録が見え、二十四日から二十五日にかけて造酒などを供えて舞い踊ったと記されています。

昭和十四年頃に途絶えてしまいましたが、同六十年になって地元の有志三人によって復活され、その時には、手力男の舞と両刃の舞の二番が奉納されました。その後四番が加えられ、現在は毎年十一月三日に三番ずつ舞われています。

各番付の特徴

○手力の舞。扇と、約一五〇センチの幣竹を持ち激しく足踏みを繰り返して邪気を払い、丸く祓い納めます。

○片剣舞（片刃の舞）。修験者が持つチャリン棒を持ち、剣を左右に振り払って鎮魂除災の意を込め舞います。

○双剣舞（両刃の舞）。親指を立ててこぶしを握り「五印」を結びます。五方位の順に踏み込みながら舞います。

○薙刀《なぎなた》の舞。薙刀で地をたたき鎮め、空を切り五方位を抜いて祓いながら舞います。

○宮毘《みやび》の舞。優美、風雅な舞で、両手に幣の付いた榊を持って左右に三回ずつ回り、次に右手に扇子を持ち左の手に二本の榊を持って左右に回った後、神楽歌を奏上し延命長寿、家内安全を願って舞います。

○田ノ神の舞。面を着け鈴とメシゲ（しゃもじ）を持って中腰で舞われます。神楽歌祭文を唱え、神の御神徳によって出来るお米の尊さを述べて無病息災、五穀豊穣、農耕安全を願います。

宮毘の舞

神 社 名：的野正八幡宮
鎮 座 地：都城市山之口町富吉1412
宮 司 名：日高　広之
神 楽 名：的野正八幡宮神楽舞
奉 納 日：11月3日
保存会名：的野正八幡宮神楽保存会
神楽面の保存：有（3面）
（代表的な面　手力、田の神、宮毘）

日南地方の神楽

日南市
潮嶽神社
伊比井神社
郷原神社
宮浦神社
霧島神社
田ノ上八幡神社
大宮神社
愛宕神社
益安神社
岩崎稲荷神社
酒谷神社
吾田神社
日南駅
風田神社
塚田神社
駒宮神社
大窪神社
毛吉田神社
隈谷神社
吾平津神社
曹子神社
上方神社
九社神社
荻之嶺神社
中村神社
榎原神社
霧島神社
伍社神社
行縢神社
松尾神社
日之御崎神社
脇本神社
潟上神社
贄波神社
222
220
448

日南市

伊比井神社

伊比井神楽

伊比井神社の創建地は社伝によると、瓊瓊杵尊《ににぎのみこと》が高千穂峯にご降臨の後、海辺に遊行された折に、大山祇命《おおやまずみのみこと》の娘、木花咲耶姫《このはなさくやひめ》をご覧になった所とされています。

現在は、伊比井神楽として五穀豊穣・無病息災・家内安全を祈り、十五人の伊比井神楽保存会によって五月第四日曜日、伊比井神社境内にて奉納されています。

神楽の番付は一番舞から始まり、杵舞まで十番が舞われます。天の岩戸開きの神話に由来する手力《たぢから》舞や、戸開の舞があり、豊作を祈願する県南作神楽の代表的な杵舞で締めくくられます。ただ、鵜戸北郷系の魚釣り舞の番付は見あたりません。

薙刀《なぎなた》舞は宮崎市内の神楽ではよく舞われますが、宮浦を除いて、日南地方の神楽では類を見ない舞です。早舞、かんじ舞も他では見ない神楽です。かんじ舞については、鈴木重家氏の労作『潟上神社かぐら全集』の二十四番の勧請と同一の名称といわれています。

〔神楽番付〕
一、一番舞
二、出羽鬼神
三、早　舞
四、地割神
五、かんじ舞
六、薙刀舞
七、手力舞
八、戸開の舞
九、手力舞
十、杵　舞

二番　出羽鬼神

神社名：伊比井神社
鎮座地：日南市大字伊比井1991
宮司名：日髙　雅夫
神楽名：伊比井神楽
奉納日：５月第４日曜日
保存会名：伊比井神楽保存会
神楽面の保存：有

日南市

宮浦神社

宮浦神楽

宮浦神社の創建は不詳ですが、社伝によると「玉依姫《たまよりひめ》ご住居の跡に社殿を立つ」とあります。古くは玉依姫大明神と呼ばれ、古来から安産祈願のお詣《まい》りが多かったといわれています。

現在、宮浦神楽として二十三人の宮浦神楽保存会会員により、五穀豊穣・大漁・無病息災・家内安全を祈願して、四月第二日曜日、宮浦神社境内で奉納されています。

神楽の番付は、祭場を清めて神の来臨を願う祝福の奉仕舞から始まり、手力《たぢから》舞まで十三番の神楽が舞われています。主なものとして、鬼神によるお祓いを意味する三種の鬼神舞や、北郷鵜戸系の典型的な魚釣舞、豊作を祈願する県南作神楽の代表的なみどり舞があり、天の岩戸開きの神話に由来する手力舞で締めくくられます。

殊に相撲取舞は宮崎市清武町の船引神楽の相撲舞、宮崎市の野島神楽の人舞と類似の舞とされ、また薙刀《なぎなた》舞は日南地方ではここと、伊比井以外では見ることのない舞です。

〔神楽番付〕
一、奉仕舞
二、鬼神舞
三、奉仕舞
四、魚釣舞
五、相撲取舞
六、地割舞
七、矢抜奇神舞
八、薙刀舞
九、住吉舞
十、みどり舞
十一、三奇(鬼)神舞
十二、直　舞
十三、手力舞

九番　住吉舞

神社名：宮浦神社
鎮座地：日南市大字宮浦688
宮司名：日髙　雅夫
神楽名：宮浦神楽
奉納日：４月第２日曜日
神楽面の保存：有

日南市

潮嶽神社

潮嶽神楽

潮嶽神社は海幸彦の命《みこと》をお祀りし、創建は神武朝のころと伝えられています。潮嶽神楽の起源は詳らかではありませんが、寛文年間（一六六一～七三）の銘のある神楽面をはじめ十二面の神楽面が残り、神楽関係の文書としては『潮嶽神社神事宝典』に文化三年（一八〇八）鵜戸神宮御遷宮にあたっての奉仕の番付があります。

以前は四月十一日に斎行されていましたが、現在は春大祭に併せて二月十一日の春を告げる「福種子下ろしの神事」に引き続き、神社境内で奉納されています。

神楽の番付は奉仕祝福舞である奉者舞から箕取《みど》り舞までの十五番が舞われます。豊作を祈願する作神楽の御笠舞や箕取り舞、潮嶽神社の御祭神に関わり深い魚釣り舞や、その唱儀から霧島信仰をうかがわせる鉾舞・鬼神舞、子孫繁栄を説く直舞、天の岩戸開きに由来する阿智女舞や手力《たぢから》舞が舞われます。

［神楽番付］
一、奉者舞
二、一番鬼神舞
三、繰り下ろし舞
四、二番鬼神舞
五、剣　舞
六、直　舞
七、魚釣り舞
八、三番鬼神舞
九、阿智女舞
十、御笠舞
十一、御酒上舞
十二、御笠鬼神
十三、鉾　舞
十四、手力舞
十五、箕取り舞

八番　三番鬼神舞

神社名：潮嶽神社
鎮座地：日南市北郷町北河内8866
宮司名：佐師　正朗
神楽名：潮嶽神楽
奉納日：2月11日（建国記念の日）
保存会名：潮嶽神楽保存会
神楽面の保存：有（12面）
（代表的な面　鬼神舞面、魚釣り舞面、天照大神面、阿智女舞面、直舞面、鉾舞面）

県南の神楽

日南地方の神楽は、季節的には春浅い二月初めから五月にかけて舞われる春神楽に分類されます。

また県北部の夜神楽に対し、日南地方では日中に舞われる昼神楽です。

内容的には稲作の準備に先だち、秋の豊作を祈念する「みどり舞」や「御笠舞」のいわゆる予祝神楽が舞われ、「作神楽」「作祈祷神楽」と呼ばれています

また、「漁神楽」があるのも特徴です。その唱儀に天地開闢《かいびゃく》以来、海幸・山幸、さらに鵜葺草葺《うがやふきあえ》不合命《ずのみこと》の由来が説かれていることから「魚釣り舞」もしくは「鵜戸舞」と呼ばれている神楽番付があります。

県南部にふさわしく霧島信仰を物語る「霧島」もしくは「鉾舞」と呼ばれる舞や、修験系統の「剣舞」もあり、概ね天の岩屋戸開きに由来する手力男《たぢからお》系統の舞で締めくくられます。

祭場は、神庭《こうにわ》の正面に陰陽五行説による、五色の幣で飾られた標山が立てられ、中央には五穀箱を吊した「キンガイ」と呼ばれる天《てん》蓋《がい》が下げられます。そして神庭の周りには古伝をうかがわせる神名旗が下げられ、その中で、それぞれの神社や地域の特徴ある神楽が舞われます。

潮嶽神社　鬼人舞

日南市

郷原神社

郷之原神楽

郷原神社は、『日向地誌』によると、もと一之瀬川の上屋敷に鎮座していたが、しばしば水害に遭ったため、現在地に遷座した、とあります。古くは山宮大明神と呼ばれていました。神楽・神事に関する文書としては、『神楽仕立書』『鵜戸山大々神楽神舞番次役各記（安政六年）』『神道鬼神句』があり、延宝年間（一六七三～八一）の神楽面が保存されています。現在、十五名の郷之原芸能協賛会により郷之原神楽として、二月第二日曜日、郷原神社拝殿にて奉納されています。

神楽の番付は社人の長が舞う奉者舞から始まり、手力まで十一番が舞われます。滑稽な仕草で子孫繁栄を説くちょくめん。神下ろしの舞であるくりおろしや、神々に神酒を奉献する御酒上げ。霧島信仰を窺《うかが》わせる鉾《ほこ》。豊作を祈願する県南作神楽の代表的なみどりや、別名田植え舞ともいわれる御笠もあり、天の岩戸開きの神話に由来する手力で締めくくられます。

［神楽番付］
一、奉者舞
二、ちょくめん
三、くりおろし
四、剣
五、鬼　神
六、鉾
七、御酒上げ
八、みどり
九、鯛釣舞
十、御　笠
十一、手　力

八番　みどり

神社名：郷原神社
鎮座地：日南市北郷町郷之原乙5032
宮司名：松田　治生
神楽名：郷之原神楽
奉納日：２月第２日曜日
保存会名：郷之原芸能協賛会
神楽面の保存：有（８面）
（代表的な面　手力、鉾、鬼神、鬼神、鬼神、天照、ちょく面、木花）

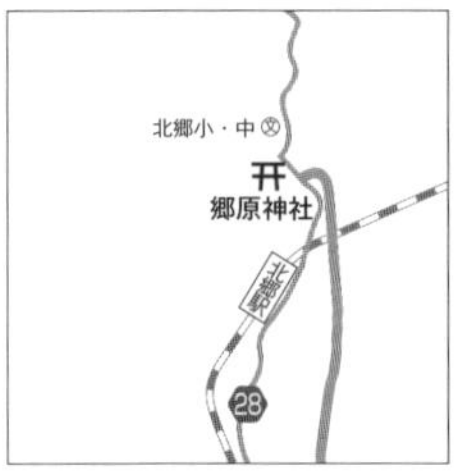

日南市

毛吉田神社

作神楽

毛吉田神社は、元禄年間（一六八八～一七〇四）の勧請と伝えられ、明治五年、諏訪神社（祭神、健御名方神《たけみなかたのかみ》）を遷座合祀して毛吉田神社に改称されました。

神楽の由緒・起源等は詳らかではありませんが、春祭り神楽は昭和二十五年までは、盛大に舞われていたと伝えられ、古い神楽面が十三面保存されています。現在、春大祭は四月第一日曜日に、秋大祭は十一月第三日曜日に神事のみが斎行されています。

番付中、最初の舞は正中といわれ、細田系神楽の特徴とされています。また当時舞われていた番付の中で、日前舞、スダマ舞、神躰、葉守等の舞は、田ノ上八幡神社の社人頭であった荒木末八氏の『舞割順番』（昭和十二年）中に、神璽舞と燎舞は『日高文書』（吾田一の宮大明神の神主日高氏が寛延元年〈一七四八〉から幕末まで書き綴られた太鼓称教）の神楽番付中にもあるといわれています。

［神楽番付］
一、正　中
二、鬼神舞
三、神璽舞
四、寶釼舞
五、オシテ舞
六、日前舞
七、スダマ舞
八、繰下舞
九、八重笠舞
十、御笠舞
十一、御酒上
十二、矢　鉾
十三、地割鬼神
十四、神　躰
十五、葉　守
十六、燎　舞
十七、鬼　神
十八、神　釼
十九、柴　舞
二十、手力男

※この神楽番付には、かつて日南地方で舞われていた古い神楽番付を見ることができます。

神社名：毛吉田神社
鎮座地：日南市大字毛吉田530
宮司名：森山 繁
神楽名：作神楽
奉納日：①４月第１日曜日（春祭り）（神事のみで神楽は現在行われていない）、②11月第３日曜日（秋大祭）（同上）
保存会名：現在行われていない
神楽面の保存：有（13面）

日南市

駒宮神社

作神楽（豊作祈祷神楽）

駒宮神社は、古くは駒宮大明神と称され、神武天皇の幼少時の少宮跡として、往古は相当な大社であったことが窺《うかが》われます。

神楽は一時期中絶しましたが、昭和五十八年、前宮司の尽力により復活しました。地元の農家氏子の豊作除蝗《じょこう》祈願が主旨であったといわれています。現在、作神楽（豊作祈祷神楽）として、平山伶人会により、二月最終日曜日、駒宮神社神楽殿にて奉納されます。

神楽の番付は、祭場を祓い清めて神の来臨を願う一番舞に始まり、手力まで八番が奉納されます。

その中でも特異な面を着けた鬼神によるお祓いを意味する二種の鬼神舞や、神々に神酒を奉献する御酒上げ。また豊作を祈願する県南作神楽の代表的な田植舞とも称される三笠舞が舞われ、天の岩戸開きの神話に由来する手力で舞い納めます。

［神楽番付］

一、一番舞
二、出羽鬼神
三、御酒上げ
四、三笠舞
五、直　舞
六、三笠鬼神
七、剣
八、手　力

※駒宮神社の作神楽（豊作祈祷神楽）は、地域的には鵜戸・北郷系と吾田系の中間ぐらいに位置しますが、鵜戸・北郷系の魚釣り舞も吾田系の八鉾舞も見あたりません。

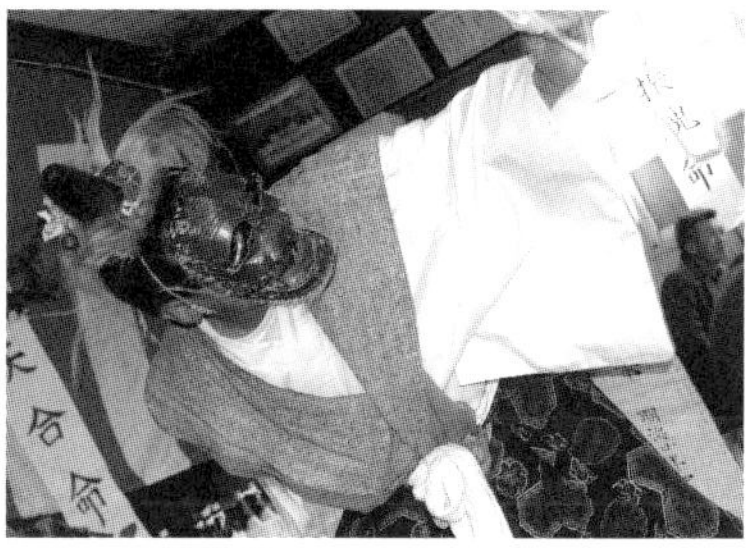

二番　出羽鬼神

神社名：駒宮神社
鎮座地：日南市大字平山1095
宮司名：神﨑　直則
神楽名：作神楽
奉納日：2月最終日曜日
保存会名：平山伶人会
神楽面の保存：有（2面）
（代表的な面　鬼神、直舞）

日南市

風田神社

作神楽（豊作祈祷神楽）

風田神社は、言い伝えによると、豊玉姫命が竜宮より亀に乗って当地の川上に上陸され鎮座されました。『日向地誌』には、海浜の松林の中、山下の前の川上大明神と御崎本にあった大将軍を明治五年（一八七二）に遷座合祀し、今の名に改めたとあります。

当神社の神楽は古老によると、江戸時代より地元農家氏子たちの豊作除蝗《じょこう》祈願のために始められたと伝えられ、古い二面の神楽面が保存されています。

現在、作神楽（豊作祈願神楽）として、風田伶人会により二月に、風田神社境内で奉納されています。

神楽の番付は、祭場を清め祝福する一番舞から始まり、手力まで十番が奉納されます。その中でも、お祓いを意味する、特異な鬼神の面を着けた出羽鬼神をはじめとし、三種の鬼神舞や神酒奉献をうかがわせる御酒上げ、豊作を祈願する県南の作神楽として代表的な三笠舞、滑稽な仕草で陰陽和合・家庭円満・子孫繁栄を説く直舞。勇壮な剣舞や記紀神話の天の岩戸開きに由来する手力と続きます。

［神楽番付］

一、一番舞
二、出羽鬼神
三、御酒上げ
四、三笠舞
五、三笠鬼神
六、直　舞
七、地　割
八、矢抜鬼神
九、剣
十、手　力

神社名：風田神社
鎮座地：日南市大字風田3964
宮司名：神﨑　直則
神楽名：作神楽（豊作祈祷神楽）
奉納日：2月の不定日
保存会名：風田伶人会
神楽面の保存：有（2面）
（代表的な面　鬼神、手力）

日南市

萩之嶺神社

宮浦神楽

萩之嶺神社は、古くは、和銅二年（七〇九）創建と伝えられる宮の原の鳥巣大明神と、宮の尾から寺の馬場に移っていた有徳大明神が、明治四年（一八七一）に現在地に遷座合祀されて成りました。

神楽については、江戸後期からの十四面の神楽面や、三十番の演目が記された明治三十九年（一九〇六）の『神舞神歌集』が保存されています。

神楽の番付は祝福舞である奉社舞から始まり、手力舞までの十三番が舞われます。三種の鬼神舞が舞われますが、特に細田系の神楽にだけ見られる切り紙で飾った大笠を被り白面を着けた八重笠鬼神や、子孫繁栄を説く滑稽な直舞が見られます。そして昭和五十年（一九七五）ぐらいまでは吾田系の神楽の特徴である農具を持ち豊作を祈願する八鉾舞もあったといいます。霧島信仰を物語る霧島や、農村部にふさわしい県南の作神楽の特徴でもある豊作祈願の杵嫁女の舞も舞われます。

［神楽番付］
一、奉社舞
二、出羽鬼神
三、幣　舞
四、八重笠鬼神
五、寶剣舞
六、御吸上
七、八鉾舞
八、紫鬼神舞
九、面　舞
十、杵嫁女舞
十一、剣　舞
十二、霧島舞
十三、手力舞

八番　紫鬼神舞

神社名：萩之嶺神社
鎮座地：日南市大字萩之嶺2845
宮司名：森山　繁
神楽名：春祭り（作神楽）・秋祭り（神楽）
奉納日：①3月第２日曜日、②11月第１日曜日
保存会名：萩之嶺神社神楽協力会
神楽面の保存：有（14面）

日南市

上方神社

作神楽（春祭り）　神　楽（秋祭り）

上方神社の創建は、『日向地名録』には、旧上方村内にあった享保五年（一七二〇）勧請の天神をはじめ鎮大明神、八幡宮、北斗寺大権現、稲荷大明神を明治二年（一八六九）に遷座合祀して、上潟神社を現在の上方神社に改称したとあります。

現在、神楽協力会（伶人）により、三月の第一日曜日に春祭り（作神楽）として、また十一月第二日曜日に秋祭り（神楽）として、上方神社境内で奉納されます。

神楽の番付は、祭場を清め祝福の舞とされる奉社舞から始まり、特異の鬼神面を着け、鬼神棒を携えたお祓いの出波鬼神と続きます。また日南地方では細田系の神楽だけに見られ、切り紙で飾った大笠を被り白面を着けた特徴ある八重笠鬼神。神酒奉献の舞とされる御吸上。三叉の鉾を持ち霧島の縁起を説き、霧島信仰を物語る霧島。滑稽な仕草で陰陽和合、子孫繁栄を説く面舞。これに葉鬼神舞が続き、天の岩戸開きの神話に由来する手力舞までの八番の神楽が舞われます。

旧細田村の共通の要素を感じさせる神楽です。

［神楽番付］
一、奉社舞
二、出羽鬼神
三、八重笠鬼神
四、御吸上
五、霧　島
六、面　舞
七、葉鬼神舞
八、手力舞

神社名：上方神社
鎮座地：日南市大字上方1110
宮司名：森山　繁
神楽名：春祭り（作神楽）
秋祭り（神楽）
奉納日：①春祭り3月第1日曜日、②秋祭り11月第2日曜日
保存会名：神楽協力会　伶人
神楽面の保存：有（12面）

日南市

大宮神社

作神楽

大宮神社は社縁起によると、景行天皇が熊襲征伐の折、お立ち寄り休息されたところと伝えられ、創建は和銅元年（七〇八）と記されています。古くは大宮大明神と呼ばれていました。

現在は、作神楽として五穀豊穣、家内安全を祈願して、二月の第二日曜日に大宮神社境内で、酒谷神楽保存会によって奉納されています。

神楽の内容は、邪気を祓う鬼神や神下ろしの繰卸し。豊作を祈願する作神楽の代表的な三笠や美止礼、また農具を持ち豊作を祈願する八鉾や、天の岩戸開きの神話に由来する手力が舞われます。

古くは、二月はじめの初午には初午神楽が奉納され、また旧暦の一月十日には、稲の品種選び稲初植え祭りが行われ、秋穂の方を定め、彼岸花の根で田植えする、年ごいの祭りがありました。

［神楽番付］

一、一番舞
二、一番鬼神
三、繰卸し
四、宝　倹
五、三　笠
六、柴鬼神
七、素襖抜
八、八重笠
九、薬守鬼神
十、地　割
十一、七鬼神
十二、直　舞
十三、紫光神
十四、美止礼
十五、八　鉾
十六、星卸し
十七、剣
十八、神　割
十九、手　力

神 社 名：大宮神社
鎮 座 地：日南市大字東弁分乙35
宮 司 名：日髙　三友
神 楽 名：作神楽
奉 納 日：２月第２日曜日（酒谷神楽保存会の奉仕）
神楽面の保存：有（13面）
（代表的な面　天照皇大神、鬼神、ちょく面、手力、イセ）

日南市

曹子神社

春神楽・作神楽

曹子神社は、景行天皇の后妃襲武媛命《そのたけひめのみこと》および二皇子をお祀りし、社伝によると、創建当初は西弁分後河内山下に鎮座していたが、棟札より永正三年（一五〇六）建立の雑司権現と西弁分後谷堂山の萩原権現を安政六年（一八五九）現在地に遷座合祀したとあり、安産や子育ての神・開発の神として崇敬が篤かったといわれています。

現在、春神楽・作神楽として、曹子神社神楽保存会により四月の第四日曜日に曹子神社境内で奉納されます。

神楽の内容は一番舞と称する祭場を清め祝福の舞とされる奉仕者舞から始まり、特異な鬼神の面を着けお祓いを意味する出羽鬼神や神酒を奉献する御酒上。農具を持ち豊作を祈願する八鉾や滑稽なしぐさで子孫繁栄を説く直面。豊作を祈願する県南作神楽の代表的な嫁女。柴鬼神舞と続き、天岩戸開きの神話に由来する手力までの九番の舞が舞われます。

［神楽番付］

一、一番舞
二、出羽鬼神
三、おすて
四、御酒上
五、八　鉾
六、直　面
七、嫁　女
八、柴鬼神
九、手　力

六番　直 面

神 社 名：曹子神社
鎮 座 地：日南市大字西弁分4848
宮 司 名：日髙　輝久
神 楽 名：春神楽・作神楽
奉 納 日：４月第４日曜日
保存会名：曹子神社神楽保存会
神神楽面の保存：有（10面）
（代表的な面　鉾、天照、緑面、直面、手力、赤面）

日南市

吾田神社

春神楽・作神楽

吾田神社の創建は社伝によると和銅元年（七〇八）とされています。その後改修が重ねられ、天正十三年（一五八五）飫肥藩初代藩主伊東祐兵《すけたけ》公による再興といわれています。

神楽・神事に関する文書としては『御神楽神歌』（昭和二年写）がありますが、その起源等は詳らかではありません。十面の古い神楽面が保存されています。

現在、神楽は春神楽・作神楽として、吾田神社神楽保存会により、四月の二十九日（祝日）に吾田神社拝殿で奉納されます。

神楽の番付は、一番舞という、二人で舞う祝福の舞である奉仕者舞から始まり、手力《たぢから》まで九番が舞われます。その中では特異な鬼神の面を着けお祓いを意味する出羽や神々に神酒を献上する御酒上、吾田系の神楽の特徴である農具を持ち豊作を祈願する八鉾、滑稽なしぐさとともに子孫繁栄を説く直面、豊作を祈願する県南作神楽の代表的な嫁女、天の岩戸開きの神話に由来する手力が舞われます。

［神楽番付］
一、一番舞
二、出　羽
三、おすて
四、御酒上
五、八　鉾
六、直　面
七、嫁　女
八、柴
九、手　力

九番　手力

神社名：吾田神社
鎮座地：日南市大字戸高879
宮司名：日髙　輝久
神楽名：春神楽・作神楽
奉納日：①4月29日
保存会名：吾田神社神楽保存会
神楽面の保存：有（10面）
（代表的な面　直面、鉾、天照、手力、手力、赤面）

日南市

隈谷神社

作神楽・春　祭

隈谷神社の創建は社伝によると和銅年間（七〇八～七一五）とあります。神楽の起源は詳らかではありませんが、六面の古い神楽面が保存され、神事関係の文書としては牛祭りと神楽の問答を記したものが神社に伝わっています。隈谷神社では古くは、旧一月十日に牛祭りが、旧一月十二日に作神楽（春祭り）が行われました。

現在、作神楽・春祭として、吾田神社の神職・伶人により、二月の末の日曜日、隈谷神社境内にて豊作祈願の神楽が奉納されます。

神楽の番付は、祭場を祓い清め祝福の一番舞と称される奉仕者舞に始まり、手力《たぢから》の舞まで七番の神楽が奉納されます。その中には、特異な鬼神の面を着けお祓いを意味する出羽鬼神等の三番の鬼神舞や滑稽なしぐさで子孫繁栄を説く直面などがあり、天の岩屋戸神話に由来する手力舞で締めくくられます。また、以前、正月十日の牛祭りの時に使われていたという木製の黒牛が現存します。

［神楽番付］
一、奉仕者舞
二、出羽鬼神
三、御紙幣
四、繰り降し鬼神
五、直　面
六、紫鬼神
七、手力の舞

二番　出羽鬼神

神社名：隈谷神社
鎮座地：日南市大字隈谷甲1015
宮司名：日髙　啓貴
神楽名：作神楽・春祭
奉納日：2月最後の日曜日
神楽面の保存：有（6面）
（代表的な面　天照皇大神、手力男命、出羽鬼神、柴鬼神、矢抜鬼神、直面）

日南市

岩﨑稲荷神社

作神楽

岩﨑稲荷神社の鎮座地は、飫肥城からは辰巳（南東）の方角に当たるところから、飫肥の繁栄を祈願し、守護神として崇敬を集めてきたといわれています。

現在、作神楽の名称で、四月二十九日（祝日）に岩﨑稲荷神社境内で奉納されています。

神楽の番付は、祭場を清め神の来臨を願い祝福の舞である奉社舞から始まり、手力《たぢから》まで十二番が舞われます。二番目には超人的な鬼神による祓いを込めた出羽鬼神が舞われ、他に御笠鬼神、葉鬼神の三種の鬼神舞が舞われます。

県南作神楽の代表的な杵嫁舞、神々に神酒を奉献する御吸上、吾田系の神楽の特徴である農具を持ち豊作を祈願する八鉾舞、滑稽なしぐさで子孫繁栄を説く面舞、刀を持って勇壮に舞う剣、天の岩戸開きに由来する手力が舞われます。

［神楽番付］
一、奉社舞
二、出羽鬼神
三、幣　舞
四、御吸上
五、御笠鬼神
六、寶剣舞
七、八鉾舞
八、葉鬼神舞
九、面　舞
十、杵嫁舞
十一、剣
十二、手　力

五番　御笠鬼神

神 社 名：岩﨑稲荷神社
鎮 座 地：日南市大字星倉5426
宮 司 名：日髙　鉄弥
神 楽 名：作神楽
奉 納 日：４月29日（祝日）
神楽面の保存：有（６面）
（代表的な面　チョク面、トカクシ面、大神宮面、シバ面、出羽鬼神面、手力面）

日南市

益安神社

作神楽（春まつり）

益安神社の創建については、神社明細帳には、「由緒詳らかならずといえども、和銅年中創建の神社なり」とあって御祭神名（髪長姫命）があげられています。

現在、神楽は作神楽（春まつり）として、毎年二月の第一日曜日に地区集落センターで、岩﨑稲荷神社の伶人によって奉納されています。

神楽の番付は、祭場を清めて神の来臨を願い祝福の舞とされる奉社舞から始まり、手力《たぢから》まで十二番が奉納されます。

その中では、鬼神によるお祓いを意味する出羽鬼神をはじめ、三種の鬼神舞や神々に神酒を奉献する御吸上、吾田系の神楽の特徴である農具を持ち豊作を祈願する八鉾舞、滑稽なしぐさで子孫繁栄を説く面舞、豊作を祈願する県南作神楽の代表的な杵嫁舞、刀を持って勇壮に舞う剣、天の岩戸開きの神話に由来する手力が舞われます。ただ、県南神楽でよく舞われている鵜戸舞（魚釣り舞）は見あたりません。

［神楽番付］
一、奉社舞
二、出羽鬼神
三、幣　舞
四、御吸上
五、御笠鬼神
六、寶剣舞
七、八鉾舞
八、葉鬼神舞
九、面　舞
十、杵嫁舞
十一、剣
十二、手　力

神 社 名：益安神社
鎮 座 地：日南市大字益安3331・3332
宮 司 名：河野　博文
神 楽 名：作神楽（春まつり）
奉 納 日：２月第１日曜日
【岩﨑稲荷神社伶人により奉仕】
保存会名：無し
神楽面の保存：無

日南市

田ノ上八幡神社

御神楽祭（名称無し）

『日向地誌』によると田ノ上八幡神社の創建は、稲津弥五郎が一宮正八幡の神体を背負い、この地に祀ったことによるとしています。また社殿は天永元年（一一一〇）創建とされ、時代の変遷とともに、島津・伊東両氏の崇敬が篤かったと伝えられています。

神楽・神事に関する文書としては、『斎場所御神号帳』および『神楽、歌、句、舞式帳』があり、古い十面の神楽面が保存されています。

現在、神楽は御神楽祭として、田ノ上八幡神社神楽保存会により五月五日に霧島神社神楽所で、五月の第四日曜日、山宮神社で、十一月第二土曜日、田ノ上八幡神社で奉納されています。

神楽の番付は、祝福の舞とされる一番舞から始まり、手力舞まで十三番が舞われます。以前は農具を持ち豊作を祈願する八鉾舞も舞われていたといいます。神楽番付の中で阿知女舞と呼ばれている舞は、日南地方で作神楽として代表的ないわゆる箕取《みとり》舞（杵舞）と呼ばれている舞です。最後に天の岩戸開きの故事に由来する手力舞で舞い納めます。

［神楽番付］
一、一番舞
二、奉仕舞
三、鬼神舞
四、宝　剣
五、剣　舞
六、直　舞
七、御吸上
八、地　割
九、阿知女舞
十、星紫舞
十一、八鉾舞
十二、切　綱
十三、手力舞

神社名：田ノ上八幡神社
鎮座地：日南市飫肥10丁目3-12
宮司名：佐師　正起
神楽名：御神楽祭（名称無し）
奉納日：11月第2土曜日
保存会名：田ノ上八幡神社神楽保存会
神楽面の保存：有（10面）
（代表的な面　鬼神面、手力面、紫面、直面）

日南市

霧島神社（乱杭野）

作神楽

霧島神社は古くは霧島大権現と呼ばれ、子どものお守神として尊崇されています。日南市内を一望できる通称乱杭野の山上に鎮座し、その創建は社伝によると弘仁十年（八一九）とされています。

現在は作神楽として、田ノ上八幡神社神楽保存会により、五月五日（こどもの日）に豊作を祈願して霧島神社神楽殿で奉納されます。

神楽の内容は祝福の舞とされる一番舞から始まり、手《たぢ》力《から》舞まで十三番が舞われますが、以前は吾田系の神楽の特徴である農具を持ち豊作を祈願する八鉾舞も舞われていたといいます。特に阿知女舞と呼ばれている舞は、県南作神楽の代表的ないわゆる箕取《みとり》舞（杵舞）と呼ばれている舞で、天の岩戸開きの神話に由来する手力舞で締めくくられます。

なお、番付中にある星柴舞・切綱は、どのような舞であったのか不明ですが、田ノ上八幡神社の元社人頭・荒木末八氏の手控「舞割順番」の三十三番の番付に記されている舞です。

［神楽番付］
一、一番舞
二、奉仕舞
三、鬼神舞
四、宝　剣
五、剣　舞
六、直　舞
七、御吸上
八、地　割
九、阿知女舞
十、星柴舞
十一、八鉾舞
十二、切　綱
十三、手力舞

神社名：霧島神社（乱杭野）
鎮座地：日南市大字板敷5516-1
宮司名：佐師　正起
神楽名：作神楽
奉納日：5月5日（こどもの日）（田ノ上八幡神社神楽保存会の奉仕）
神楽面の保存：無

日南市

愛宕神社

愛宕神社神楽

愛宕神社の創建は『日向地誌』には天正十七年（一五八九）とされています。旧飫肥町の楠原の鎮守神として、藩政時代から子どもの初詣《まい》りや火祈念として、講でお参りする風習がありました。今日でも、講組織が近郊農村に残っており、火除けの神として篤く信仰されています。

神楽・神事に関する文書が見あたらないため、神楽の由緒・起源等は詳らかではありませんが、昭和三十年頃までは、春祭で神楽を奉納していました。現在、古い六面の神楽面が保存され、七月の二十三、二十四日に愛宕神社神楽保存会により奉納されています。

神楽の番付は商売繁盛・五穀豊穣・家内安全祈願の祝福舞である奉社舞から始まり、手力《たぢから》まで十二番が舞われます。

その中では、鬼神によるお祓いを意味する出波鬼神をはじめ、三種の鬼神舞、豊作を祈願する県南作神楽の代表的な杵嫁女の舞や滑稽な仕草で陰陽和合・子孫繁栄を説く面舞、また、吾田系の神楽の特徴である農具を持ち豊作を祈願する八鉾舞や、天の岩戸開きの神話に由来する手力舞が舞われます。

〔神楽番付〕
一、奉社舞
二、出波鬼神
三、幣　舞
四、御笠鬼神
五、寶剣舞
六、御吸上
七、葉鬼神舞
八、八鉾舞
九、面　舞
十、杵嫁女の舞
十一、剣　舞
十二、手力舞

愛宕神社の神楽は、地域、番付から吾田系の神楽に属します。

神 社 名：愛宕神社
鎮 座 地：日南市大字楠原3700
宮 司 名：河野　邦浩
神 楽 名：愛宕神社神楽
奉 納 日：７月23・24日
保存会名：愛宕神社神楽保存会
神楽面の保存：有（６面）
（代表的な面　葉鬼神、手力、天狗、面、鴉、鳶）

日南市

酒谷神社

作神楽

酒谷神社の創建は不詳ですが、かつて伊東・島津両氏の戦いに重要な役割を果たした酒谷城趾の東隅にあって、古くは諏訪大明神と呼ばれ、武の神として祀られたと伝えられています。

神楽・神事に関する文書は見あたらないため、由緒・起源は詳らかではありませんが、十四面の古い神楽面が保存され、現在は作神楽として、四月の吉日に「道の駅酒谷」で、酒谷神楽保存会によって奉納されています。

神楽の内容は一番舞に始まり、手力まで十九番が舞われます。鬼神による祓いを込めた鬼神舞。神下ろしの繰卸し。豊作を祈願する県南作神楽の代表的な三笠や美止礼。子孫繁栄を説く滑稽な直舞。吾田系の神楽の特徴である農具を持ち豊作を祈願する八鉾。細田系神楽にみられる八重笠。天の岩戸神話に由来する手力と多彩です。

〔神楽番付〕
一、一番舞
二、一番鬼神
三、繰卸し
四、宝　倹
五、三　笠
六、柴鬼神
七、素襖抜
八、八重笠
九、葉守鬼神
十、地　割
十一、七鬼神
十二、直　舞
十三、紫光神
十四、美止礼
十五、八　鉾
十六、星卸し
十七、剣
十八、神　割
十九、手　力

※この酒谷神社の鎮座する酒谷地区は、日南市の西部に位置し三股町と境を接しています。

酒谷神楽が奉納される「道の駅酒谷」は、坂元棚田を控えた酒谷地区の「村おこし」拠点となっています。

神 社 名：酒谷神社
鎮 座 地：日南市大字酒谷乙6463
宮 司 名：日髙　三友
神 楽 名：作神楽
奉 納 日：４月吉日
保存会名：酒谷神楽保存会
神楽面の保存：有（14面）
（代表的な面　柴鬼神、直面、天照皇大神、直面、鬼神、鬼神）

日南市

大窪神社

豊作神楽

大窪神社の由緒・沿革については記録がないため不詳ですが、明暦三年（一六五七）に勧請されたと伝えられています。また神社とは関係ないものの、この大窪地区には近くの大平地区から伝わったという剣棒踊りという民俗芸能も残っています。

大窪神社の神楽・神事に関する文献は見あたらないため、その由緒等は詳らかではありませんが、古い七面の神楽面が保存されています。

現在、豊作神楽として、収穫への感謝と五穀豊穣の祈願を込めて、三月の第一日曜日に大窪公民館で奉納されています。

神楽の番付は、祭場を清め特異の鬼神面を着けたお祓いの意味を持つデハキジンから始まり、神下ろしのクリオロシ。また吾田系の神楽の特徴である農具を持ち豊作を祈願する矢鉾《やほこ》とつづき、神楽番付中、第四番の演目としては、木製の牛を登場させ、問答を交えて五穀の豊穣を祈念する牛祭が入ります。そのあと、子孫繁栄を説く滑稽なチョコメン、天の岩戸開きの神話に由来するタチカラまで、七番の舞が舞われます。

［神楽番付］
一、デハキジン
二、クリオロシ
三、矢　鉾
四、牛　祭
五、チョコメン
六、シ　バ
七、タチカラ

五番　チョコメン

神社名：大窪神社
鎮座地：日南市大字大窪2781
宮司名：金丸　隆子
神楽名：豊作神楽
奉納日：3月第1日曜日
神楽面の保存：有（7面）
（代表的な面　鬼神面、鬼神面、霧島面、チョコ面、女人面、シバ面、タチカラ面）

日南市

塚田神社

作神楽

塚田神社の由緒沿革は不詳とされていますが、所蔵の棟札に「天正十一年（一五八三）藤原（島津）忠広」の文字が見えることから、島津・伊東両氏の戦いの頃、薩摩の武将が再興したとみられています。古くは相馬大明神と呼ばれ、時代の変遷とともに、島津・伊東両氏の信仰が厚かったといわれています。

神楽・神事については、文献が見あたらないため明らかではありませんが、古い十四面の神楽面が保存されています。現在、作神楽の名称で、五穀豊穣を祈願して、二月の第二日曜日に塚田神社境内で奉納されています。

神楽の番付としては、まず祭場を清め祝福の舞であるホシャマイから始まり、クリオロシまでの八番が舞われます。

特異の鬼神面を着け、祓いの舞とされるデハキジンとシバの二種の鬼神舞や、神酒奉献の御酒上。三叉の鉾を持ち、唱儀から霧島信仰を窺《うかが》わせるキリシマ。滑稽な仕草とともに陰陽和合、家庭円満、子孫繁栄を願うチョコメン。天の岩戸神話に由来するタチカラと続き、クリオロシで締めくくられます。

［神楽番付］
一、ホシャマイ
二、デハキジン
三、御酒上
四、キリシマ
五、チョコメン
六、シ　バ
七、タチカラ
八、クリオロシ

七番　タチカラ

神社名：塚田神社
鎮座地：日南市大字塚田2737
宮司名：金丸　隆子
神楽名：作神楽
奉納日：2月第2日曜日
神楽面の保存：有（14面）
（代表的な面　キジン面、キリシマ面、ヤエガサ面、カラスグチ天狗面、シバ面、チョコメン）

日南市

九社神社

作神楽（下方神楽）

九社神社は古くは蛇王権現と称され、慶安五年（一六五二）飫肥藩主の勧請と伝えられています。旧称に由来してマムシ除けの砂も授与され、今日でも近郷農林業関係者の信仰を集めています。

神楽・神事に関して、その起源等は詳らかではありませんが、安永年間（一七七二〜八一）銘の神楽面をはじめ六面の神楽面が保存され、現在作神楽（下方神楽）として、九社神社保存会により、年三回（四月二十九日・旧九月八日・旧九月九日）九社神社境内にて奉納されます。

神楽の番付は、四方舞に始まり、手力男《たぢからお》まで十九番が舞われます。神武・鵜戸・霧島と連続して、一の山、二の山、宇治、幣抜、矢抜と一連の地割関連の舞が続き、さらには子孫繁栄を説く滑稽な猿田彦や、天の岩戸開きに由来するうずめ・戸隠・手力男が舞われます。終盤では、龍蔵も舞われます。

［神楽番付］
一、四方舞
二、神　武
三、鵜　戸
四、霧　島
五、地　割
六、うす舞
七、一の山
八、二の山
九、宇　治
十、幣　抜
十一、矢　抜
十二、九　尾
十三、猿田彦
十四、うずめ
十五、住　吉
十六、児屋根
十七、龍　蔵
十八、戸　隠
十九、手力男

十五番　住吉

神社名：九社神社
鎮座地：日南市大字下方1630
宮司名：岩切　広典
神楽名：作神楽（下方神楽）
奉納日：①4月29日
②旧9月8日
③旧9月9日
保存会名：九社神社保存会
神楽面の保存：有（6面）
（代表的な面　ちょく面、おんじょ面）

日南市

吾平津神社

漁神楽

吾平津神社の創建は、社伝によれば和銅元年（七〇八）とされています。飫肥十一社の一つとして歴代藩主の崇敬も篤く、古くは乙姫大明神、通称乙姫神社と呼ばれていました。

吾平津神社の神楽の由緒・起源については、詳らかではありませんが、古い七面の神楽面が保存されています。現在は漁神楽として、豊漁を祈願して旧三月二十一日に日南市漁業協同組合で奉納されています。

神楽の番付は祝福舞である奉仕者舞から始まり、魚つり舞や、四種の鬼神舞。また子孫繁栄の直面、天の岩戸開きに由来する手力の舞まで十一番が舞われます。

かつて、この日は申し合わせにより出漁が禁止され、出漁しても獲物没収の掟《おきて》があったといいます。神楽終了後は、御幣を得ようとして神楽山は引き倒され、御幣獲得合戦は熾烈《しれつ》を極めます。

［神楽番付］
一、奉仕者舞
二、出羽鬼神
三、御紙幣舞
四、矢抜鬼神
五、御酒あげ
六、繰り降し鬼神
七、魚つり舞
八、直　面
九、柴鬼神
十、宝　剣
十一、手力の舞

※今日でも、神楽山注連竹の五色幣を得ると、豊漁になるという信仰が色濃く残っています。

漁神楽

神社名：吾平津神社
鎮座地：日南市材木町9番10号-1
宮司名：日髙　啓貴
神楽名：漁神楽
奉納日：旧3月21日前後
神楽面の保存：有（7面）
（代表的な面　天照皇大御神、手力男命、出羽鬼神、矢抜鬼神、繰り降し鬼神、柴鬼神、直面）

日南市

中村神社

作神楽

中村神社は和銅元年（七〇八）の創建と伝えられ、今も近世初頭石積みの遺構が残る伊東・島津両氏の古戦場南郷城址の西麓に鎮座し、古くは八社大明神と呼ばれ、南郷八宮の総社として広く崇敬されていたといわれています。

中村神社の神楽・神事に関する文書は見あたらないため、その由緒・起源等は詳らかではありませんが、古くからの五面の神楽面が保存されています。

現在、作神楽として、三月の第一日曜日に、上中村研修所にて奉納されています。

神楽の番付は、神武天皇の来歴を物語りながら鬼神棒二本で舞う神武から始まり、釣り竿を採り物として鵜戸神宮の御祭神である鸕葺草葺不合命《うがやふきあえずのみこと》の来歴を説く鵜戸、三叉《みつまた》の鉾《ほこ》を持ち霧島信仰を窺《うかが》わせる霧島と連続して舞われ、また特異の鬼神の面を着け御幣を抜いて地鎮めをする舞といわれる幣抜、さらには滑稽な仕草で子孫繁栄を説く猿田毘古が舞われます。また天の岩戸開きの神話に由来する一連の、鈿女《うずめ》・戸隠・手力男《たぢからお》が連続して舞われます。

［神楽番付］
一、神　武
二、鵜　戸
三、霧　島
四、幣　抜
五、猿田毘古
六、鈿　女
七、戸　隠
八、手力男

二番　鵜　戸

神 社 名：中村神社
鎮 座 地：日南市南郷町中村甲4811
宮 司 名：池田　義秀
神 楽 名：作神楽
奉 納 日：３月第１日曜日
神楽面の保存：有（５面）

日南市

伍社神社

中央町春神楽

社伝によると、潮屋権現を改称して伍社神社になったとされています。伍社神社の神楽に関する文献は見あたらないため、由緒・起源等は詳らかではありませんが、近年の伶人作による神楽面を含めて十面の神楽面が保存されています。

現在、中央町春神楽として、中央町神楽保存会により三月最後の日曜日、栄の森公園で奉納されます。

神楽の番付は、式始めに四方を祓い清める四方舞に始まり、手力男《たぢからお》までの十二番が舞われます。その中では短い鬼神棒二本で舞う神武・釣り竿を持つ鵜戸・三叉鉾の霧島が連続して舞われ、その後に神々の降臨を仰ぎ山を称《たた》える一の山・二の山、社の御幣を抜いて祝う幣抜や矢を抜いて祓う矢抜と続きます。作神楽の代表的な杵、特異の直面を着け子孫繁栄を願う猿田彦、天の岩戸開きに由来する一連の戸隠・手力男が舞われます。

［神楽番付］
一、四方舞
二、神　武
三、鵜　戸
四、霧　島
五、一の山
六、二の山
七、幣　抜
八、矢　抜
九、杵
十、猿田彦
十一、戸　隠
十二、手力男

※伍社神社の神楽は地域的にも番付からも南郷系神楽に属します。

十一番　戸 隠

神 社 名：伍社神社
鎮 座 地：日南市南郷町中村乙887-乙
宮 司 名：岩切　尚臣
神 楽 名：中央町春神楽
奉 納 日：３月最後の日曜日
保存会名：中央町神楽保存会
神楽面の保存：有（10面）
（代表的な面　神武面、鵜戸面、霧島面、一の山面、幣抜き面、矢抜き面）（他４面）

日南市

行縢神社

十日えびす神楽

行縢神社の創建については、社伝によれば天徳三年（九五九）とあり、古くは行縢大権現といい、栄松に勧請されて外浦の日之御崎神社と共に栄松水門柱の守護神として祀られてきました。

行縢神社の神楽・神事に関する文書は見あたらないため、その由緒・起源等は詳らかではありません。

現在、行縢神社の神楽は保存会がないため、他の神社の伶人により一月十日に、大漁、海上安全、家内安全を祈願して栄松漁港で奉納されます。ことに一月十日は十日恵比須であることから十日えびす神楽、豊漁を願う漁神楽として、神楽の番付は神武天皇御東征の由来を説く神武から始まり、手力男まで八番が舞われます。

中でも、釣り竿を持って、天地開闢《かいびゃく》から鵜戸神宮の御祭神である鵜葺草葺不合《うがやふきあえずの》命《みこと》の来歴を説く鵜戸は、漁神楽にとって欠かせない番付とされており、神武・鵜戸・霧島と連続して舞われます。地鎮めの舞とされる幣抜、滑稽なしぐさとともに子孫繁栄を願う猿田毘古、天の岩戸開きの神話に由来する鈿女《うずめ》・戸隠・手力男《たぢからお》の一連の舞が続きます。

［神楽番付］
一、神　武
二、鵜　戸
三、霧　島
四、幣　抜
五、猿田毘古
六、鈿　女
七、戸　隠
八、手力男

六番　鈿女

神社名：行縢神社
鎮座地：日南市南郷町中村乙4117
宮司名：池田　義秀
神楽名：十日えびす神楽
奉納日：1月10日
神楽面の保存：無

日南市

霧島神社

恵比須神楽、稲荷神楽、節句神楽

霧島神社の創建は、社伝によると元和元年（一六一五）とされ、現在も篤く信仰されています。

一月十日の恵比須神楽は南郷漁協主催の漁祈念神楽です。また、稲荷神楽はかつては夏神楽として、七月二十五日に奉納していましたが、現在は恵比須神楽に合わせて奉納されます。節句神楽は旧五月五日の神楽で子どもの成長を祈る神楽です。目井津港をひかえ漁業従事者が多いため、その後継者の育成を祈って奉納されます。

神楽の番付は、四方を祓い清める四方舞に始まり、手力男まで十二番が奉納されます。特に神武天皇の来歴を物語る神武、鵜戸神宮の御祭神鵜葺草葺不合命《うがやふきあえずのみこと》の来歴を説く鵜戸、霧島信仰を窺《うかが》わせる霧島と連続して舞われ、一の山、二の山、幣抜、矢抜と続きます。

［神楽番付］
一、四方舞
二、神　武
三、鵜　戸
四、霧　島
五、一の山
六、二の山
七、幣　抜
八、矢　抜
九、杵
十、猿田彦
十一、戸　隠
十二、手力男

※霧島神社の神楽は地域的にも番付からも南郷系神楽に属します。

十一番　戸隠

神社名：霧島神社
鎮座地：日南市南郷町中村乙4612-2
宮司名：岩切　宗治
神楽名：恵比須神楽、稲荷神楽、節句神楽
奉納日：①1月10日（恵比須神楽・稲荷神楽）、②旧5月5日（節句神楽）

日南市

日之御崎神社

作神楽（春祭り）・神　楽（秋祭り）

日之御崎神社の創建は、社伝によれば天徳三年（九五九）とあります。栄松の行縢大権現と同様に外浦水門柱の守護神として祀られ、日之御崎三宝荒神として海上安全、日和、安産の神として崇敬されてきました。

日之御崎神社の神楽・神事については、文献が見あたらないためその由緒・起源等について詳らかではありませんが、古くからの六面の神楽面が保存されています。

現在、日之御崎神社の神楽は脇本神社神楽保存会により、一月十日と三月十八日、航海安全、大漁を祈願して日之御崎神社で奉納されています。殊に一月十日は十日恵比須であることから恵比須神楽、豊漁を願う漁神楽と称され、鵜戸ノ舞が欠かせない番付とされています。

神楽の番付としては、まず喜び感謝の奉賛舞に始まります。次に、神武天皇の来歴を物語り短い鬼神棒二本で舞う神武ノ舞。釣り竿を採り物として天地開闢《かいびゃく》から鵜戸神宮の御祭神である鵜葺草葺不合命《うがやふきあえずのみこと》の来歴を説く鵜戸ノ舞と続くのは南郷系神楽の特色です。最後に天の岩戸開きに由来する戸隠ノ舞や手力ノ舞の一連の舞があります。

霧島ノ舞

神社名：日之御崎神社
鎮座地：日南市南郷町潟上63
宮司名：鈴木　正
神楽名：漁神楽
奉納日：①1月10日
②3月18日
保存会名：（脇本神社神楽保存会の奉仕）
神楽面の保存：有（6面）
（代表的な面　手力男、鈿女、天照大御神）

日南市

潟上神社

作神楽

潟上神社の創建は、社伝によると和銅三年（七一〇）とされています。古くは川上大明神と呼ばれ、南郷八宮の一つとして、藩主並びに地元民の崇敬が篤かったといわれています。

昭和四十六年（一九七一）に、当時潟上神社宮司であった鈴木重家氏がまとめた『潟上神社かぐら全集』という労作があります。

現在、七面の古い神楽面が保存され、二月の第二日曜日には潟上神社境内で、旧暦三月十日には三本松古墳広場で、それぞれ作神楽として奉納されています。

また舞の中では、南郷系の神楽の特徴とされる神武・鵜戸・霧島が続き、地割から一の山、二の山と続く舞が地割に関する舞のようです。天の岩戸開きの神話に由来する思兼《おもいかね》・鈿女《うずめ》・戸隠・手力男が舞われるのも南郷系神楽の典型です。

［神楽番付］
一、四方舞
二、神　武
三、鵜　戸
四、霧　島
五、地　割
六、一の山
七、二の山
八、幣　抜
九、鈿　女
十、思　兼
十一、戸　隠
十二、手力男

※潟上神社の作神楽は、日南地方の神楽の中でも南郷系に属する神楽です。

十一番　戸隠

神社名：潟上神社
鎮座地：日南市南郷町潟上2426
宮司名：池田　義秀
神楽名：作神楽
奉納日：①2月第2日曜日（潟上神社境内
②旧暦3月10日（三本松山古墳広場
神楽面の保存：有（7面）
（代表的な面　神武面、鵜戸面、霧島面、猿田毘古面、鈿女面、手力面、大神面）

日南市

松尾神社

作祈祷神楽

松尾神社の創建は不明ですが、開拓の祖神として崇敬され、また酒作りの神としても祀られています。

神楽の由緒・起源は詳らかではありませんが、古い十八面の神楽面が保存されています。

昭和五十年代までは作祈祷神楽として、毎年盛大に行われていましたが、後継者不足により、番付も二十四番から十四番に減少しています。現在、谷之口神楽保存会により、神社境内と谷之口公民館で不定期に奉納されています。

神楽の番付は、祭場を清めて神々の来臨を願う祝福の奉社舞より始まり、手力男《たぢからお》まで十四番が舞われます。

神武天皇の由来を物語る神武から始まり、釣り竿を採り物として鵜戸神宮の御祭神である鵜葺草葺不合命《うがやふきあえずのみこと》の来歴を説く鵜戸、三叉の鉾を持ち霧島信仰を窺《うかが》わせる霧島と連続して舞われ、また御幣を抜いて地鎮めを行う舞といわれる幣抜や矢を抜いて祓う矢抜。さらには滑稽な仕草で子孫繁栄を説く猿田彦と続きます。剣の後、天の岩戸開きに由来する一連の鈿女《うずめ》・戸隠・手力男まで連続して舞われます。

［神楽番付］
一、奉社舞
二、神　武
三、鵜　戸
四、一の山
五、二の山
六、宇治舞
七、幣　抜
八、矢　抜
九、猿田彦
十、剣
十一、鈿　女
十二、霧　島
十三、戸　隠
十四、手力男

神社名：松尾神社
鎮座地：日南市南郷町谷ノ口1119
宮司名：上村　広樹
神楽名：作祈祷神楽
奉納日：不定期（谷之口公民館・神社境内）
保存会名：谷之口神楽保存会
神楽面の保存：有（18面）
（代表的な面　神武、鵜戸、霧島、一の山、二の山、宇治舞）（他12面）

日南市

脇本神社

春祈念（作神楽）

脇本神社の創建は社伝によれば和銅四年（七一一）とされています。

神楽の起源等は詳らかではありませんが、古くからの六面の神楽面が保存されています。現在、春祈念（作神楽）として、脇本地区神楽保存会により、二月十一日脇本神社、脇本集落センターで奉納されています。

神楽の番付は、四方を祓い清める四方舞に始まり、神楽終了の注連切《しめきり》まで二十番が舞われます。入鬼神の後、神武・鵜戸・霧島と連続して舞われ、一の山、二の山、矢抜、幣抜、龍蔵と続き地割関連の舞が続きます。また滑稽な仕草で子孫繁栄を願う猿田彦や、天の岩戸開きの神話に由来する一連の鈿女《うずめ》・戸隠・手力男《たぢからお》の舞も舞われます。

［神楽番付］
一、四方舞
二、入鬼神
三、神　武
四、鵜　戸
五、霧　島
六、一の山
七、二の山
八、矢　抜
九、注　連
十、杵
十一、猿田彦
十二、幣　抜
十三、素襖脱
十四、鈿　女
十五、住　吉
十六、児屋根
十七、龍　蔵
十八、戸　隠
十九、手力男
二十、注連切

※脇本神社の春祈念（作神楽）は番付より南郷系の神楽に属します。

四番　鵜戸

神社名：脇本神社
鎮座地：日南市南郷町脇本1914
宮司名：岩切　尚臣
神楽名：春祈念（作神楽）
奉納日：①2月11日（建国記念の日）
保存会名：脇本神楽保存会
神楽面の保存：有（12面）
（代表的な面　鬼神面〈白〉、鬼神面〈赤〉、鬼神面〈赤〉、猿田彦、女面、男面〈住吉面〉）（他平成24年新調6面あり）

日南市

贄波《にえなみ》神社

作神楽

贄波神社の創建は社伝によると、和銅元年から四年（七〇八～七一一）の間とされています。古くは鎮大明神と呼ばれ、南郷八宮の一つとして氏子の崇敬が篤かったといいます。明治五年（一八七二）に現在の社名である贄波神社に改称されました。

贄波神社の神楽・神事については文献が見あたらないため、その由緒・起源等は詳らかでありません。

現在、贄波神社の作神楽は日之御崎神社の神楽と同様に、脇本神社神楽保存会の奉仕により、三月の第一土曜日に贄波公民館にて、豊作・豊漁を祈り奉納されますが、日之御崎神社が漁神楽であるのに対して、贄波神社の作神楽は豊作祈願が主となります。

神楽の番付としては、まず祭場を清め喜びと感謝の奉賛舞に始まります。次に、神武天皇御東征の来歴を物語り短い鬼神棒二本で舞う神武ノ舞、釣り竿を採り物として天地開闢《かいびゃく》から鵜戸神宮の御祭神である鵜葺草葺不合命《うがやふきかえずのみこと》の来歴を説く鵜戸ノ舞と続くのは南郷系神楽の特色です。最後に、天の岩戸開きの神話に由来して、左手に御幣を二本、右手に鉾《ほこ》を持つ戸隠ノ舞と天の岩戸を開く第五番の手力ノ舞で締めくくられます。

鵜戸ノ舞

神社名：贄波神社
鎮座地：日南市南郷町贄波2895
宮司名：鈴木　正
神楽名：作神楽
奉納日：３月第１土曜日
保存会名：（脇本神社神楽保存会の奉仕）
神楽面の保存：無

日南市

榎原《よわら》神社

作祈祷神楽

榎原神社の創建は、万治元年（一六五八）飫肥三代藩主伊東祐久公が、鵜戸神宮のご分霊を勧請、地福寺の境内を社地として創建したと伝えられています。『榎原山大権現鎮座縁起』の中に神楽に関する記事として、「寛永十八年（一六四一）十二月八日山王正祝子森山伊豆の花屋に於て神楽を極める」とあり、創建当時から神楽が奉納されていたことが窺《うかが》えます。

昭和四十年代以降、後継者等の関係で途絶えました。しかし、昭和五十七年に、地元の若者が神楽継承に立ち上がり、以後毎年、作神楽として五穀豊穣をはじめ諸祈願のために奉納されています。

県南作神楽の代表的な田植舞や杵（嫁女）、滑稽なしぐさで子孫繁栄を説くチョク、また南郷系の神楽の特徴である岩戸開きを表す龍蔵や鵜戸、霧島、神武があります。

［神楽番付］

一、式三番
二、幣抜
三、田植舞
四、矢抜
五、思兼
六、龍蔵
七、鈿女
八、鵜戸
九、霧島
十、チョク
十一、杵（嫁女）
十二、神武
十三、剣
十四、注連
十五、手力（戸閉）
十六、手力（戸開）

二番　幣抜

神社名：榎原神社
鎮座地：日南市南郷町榎原甲1134-4
宮司名：上村　広樹
神楽名：作祈祷神楽
奉納日：４月中旬の日曜日
保存会名：榎原神社神楽保存会
神楽面の保存：有（14面）
代表的な面　幣抜面、矢抜面、思兼面、龍蔵面、鈿女面、鵜戸面）

第二部　特殊神事の部

県北地区
［西臼杵・延岡市・東臼杵］

高千穂神社（高千穂町）

猪《しし》掛《かけ》祭《まつり》

奉納日　旧暦十二月三日
保存会名　高千穂神社

高千穂神社の猪掛祭　奉納の笹振り神楽

内容等　十社大明神が神武東征の途中、この地に帰ってこられ、荒振る神鬼八を退治されました。しかし、鬼八の霊魂は何度も生き返り霜の害などで作物を害したことから、荒振る神の霊障を祓い鎮める霜除神事として、毎年旧暦の十二月三日に行われます。

町内三カ所にある鬼八塚に猪肉を供え塚祭を行った後、高千穂神社の拝殿に猪一頭を供え、悠基釜と主基釜という二つの釜で新穀を炊き、大小の膳に盛りお供えします。この時に用いる木鉢と膳は天正六年（一五七八）に時の領主三田井親貞が奉納したものです。この祭礼で奉納されるのが笹振り神楽で、冬の鎮魂儀礼として高千穂夜神楽の最古型のものといわれます。

所在地　西臼杵郡高千穂町大字三田井一〇三七
宮司　後藤　俊彦

柚木野神社（高千穂町）

柚木野《ゆのきの》人形《にんぎょう》浄瑠璃《じょうるり》

奉納日　四月二十九日
保存会名　なし
内容等　明治四年（一八七一）十二月、年神・山ノ神相殿の大明神を井川の本から現在地に遷し、集落内の菅原道真公を祀る小社を合祀し、柚木野神社と改称したと伝えられます。

明治以前、地方の浄瑠璃が流行りはじめた頃、興味のあるものが寄り集い、松の木の瘤を利用して素朴な人形を作り、芝居を始めました。これが、柚木野人形浄瑠璃の始まりです。

その後、四国の阿波より、人形・衣装を購入し、柚木野の地区の人々により保存継承され、宮崎県の無形民俗文化財に指定されました。

代表的な出し物として、「阿波の鳴門」「源平屋島の合戦」等があり、春秋の氏神の祭礼に上演されましたが、現在は不定期になっています。

所在地　西臼杵郡高千穂町大字上野九三二
宮司　内倉　一生

絵本太閤記・十段目

三ヶ所神社（五ヶ瀬町）

荒《あら》踊《おどり》

奉納日　三ヶ所神社の例祭日
保存会名　荒踊保存会
内容等　三ヶ所神社に伝わるこの荒踊（別称坂本踊）は、天正年間（一五七三～九二）に始まったといわれ、毎年九月二十九日の秋祭りに古式にならって奉納されています。

　踊りは戦国時代の武者装束をつけた勇壮なもので、六十人ほどの人数を要し、寺の新発意《しんぼち（しぼち）》が踊りの指揮をとり、二列縦隊の出陣踊りからはじまり十二種の演目で踊られます。

太鼓、鉦、笛、法螺貝などの伴奏に合わせて十余曲を踊る

　また、昭和六十二年には国の重要無形民俗文化財に指定されています。
　奉納の慣例が四百年の年月を支えて今日に及んでいることもまた見逃すことのできない功績であります。

所在地　西臼杵郡五ヶ瀬町大字三ヶ所八七三六
宮　司　原　賢一郎

熊野神社（延岡市）

歳《せ》頂《と》火《き》

奉納日　旧暦一月十四日夜
保存会名　熊野神社総代会保存会
内容等　**（火祭りの由緒）**

　千二百八十年の伝統を持つといわれる、延岡市須佐町熊野神社の歳頂火が、旧正月の十四日歳の夜、神社境内の広場で行われます。

　熊野神社は元正天皇の霊亀二年（七一六）、和歌山県の玉置山から僧正覚が熊野権現の分霊を捧持して諸国を巡り、養老二年（七一八）に須佐の山峰に野宿し、朝、旅に立とうとしたが御神体が重く腰が立たず、お宮を建立したのが始まりと伝えます。

　歳頂火は旧暦の一年の最後の日（一月十四日）の夜、一年間の一切の罪や穢れを焼き払い、新しい年、小正月（一月十五日）を迎える火祭りです。

（当日の様子）

　一週間前に大きな生木を切り出し長さ三メートル、高さ四メートルほどに井型に積み上げます。当日午後七時に宮司が御神火を奉じて点火します。夜空を焦がす真っ赤な炎が高さ十数メートルに一気に吹き上げます。火炎と周囲に降り注ぐ火の粉は壮観です。

　この火祭りは一年も欠かしたことがありません。戦時中の夜、明かりを出せなかった時は昼に行われました。雨が降っていてもその時刻が来ると雨が上がり、周囲は山や人家があるのに一度も燃え移ったことがありません。やはり神火だと氏子民は信じています。

　近郷近在の人たちが正月のしめ飾りや古神札、お守りなどを焼納します。須佐町の家では歳の日の餅を長い竹竿の先につけ焼いて食べます。この火にあたると病気をしないといわれています。また、他地区に嫁いでいる女性はこの夜だけは夫や姑の公認で里帰りができます。帰る実家がない人はトンビ（藁束《わらたば》を積んだもの）の陰でも泊まれと昔は言われていたそうです。

（地域あげての協力）

　熊野神社の主祭神は伊弉冉命《いざなみのみこと》です。夫婦最初の神様のうちの女神として、

井桁に組まれた大きな生木

高さ十数メートルまで噴き上げる炎

多くの神様をお産みになりました。最後に火の神様をお産みになり亡くなられたので火祭りをするともいわれています。そこで、この火にあたり夫婦の契りを結ぶと子どもが授かるとか、安産ともいわれています。

この時の木が燃え残ると作物は不作で、燃え尽くすと豊作と占われます。それで消防団員は夜を徹して残らないよう燃やします。

現在は、旧暦の一月十四日に近い土曜日の夜に執り行われ、翌日は老人や子どもたちが朝から来て残り火で餅を焼いて食べ、健康と豊作を祈って「セトキ」は終わります。

所在地　延岡市須佐町五三五七

宮　司　玉置　重徳

家代神社（諸塚村）

臼太鼓踊《うすだいこおど》り

奉納日　十一月二日

保存会名　家代臼太鼓踊り保存会

内容等　島津の九州統一の戦での大友侵攻と結びつけ、天正十二～十四年（一五八四～八六）の高森城攻めの様子を舞踊化したものといわれています。五ヶ瀬町三ヶ所神社の荒踊りにも共通したものがあるといわれます。毎年十一月二日に神社境内で奉納されます。

装束は白衣、袴を着用。胸に太鼓を抱く形で首からつり、幣を差した歌上げと鉦《かね》を中心に、太鼓の拍子に合わせて歌い踊られます。隊形は縦列・円陣・渦巻き形を基本とし、変化を見せる出陣と退陣の二様の踊りがあります。

所在地　東臼杵郡諸塚村大字家代四一〇九、四一一〇－二

宮　司　火宮　均

家代神社の臼太鼓踊り　毎年11月２日に奉納される

家代神社（諸塚村）

ねりふみ

奉納日　旧暦六月十五日

保存会名　家代ねりふみ保存会

内容等　家代神社はもと熊野大権現と呼ばれ、紀州熊野より神霊を勧請したと伝えられます。

秋の例祭時には、古来から伝わる臼太鼓踊りが奉納され、村の内外から多くの参拝者が訪れます。

また、夏は御神幸が行われ、氏子が神輿をかついで地区内を渡御し、つづいて、昔疫病を退散させる祈願から始まったといわれている棒とナギナタ踊りを組み合わせた「ねりふみ」が奉納されます。

棒とナギナタが各々対になって円陣を組み、斬り合いを演じますが、円の中で面と獅子の絡み合いが面白く、多くの参拝者で賑わいます。

所在地　東臼杵郡諸塚村大字家代四一〇九、四一一〇－二

宮　司　火宮　均

家代神社のねりふみ　面と獅子のからみあいが独特

黒葛原神社（諸塚村）

黒葛原《つづらのはる》団七《だんしち》踊《おど》り

奉納日　四月第一土曜日

保存会名　黒葛原団七踊り保存会

内容等　大正から昭和の初め頃、西臼杵地方から伝えられたものです。滋賀団七という侍により父（与太郎）を無礼討ちされた百姓の娘姉妹が、仇討ちを決意し、江戸の由井正雪の門弟となって、武芸を修め、藩主（奥州仙台）の計らいにより仇討ちの本懐を遂げる物語です。

踊りは男、女それぞれ三人の組踊りです。男は侍姿で鎌や太刀を使い一人二役（与太郎と団七）を演じ、女の一人（姉役）は薙刀、もう一人（妹役）は鎖鎌を持ち、互いに取物を打ち合わせながら七・七調の口説に乗せ、太鼓に合わせて勇壮に踊ります。踊りが変わる

黒葛原団七踊り

田代神社の御田祭

ごとに太鼓の調子が変わり、太鼓の音で手振り足運びの変化が多い真価の現れた踊りです。

所在地　東臼杵郡諸塚村大字家代一一四六ｰ乙

宮　司　火宮　均

田代神社（美郷町西郷田代）

御田祭《おんださい》

毎年七月に斎行される御田祭は、田代神社の大祭と同様、上円野神社まで神霊の御降りを願って、安置された神輿に乗り遷られ、途中上の宮田に神幸、田植え終了後、中の宮田に祀ってある年の神に神幸されます。

迫力のある裸馬

祭りは古来から、世襲制の家柄が中心に祭事役（ミョド・ウナリ・ノボリモチ）を務め、これに一般の参詣者も加わり、神人、馬一体となって神田の聖地から田植えを行い、参詣者の無病息災と豊作を祈願します。

祭りの当日まで各家々の田植え作業は、「神様の田植えと一緒になってしまうから良くない」と言い伝え、仕事の遅れた家には村人が加勢して、必ず祭りの日までには終わらせていました。この祭りには、催馬楽の歌詞も伝えられ、古来の田楽神事がしのばれる近郊では珍しい民俗行事であります。

また、昭和六十三年三月八日には県の無形民俗文化財に指定されています。

所在地　東臼杵郡美郷町西郷田代一六一ｰイ

宮　司　橋本　勝佐

渡川神社（美郷町南郷）

渡川臼太鼓《どがわうすだいこ》

奉納日　十一月第二土・日、秋季例大祭

保存会名　渡川臼太鼓保存会

内容等　天正年間（一五七三～九二）に、豊後（大分）の大友宗麟が島津との戦いに勝った喜びを踊りにしたのが始まりとされます。

一、杉のぼり　二、仁王　三、淀川　四、千代女　五、ひざつき　六、四節　七、蛇まきの演目があります。

秋祭り当日は、神社の境内では臼太鼓踊り、神楽殿では神楽三十三番が奉納されます。かつては別々だった秋まつりと師走まつりが一緒になって、それぞれに奉納されていた臼太鼓と神楽が同時期に奉納されるようになったのですが、二つは交互に行われ、一緒に演じられることはありません。

所在地　東臼杵郡美郷町南郷上渡川一四〇九ｰイ

宮　司　猪股　晃

渡川臼太鼓

立磐神社（日向市美々津町）

おきよ祭り

奉納日　旧暦八月一日

内容等　日向市美々津の伝統行事「おきよ祭り」は、神話にかかわるものです。神武天皇が美々津から東をめざして船出する際、天候の変化で急拠、出発することになり、地元の人たちが見送りのため「起きよ、起きよ」と住民を起こして回ったという故事に由来します。

　祭りは、毎年旧暦の八月一日に行われ、夜明け前の午前五時から、美々津小学校の子どもたち三十人が家々を回り短冊の飾りのついた笹竹で戸をたたいて、「起きよ、起きよ」と住民たちを起こしていきます。このあと子どもたちは笹竹を海に流して、お船出の神話を再現します。子どもたちの元気な声が、これからも美々津の伝統行事を継承していきます。

所在地　日向市美々津町三四一九

宮　司　戸髙　英史

起きよ起きよと回る子どもたち

旗や五色の吹き流しで飾った舟

立磐神社（日向市美々津町）

櫂《かい》伝《でん》馬《ま》踊《おど》り

奉納日　十一月十五日

保存会名　美々津櫂伝馬踊保存会

内容等　かつて、他国から交易に来て港に碇泊している船に、正月の挨拶に伝馬船を出して回ったのが起こりとされています。漁村の若者たち十人内外が、旗や五色の吹き流しで飾った舟を漕いで、船尾に酒樽を置き、この上に一人が立ち、太鼓や唄に合わせて櫓を持ち、身を乗り出して踊る勇壮なものです。「宝来　宝来　ホーン　ヨイヤー　栄えよ　栄えよ　エイガヤ　エイエイエイ　ヤノサッサ」という威勢のよい唄が延岡市に残っています。

所在地　日向市美々津町三四一九

宮　司　戸髙　英史

八重原神社（日向市東郷町）

御《お》日《ひ》待《まち》

奉納日　旧暦十月十五日

内容等　お日待神事は平成十七年まで、例祭神事の中で、神楽を舞い宮司が東の方向を塩湯で清め八足案上に灯明二本を両側に置き、中央に塩、米、水、神酒を並べてお日待ち祝詞を奏上していました。

　例祭の前日、役員の合図で厄男衆が小さな手桶を持ち、フンドシに白いサラシを巻いて、一五〇メートル下の耳川より水を汲んで、神社境内に置かれた直径五メートルぐらいの丸桶に例祭で使う水を溢れるまで運んでいたようです。現在は途絶えていますが、昭和四十五年頃まで行われていたそうです。

所在地　日向市東郷町八重原迫野内六二二、六二三

宮　司　都甲　幸之

県央地区［児湯郡・西都市］

比木神社（木城町）・平田神社（川南町）
白鬚神社（川南町）・八坂神社（高鍋町）
愛宕神社（高鍋町）・八幡神社（新富町）

六《ろく》社《しゃ》連《れん》合《ごう》大《だい》神《しん》事《じ》

奉納日　旧暦十二月二日に近い土日
保存会名　六社連合大神事　宮司会
内容等

○旧郷社連合の大神事

元来、「神楽」は日々を平穏無事に暮らせることへの感謝や祈りの意味をこめて、長い年月をかけ、それぞれの地域に受け継がれてきました。このうち旧高鍋藩領では、集落の行事として伝承されてきた夜神楽を総称した高鍋神楽が今に伝えられています。

六社連合大神事とは、毎年旧高鍋藩内の六つの神社が結集して高鍋神楽の奉納を執り行う歴史ある行事のことで、旧郷社と呼ばれる比木神社（木城町）、八坂神社（高鍋町）、愛宕神社（高鍋町）、白鬚神社（川南町）、平田神社（川南町）、八幡神社（新富町）が年ごとに輪番となり務めています。

鬼神

○神事の起源

その歴史は江戸時代に遡ります。高鍋藩初代藩主・秋月種長公の姫君が大病を患い、回復の兆しも手立ても見つからぬまま、人々は嘆き悲しんでいました。そんなときに、藩に仕えていた大寺余物衛門という人物が姫君の病気平癒のため、比木神社へ千日間参拝し祈願し続けました。その後、姫君は奇跡的に病が治り、藩に平穏な暮らしが戻りました。

一番御神楽

その際のお礼に神楽を舞ったことが、「神事《かみごと》」の始まりだといわれています。以来、毎年旧暦十二月五日に行われるようになったのです。

○時代の流れ

明治となり新しい世が始まると、廃藩置県により藩からの恩恵を受けることができなくなり存続の危機が訪れました。その後、歴史ある神楽を後世へ残していくために、六社が年に一度集結して神楽を統合して奉納する、現在の「大神事」が始まったのです。

○一年に一度の大仕事

現在の大神事は、旧暦十二月二日に

近い土日に開催しています。その年の役目を担う神社は、境内に神籬《ひもろぎ》と呼ばれる大きな山を仕立て、しめ縄をはり、御幣装飾物を飾り、神楽庭を作っていきます。これを山づくり、または氏人の行事ともいい、作業に二カ月を要する神社もあるなど、各社にとっては六年に一度の大行事となるのです。

○神楽の構成

当日は、神事を執り行ったのちに夜を徹して神楽三十三番を奉納します。序破急の三段編成から成り、場を清め、神々を招き加護を願う「序の段」、庶民の祈りを表現し変化に富んだ番付が続く「破の段」、有名な岩戸開きの「急の段」に分かれています。最後は、神歌「玉千穂神の御膳にかくしこそ仕えまつらね万代までに」が夜明けとともに唱和されます。

○最近の活動

平成二十七年十月には、日韓国交正常化五十年の記念に韓国でも公演。最近では子ども神楽の育成にも力を注ぐなど、後世に伝えていく活動も幅広く行っています。

所在地／宮司

比木神社　木城町大字椎木一三〇六―イ
宮司　橋口　清文
平田神社　川南町大字平田一九二四
宮司　永友　敬人
白鬚神社　川南町大字川南一九八七
宮司　長川　啓藏
八坂神社　高鍋町大字南高鍋八二四
宮司　永友　清隆
愛宕神社　高鍋町大字上江一四〇五
宮司　永友　丈晴
八幡神社　新富町大字三納代二四四三―一
宮司　清　芳邦

川田神社（高鍋町）

奉《ほう》射《しゃ》祭《まつり》

奉納日　三月二十三日
保存会名　川田奉射祭保存会
内容等　川田神社では、毎年三月二十三日になると境内において奉射行事が執り行われます。この行事の創始年代は不詳ですが、口伝によれば江戸時代より続く歴史ある神事です。

現在では春祭に併せて執り行われています。行事で使用される的は直径約五十センチで、的から約三メートルの位置に立って弓矢を射、これを打ち当てるというものです。

以前は、小学校に上がる前の男児（各家の長男）が射手を務めるのが通例であったようですが、現在では地区の小学校に上がるまでの男児がすべてこれを務めています。

奉射祭

子どもたちが射た矢は、無病息災を願い、各家庭にお頒ちされています。神事後は直会が執り行われます。

所在地　児湯郡高鍋町大字上江二二九四
宮　司　永友　丈晴

舞鶴神社（高鍋町）

若《わか》年《とし》まつり

奉納日　一月十四日
保存会名　舞鶴神社氏子総代会
内容等　舞鶴神社には、一月十四日の小正月に餅をついてお祝いをする若年まつりが伝承されています。このお祭りは、現在同神社を含めて三地区でのみ伝承されています。

神事の後に櫓餅つきが行われます。櫓《やぐら》に設置した臼に八本のロープを取り付け、参拝者全員でそのロープを引いて餅をつきます。ついた餅はドンド焼きで参拝者に振る舞われます。

夕方にはもぐら叩きが行われます。子どもたちがもぐら打ちの笹竹で「もぐら打て餅くれやい、隣のセッチンもりくり返やせ」と唱えながら地面を強打します。

そして若年まつりの最後には、神社の境内に竹の櫓《やぐら》を組み、櫓に正月飾り等を入れてお焚き上げをするドンド焼きが盛大に執り行われます。

所在地　児湯郡高鍋町大字上江一三四五
宮　司　永友　丈晴

大年神社（高鍋町）

鴫《しぎ》野《の》棒《ぼう》踊《おど》り

奉納日　十月初午
保存会名　鴫野棒踊り保存会
内容等　鴫野地区の棒踊りの起源は、今から一八〇年ほど前に遡ります。

伝説によれば、村人が川に馬を入れていたところ、馬が河童をくわえて上がってきました。村人は河童を引き離そうとしたが、そのうち河童の腕がもげてしまいました。村人はその片腕を埋めてしまいました。河童は腕を返してくださいと三晩続けて現れ懇願したがその願いは叶いませんでした。その後、河童が祟り疫病を流行させたといいます。

村人たちは河童の霊を慰めるために水神を祀り、水神慰霊として名高い富田村（当時）の上日置の棒踊りを習得して水神のお祭りで奉納したのです。

現在でも日之出会と旭会が鳴野棒踊り保存会を組織して駄祈念祭で奉納しています。

所在地　児湯郡高鍋町大字持田三七六二ー一

宮司　永友　丈晴

鳴野棒踊り

火産霊神社（高鍋町）

荒神《こうじん》さん（火産霊《ほむすび》神社夏祭）

奉納日　七月二十六日、二十七日

保存会名　火産霊神社総代会

内容等　古老の口伝によれば、高鍋の町筋は度々大火に見舞われました。たまりかねた町民は、高鍋町道具小路に祀られていた火産霊の大神様を現在地に遷座し、平穏さを取り戻したと伝えます。それより後、町民等は「こうじんサン」と呼び、現在も篤く崇め奉り多くの参拝者で賑わいます。

明治三十七年（一九〇四）には中川助三、渡辺新六、久保田鶴次の三名が佐土原町愛宕神社に伝わる太鼓台を真似て造り、火産霊神社の祭りに奉納しました。

高鍋町商店街の中央に鎮座する当社の夏祭は、七月二十六、二十七日の二日間にわたり行われます。これを「荒神さん」と言い大人御輿、子ども神輿を中心として若者に担がれた太鼓台が町内を練り歩く勇壮なお祭りです。

所在地　児湯郡高鍋町大字高鍋六〇八

宮司　永友　丈晴

街中を練り歩く神輿

水沼神社（新富町）

元《げん》禄《ろく》坊《ぼう》主《ず》踊《おど》り

奉納日　九月中旬（旧暦八月十五日）

保存会名　元禄坊主踊り保存会

内容等　踊りの起源は明治中頃に町内の宮之首の人々が、上日置の人から習い覚えたと伝えられます。

一時中断していましたが、昭和八年に吉岡喜通という人が復活させました。しかしそのときは伝承者がおらず、隣の鬼付目地区から習ったといわれます。昭和三十年代にも一度中断したが、四十年代に入って宮之首、平伊倉、矢床、奥地区の青年団たちが復活させ、以来、保存に努めています。

歌詞などの特徴から見て、江戸時代後半につくられ伝承されたものと思われます。奴と嫁女と、坊主の三人を一組にした異色の踊りです。奴と嫁女が仲良く踊りを楽しんでいるところに、坊主がねたんで木刀を振り上げ、割り込んでくるという筋書きとなっています。

所在地　児湯郡新富町大字日置六七九

宮司　宇都宮　正和

元禄坊主踊り

比木神社（木城町）

師走祭《しわすまつり》

奉納日　一月下旬の金曜日から日曜日
保存会名　比木神社氏子総代会
内容等

○百済王族の渡来

今からおよそ一三〇〇年前、朝鮮半島の古代国家であった百済が、唐と新羅の連合軍に侵攻され滅亡しました。

百済の王族であった禎嘉王（父）と福智王（息子）は、従者らと共に二隻の船に乗り日本に亡命しました。安芸の国（広島県）に至りますが、追っ手を恐れて筑紫を目指すこととなりました。しかし、その途中、暴風に見舞われ、禎嘉王の船は日向の国金ヶ浜（日向市）に、福智王の船は蚊口浦（高鍋町）に漂着しました。

禎嘉王は、すぐに向かうべき土地を占ったところ、西方八里ほどに向かうと良いと出たので、そこへ向かいました。着いたところが神門《みかど》（美郷町南郷）であったといいます。また福智王も占ったところ、西方に比木（木城町）という土地が良いと出たので、夫々その地に逃れたのです。

やがて、禎嘉王の元に追っ手が迫り戦いとなりました。伊佐賀の戦いは最も激しく、王の次男である華智王は戦死、禎嘉王自身も流れ矢に当たって亡くなりました。比木にいた福智王も急を知って神門に入り、父を助けて戦いましたが苦戦を強いられました。土地の豪族どん太郎の援軍のお陰で、漸く追っ手を撃退することができたといいます。

その後、禎嘉王は神門神社に祀られ、福智王は比木神社に祀られることとなりました。

○再会までの道程

比木神社にお祀りされている福智王が、父禎嘉王と対面するために神門を訪れる師走祭は、現在も盛大に執り行われています。比木神社から神門神社までの道程は約九十キロで、以前は師走の十四日から二十三日までの九泊十日でした。昭和三十三年からは車での移動になり、二泊三日の御神幸となりました。

比木を出発して神門へ向かうことを「上りまし」と呼びます。

比木を出発して神門へ向かう「上りまし」

小丸川で行う洗濯の神事

○往時を偲ぶ再会の祭り

師走祭では百済王の伝説に因む神事が各所で行われます。袋神（別御霊）を奉持し比木神社を出発した一行は、日向の金ヶ浜で禊を行います。その後、伊佐賀で出迎えの神門側の一行と合流し、伊佐賀神社で合同の神事を執り行います。

その後、神門側の先導により徒歩で神門入りします。この際、畑や畔に火を放ち野焼きを行います。この野焼きは、敵の目をくらますために野に火を放ったという故事に因むものと伝えられています。

その後、父禎嘉王の墓と伝えられる塚の原古墳に到着後、神事が執り行われ直会が催されます。

○所縁の神々へのお礼回り

二日目は神門神社のご神体の衣替えが執り行われます。紙で出来た二十枚の衣を捧げ衣替えを行います。その後、土地の豪族どん太郎の塚でお礼参りの神事が執り行われ、将軍という神楽が奉納されます。

その後も山宮さま、洗濯の神事が執り行われ、夕方から和やかな直会の催される中神楽が奉納されます。

○御還幸の朝「下りまし」

三日目は朝からお別れの行事が進められ、今度は比木側の先導で還御の行列が動き出します。別れの悲しみを笑って隠す、へぐろ塗りが夫々の顔に施されます。

神門を出発して比木へ還るのを「下りまし」と呼び、比木側の一行が一の鳥居を過ぎ、遠く去り行く神幸を、「おさらば」の掛け声とともに、炊事道具などを手に持ち高く振って互いに別れを惜しみつつ、比木側の一行は還幸するのです。

所在地　児湯郡木城町大字椎木一三〇六ーイ

宮　司　橋口　清文

都萬神社（西都市）

更衣祭《こういさい》

奉納日　七月六日、七日

内容等

○都萬神社の歴史

都萬神社の御祭神は、木花開耶《このはなさくや》姫《ひめの》命《みこと》です。創建は不詳ですが、初めて史書にみえるのは『続日本後紀』で、仁明天皇承和四年（八三七）八月の条に「日向国子湯郡妻神官社に預かる」、また『三代実録』の天安二年（八五八）の条にも神階昇格の記載があります。これらの文献にみえるより古くから奈良時代には存在していたと思われます。さらに『延喜式』神名帳には日向国四座の内、児湯郡二座として都農神社とともに記載されており、式内社とも称されています。

御出座して更衣を終えられた御神像

○都萬神社の更衣祭

更衣祭の起源は不詳ですが、室町時代から続くとされています。

木花開耶姫命は、天孫瓊々杵尊に逢初川の辺で見初められ、事勝国勝長狭《ことかつくにかつながさの》神《かみ》を仲人に立てて結婚されます。これが日本における「仲人を立てた結婚儀礼の始まり」ともいわれています。

更衣祭は木花開耶姫命が瓊々杵尊に御入内《じゅだい》のご様子を再現する神事です。七月六日の「浜下り神事」と呼ばれる海岸での禊行事による潔斎から始まり、七日の都萬神社本殿での「更衣祭」までの二日間にわたって行われます。

堀之内浜での禊行事

浜下り神事は、七月六日、宮司以下神職・巫女・伶人・総代・崇敬者等が高鍋町堀之内浜の禊斎場にて禊を行い潔斎の後、神籬斎場にて祭典が斎行されます。かつては都萬神社から海岸まで御分神の御神幸が行われていたが、現在では、初盆を迎える氏子が多数参列し、心身を潔斎してお盆に御神霊を迎える習慣となっています。

この浜下り神事の時に、海岸にて黒石を拾い集め、藁苞《わらづと》に収めて持ち帰ります。これを真砂子《まさご》と呼び、家の清めとして玄関や床の間に飾る他、盆を迎える前や、折々の不浄祓いの際にも家の浴槽に石を沈めて入浴し、潔斎を行う習慣があります。

更衣祭では、本殿より御祭神の御神像がご出座され、氏子崇敬者より奉納された新たな衣で着替えをするが、衣の枚数でその年の寒暖と豊作を占うとされています。また宮司が白粉や紅で御神像にお化粧を施した後、真綿の御《お》被衣《かつぎ》を着け、嫁入りのお姿を再現するが、御神像は祭典終了後もしばらくはご出座されており、拝観ができます。

なお、西都市大字清水《きよみず》の清水《きよみず》神社でも同日に同様の更衣祭が斎行され、御同神祭と称されています。

所在地　西都市大字妻一

宮　司　川越　佑一

岩爪神社（西都市）

宝印祭《ほういんさい》

奉納日　一月十日

内容等　年頭に当たり、一月十日に宮司宅に氏子全員が集い、新年の挨拶を交し御神酒を頂きながら、氏子に印を廻し、八咫烏《やたがらす》、鬼、馬の印を受け、その後、社殿へ移り神事が行われます。最後に低頭した氏子一人一人の額に印を打ち、氏子は先に受けた印三枚を三角に折り、その中に供物の米、大豆を授かり家へと持ち帰り、一年間の家内安全、家族親族の健康の御守りとして祀ります。

新年の初祈祷として執り行われ、これが済んで初めて一年間の祈願、祈祷が始められるという神事であったが、十年ほど前に途絶えてしまいました。

所在地　西都市大字岩爪一〇八四ーイ
宮　司　鬼塚　武教

鬼・馬の印

南方神社（西都市）

下水流《しもずる》臼《うす》太鼓《だいこ》踊《おど》り

奉納日　旧暦八月一日
保存会名　下水流臼太鼓踊保存会
内容等

○南方神社の歴史

創建は不詳ですが、古くは若宮大明神と称され、棟札最古のものに弘安九年（一二八六）九月とあり、それ以前からの古さが窺《うかが》われます。日向伊東氏をはじめ歴代の領主領民から篤く尊崇されました。

南方神社での奉納の様子

明治四年（一八七一）に南方神社と改称しましたが、かつて明治初年までは上穂北大字南方の良須山に鎮座し、南方・穂北二村の産土神として、祭祀は近郷に例を見ないほど賑やかでした。しかし、一ツ瀬川を挟んでいるため村人参拝にも不便であり、また出水等の際には祭典にも差しつかえがあるため、明治七年（一八七四）氏子と合意の上、現在の一ツ瀬川下流右岸島内に遷座され現在に至ります。

○下水流臼太鼓踊りの歴史

正確な起源は不詳ですが、最も古い年代の資料としては、現在も踊りに使用している本鉦に「享和二年（一八〇二）六月京都六条住人出羽宗味作　下水流村」と記されており、この頃が起源ではないかと思われます。

下水流公民館での奉納の様子

臼太鼓踊りは太鼓の響によって悪魔を追放するという考え方から、稲作の豊穣祈願として奉納されてきました。この農耕儀礼がやがて水神祈祷、火祈祷を氏神祭りとして踊られるようになったと思われ、現在は八朔《はっさく》祭の行事として奉納されています。

八朔祭当日は、早朝に下水流公民館を出発し、南方神社までの一・五キロの道程を幟《のぼり》を背負い鐘を打ちながらの道行きが行われます。神社では豊穣祈願祭が斎行され、境内で臼太鼓踊りが奉納されます。その後、下水流公民館の傍らに鎮座する火の神の前の広場、引き続き一ツ瀬川の河原に移動してそれぞれ踊りが奉納されます。

当日は、村に通ずる九本の道路の入口に辻幣を立て、村全体を神域として、厳粛に八朔祭臼太鼓踊りが奉納されるのです。

○下水流臼太鼓踊りの特色

下水流臼太鼓踊りは拍子が早く動きも活発、また優雅な踊りで、鉦打ち四人、踊り手十六人（背に高さ三・二メートルの幟を背負い胸に太鼓を抱く）が四組に分かれて一体となって踊られます。

鉦打ち役の歌と鉦の音に合わせて円形、四列、十字形、四輪と踊り手が隊列を変えながら、次々に変化に富んだ動きを見せる独自な特色を有している踊りで、昭和三十七年に県の無形民俗文化財に指定されました。

所在地　西都市大字南方三二四六
宮　司　川越　佑一

児原稲荷神社（西米良村）

普通《ふつう》水稲《すいとう》作占《さくうらな》い

奉納日　二月三日　節分

内容等　毎年、節分の夜に行われる行事です。宮司が社殿にて一人で神事を斎行し、占いを執り行います。

　蠟燭の淡い光の中で御神前に祝詞を奏上し、その後に「早稲《わせ》」「中稲《なかて》」「晩稲《おくて》」と書いた紙を、紙垂を付けた竹串の束を用い、釣りくじの要領で次々に釣り上げていきます。釣り上がった順番で、その年の普通稲作の作柄を占うという神事です。「早稲」「中稲」「晩稲」は成熟期の遅速による稲の品種の分類で、それぞれ初秋・仲秋・晩秋に対応するといわれます。

所在地　児湯郡西米良村大字越野尾一三四ー一

宮　司　甲斐　法長

神社での祭典

春日神社（新富町）

だごおつや
にぎりめしおつや

奉納日　旧暦六月十四日（だごおつや）、旧暦九月十四日（にぎりめしおつや）

内容等　地元春日地区民による旧暦六月十四日の「だごおつや」、旧暦九月十四日の「にぎりめしおつや」では、氏子の各家より、それぞれ団子（竹皮ダゴ・サルカケダゴ・芋ダゴなど十種以上）、握り飯を作り鎮守の春日神社に奉納します。

　夜七時頃より神饌として献納の上、祭典が斎行されます。その後、集会場に場を移しての直会《なおらい》となりますが、奉納された団子、握り飯が参列者全員子どもにいたるまで一個ずつ頒《わか》ち与えられます。

　夜を徹して行われていたことから「おつや」と呼ばれるが、それぞれ麦、米の豊作感謝の祭です。

所在地　児湯郡新富町大字新田一三八六七

宮　司　本部　享

奉納されたにぎりめし

新田神社（新富町）

いぶくろ

奉納日　七月二十七、二十八日

内容等

○新田《にゅうた》神社の歴史

　創建不詳、彦火火出見命《ひこほほでみのみこと》を御祭神とし、新富町の西部、一ッ瀬河下流左岸の新田原《にゅうたばる》と呼ばれる台地の麓に鎮坐しています。かつては正八幡宮と称され、旧佐土原藩主島津氏代々の尊崇篤く、新田郷の総鎮守として現在に至るまで崇敬されています。

○御神幸祭と「いぶくろ」

　七月二十七、二十八日の新田神社の御神幸祭で、神幸行列の先導役を担うのが「いぶくろ」と呼ばれる、鎧と赤白一対の面を身に着けた神様です。赤い面が男神、白い面が女神とされています。

　神幸行列は、一日目は「お下り」と呼ばれ、上新田地区を地区内の神社を廻りながら巡行し、御旅所で一泊します。二日目は「お上り」と呼ばれ、下新田地区を巡って神社へと帰ります。

　両日とも「いぶくろ」が行列を先導して、先を割った青竹をガラガラと引きずりながら歩き、その竹で参拝者や子どもたちの頭や腰などを、軽く叩いたりなでたりします。割れた竹の棒で触れられると、病気が治るとも言い伝えられ、疫病祓い・子孫繁栄の儀礼としても親しまれています。

御神幸祭を先導する「いぶくろ」

○「いぶくろ」の由来

かつては「いぶくろ」が商店や民家の門口に立ち激しく竹の棒で地面を叩くと、その家の者は米や餅、野菜、初穂料などを、供物として首から提げた袋に納めていました。その袋を何でも飲み込む胃袋と称したことから「いぶくろ」になったという説や、空腹を満たすために米や作物を入れる「えさぶくろ」が「いぶくろ」となったという説、また、主君の弓を袋に納めて先導役をつとめる「弓袋《ゆぶくろ》」がなまったという説など、諸説ありますがはっきりしていません。

「いぶくろ」のもつ竹で触られると病気が治ると伝えられる

○ひもろぎの里

御神幸の御旅所となっている場所は、新田小学校の校庭の丘を中心に「ひもろぎの里」といわれています。御祭神彦《ひこ》火《ほ》火《ほ》出《で》見命《みのみこと》が海神《わだつみ》の宮から戻り宮居を造った場所と言い伝えられ、かつては大きなセンダンの木の下に石があり、命《みこと》が紐を解いたといわれる「紐解の古跡」として伝わっていました。

所在地　児湯郡新富町大字新田一〇〇〇六

宮　司　本部　享

湯之宮神社（新富町）

棒《ぼう》踊《おど》り

奉納日　十一月例祭日

内容等

○湯之宮神社の歴史

猿田彦命を御祭神として祀る神社です。かつて神武天皇がご東征の途中この地に立ち寄られお湯を召されたとされ、その側に神社を建立し湯之宮権現と称したのがはじまりと伝えられます。

境内には昔は湯が湧き出ていたという神井があります。周囲に玉垣を廻らし神武天皇湯浴み跡の聖蹟として保存されており、現在は清水が絶えず湧き出ています。

大永三年（一五二三）に再建され、現在の社殿は昭和十五年に紀元二千六百年記念事業として改築されたものです。

刀を使った踊りの様子

○湯之宮棒踊りの歴史

湯之宮棒踊りは、毎年十一月の湯之宮神社秋祭りに奉納されます。

旧薩摩藩領に広く分布する棒踊りの一つで、慶長二年（一五九七）の慶長の役で朝鮮に出兵した勇猛果敢な島津兵を称えた踊りとされます。島津軍が朝鮮半島に渡った際に、士気を鼓舞するために舞わせたのが最初といわれていますが、もともと南九州に色濃く残っていた東アジア一帯に広がる踊りという説もあります。

鹿児島県加治木地方を中心に踊られていたものが、明治二十年（一八八七）頃に、旧佐土原町や新富町今町地区を経て伝わったといわれています。戦後は一時、衰退していましたが、昭和四十九年（一九七四）、湯之宮地区が「人づくり運動モデル地区」に指定されたことから、湯之宮地区の人々が地区の青壮年部を中心に保存会を結成して、復活させました。

昔から御田植祭や、農耕、祝事、神事の時に奉納されてきた、地域を代表する民俗芸能で、昭和五十一年に新富町の無形民俗文化財に指定されています。

○湯之宮棒踊りの様子

「六人立」「切りまぜ」「棒踊り」の三種類の踊りがあります。六尺棒（約二メートル）と剣、木刀を用い浴衣にたすきがけ、手甲と脚半をつけ、頭には鉢巻きと毛がしら姿の四人一組、総勢六組二十四人の踊り手に、音頭二人、鐘三人、太鼓一人が加わり総勢三十人で構成されます。音頭や鐘、太鼓に合わせて四人一組で六尺棒を打ち合う姿は勇壮そのものです。

また、神社に隣接して梅の名所「座論梅」があります。国の天然記念物に指定されています。

所在地　児湯郡新富町大字新田一八六三三－二

宮　司　本部　享

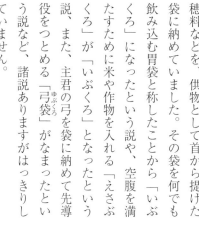

県央地区［宮崎市および近郊］

宮崎神宮（宮崎市）

神事流鏑馬《しんじやぶさめ》

新緑の春の神苑にくり広げられる宮崎神宮神事流鏑馬

奉納日　四月二～三日
保存会名　宮崎神宮神事流鏑馬保存会
内容等

○流鏑馬の由来

神事流鏑馬は、鎌倉武士の装束に身を固めた騎馬武者たちが、馬を疾駆して大弓で的を射る古神事です。新緑の春の神苑にくり広げられる勇壮華麗なこの神事は、さながら一幅の絵を見るように、懐かしい国振りの歴史を再現してくれます。

古く、日向の国は「真蘇我よ、蘇我の子等は馬ならば日向の駒よ太刀ならば呉の真刀《まさび》諾哉《うべしかも》蘇我の子等を大君の使はすらしき」（『日本書紀』）と推古天皇の御代の豊明《とよのあかり》に謳われ、良駿の産地でありました。流鏑馬の発祥は詳らかではありませんが、神武天皇御東遷前の故地で、古来敬神尚武の気風篤く、古武道精神の精髄ともいうべき流鏑馬が盛大に催されたことは当然でした。

○神武さまの流鏑馬

古来、祭礼の重要神事として競馬が行われてきました。宮崎地方ではこれを「やぶさめ」（流鏑馬）から転じて「やくさみ」と言いました。もともと競馬の始めに行われた流鏑馬をいったものと思われますが、流鏑馬がすたれて競馬のみが行われるようになっても、それを「やくさみ」と称しました。この神事は宮崎地方の諸神社で行われていましたが、当宮の「やくさみ」が最も盛大であり、広く知られていました。

江戸時代後期の天保年間に高木正朝という紀伊の国人が著した『日本古義』に、「日向國宮崎神武天皇御祭禮の流鏑馬を見物せり。凡《おおよそ》馬数千七八百騎に余れり。二十騎或三十騎ばかり、馬の鼻を隻べて相図を聞くと等しく一度に駆出す。其の疾き事矢の飛ぶが如く、雄々しき事又比べむものなし。是吾が神武國のいさをしなるべし」とあって、すでに草競馬に変化していたことがうかがわれます。花の武道精神と土の匂いのする農耕の御祭とが、めでたく結びついた我が国ぶりの神事であるといえます。

この「やくさみ」は神事として明治の初めまで社頭の直線馬場で催されました。しかし、廃藩置県や再三の県治管区の変更、ことに西南戦争の余波を受けて、この神事もいつしか中絶するに至りました。その後、明治十八年馬場を新たに設けて再び「やくさみ」が行われ、毎年の行事となりましたが、明治四十年宮崎競馬会の競馬場が設けられてからは、競馬は神宮の祭事から

神事流鏑馬諸行事図

川原祓之儀

饗膳之儀

離れていきました。

○流鏑馬の復興

國學院大學、皇典講究所の庶務課長であった河合繁樹氏は、昭和十一年十二月十九日付で、宮崎神宮宮司として赴任されました。極めて精力的な方で、着任早々神社の書庫に入りびたって神社の古い文献や記録を読み、当宮には古く流鏑馬が唯一、最大の神事として行われていたことを発見されました。そして、来る紀元二千六百年奉祝記念行事として、この由緒ある流鏑馬を復興することが、最もふさわしいと考えられました。

　そこで取りあえず宮崎神宮祭祀協賛会会長柿原政一郎氏に相談し、同意を得られました。しかし流鏑馬馬場の開設や、装具、人馬に要する経費、さらには紀元二千六百年記念事業についての国家予算が橿原《かしはら》神宮に限られていて、宮崎神宮には予算措置が計上されていなかったことを理由になかなか進展しませんでした。

　この時に際会して宮崎県に幸いしたのには、相川勝六氏が知事として赴任したことでした。同氏の奔走により、宮崎県の奉祝行事は極めて気宇壮大なものとなり、八紘之基柱の創建、宮崎神宮の徴古館の建設を含めた境内地の整備や拡張を行う計画が実現を見ることになりました。その結果、神苑の西の杜に流鏑馬馬場が築設されました。

　さらに宮崎神宮において復興すべき流鏑馬は、いかような形態のものでなければならないか。関係者の腐心したところでした。河合宮司は、流鏑馬復興の機運のきざすや、逸早く有職故実の大家である帝室博物館嘱託、学芸委員関保之助翁に依頼して、その成案を求められました。そして出来上がった成案は次の如くでした。

「前略。ここに於いて今回再来すべき所の流鏑馬は、徳川再興以前の古式に稽へ、古書に徴し、古器に則り、之に加ふるに其の射技は早く之を実地に試み来りし徳川家の公式を採り、以て新に宮崎神宮式を制定して挙行せられんことを望む云々」

　神宮に再興される流鏑馬の式は、徳川家の式による小笠原流でもなく、肥後に伝わる武田流でもありません。全然別個のもので、言うなれば宮崎神宮式と称するものでした。時代を遠く遡って流鏑馬が宮中衛府から武家の手に移った鎌倉時代および室町時代に行われた正当の流鏑馬の再興に努められたのでした。

○神事流鏑馬次第

四月二日

手組定之儀　午前十時〜

流鏑馬行列　午前十時半～午後三時
川原祓之儀　正午ごろ～
神社参拝　　小戸神社、宮崎八幡宮
四月三日
神武天皇祭　午前十時
饗膳之儀　午後一時
奉幣之儀　午後一時半
馬場入之儀　午後一時五十分
流鏑馬本儀　午後二時
神録授与
平騎射射技
垸飯振舞

定

一、敬神と尚武は一にして二にあらす先づ心身を潔齋して只管惟神の神武發揚に精進する事
二、治に居て亂を忘れす諸事質實簡素を旨として一意天業翼賛の至誠に燃え盡忠報國を期して弓馬の練磨に努むる事
三、各々士道の實践に勵み廉恥禮節を尚ひ協心戮力して特に精進を怠らす同士の面目を毀傷させる事

右之篠々堅く相守り違背有之間敷事
紀元二千六百年庚辰八月

所在地　宮崎市神宮二－四－一
宮　司　本部　雅裕

宮崎神宮摂社皇宮神社（宮崎市）

はやま祭り

奉納日　旧正月十四日
保存会名　なし
内容等　この神事は、元皇宮屋にあった祇園様と称する神社の神事と思われ、「ゴンズサマ」と称する神像を地区民および崇敬者に頒ち、拝受者はこれを玄関入口に貼って降魔の符としました。
旧正月十四日の夕刻、御幣をつけた青竹の弓矢を供えて祭典を行った後、大祓の祝詞を唱える中、「ホーイ、ホイ、ホイ……」の掛け声とともに矢を放ち、矢の飛ぶ距離や傾斜の状態によってこの年の豊凶を占います。戦前はこの神事の時間には、地区の人々には戸を閉じて、家から一歩も出なかったといわれています。

所在地　宮崎市下北方町横小路
宮　司　本部　雅裕

「ゴンズさま」の神像

宮崎県護国神社（宮崎市）

みたまなごめの舞《まい》

奉納日　四月十日　例祭
保存会名　なし
内容等
「やすらかに　ねむれとぞおもふ　君のため　いのちささげし　ますらをのとも」
香淳皇后が昭和十三年に戦没者鎮魂のために詠んだ御歌に、多忠朝が作曲作舞した巫女舞です。靖國神社（東京都千代田区九段北鎮座）をはじめとして、全国各地の護国神社において奉納されます。
また、終戦記念奉告祭では、飢餓の米、飢渇の水を奉献しています。遠い戦場において物資の輸送も途絶え、食するものもなく、飲む水も困窮するなかで困苦欠乏に堪え、ただひたすらに故郷に残した家族のことや祖国の安寧を祈りつつ、国難に殉じられた御霊をお慰め申し上げるために奉献するものです。

所在地　宮崎市神宮二－四－三
宮　司　本部　雅裕

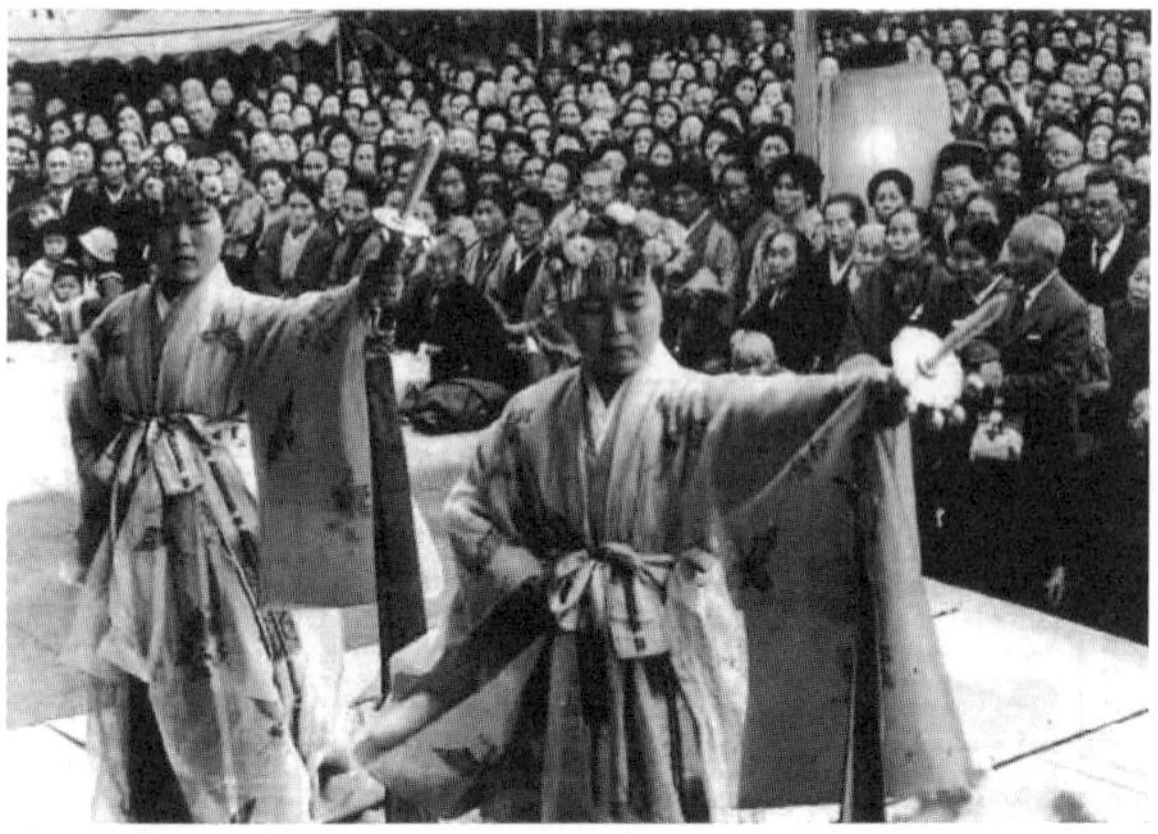
護国神社例祭（昭和38年）

みたまなごめの舞（平成24年）

青島神社（宮崎市）

裸《はだか》参《まい》り

奉納日　成人の日
保存会名　青島裸参り実行委員会
内容等　御祭神山幸彦（彦火火出見命《ひこほほでみのみこと》）が海積宮から御還幸の折、村民が衣類を纏う暇もなく赤裸の姿で取り急ぎお迎えしたという故事から起こったものです。

以前は陰暦十二月十七日夜に斎行されており、夜中に起きた男女が裸のまま寒風をついて参拝しました。この夜に参拝するのは、千日に相当するといわれていました。

全国から男女約500人の方々が参加される

現在では全国の崇敬者五百名ほどが青島神社御湊で禊をし、その後神社を参拝、湯立て神事を斎行しています。また、大正末期まで奉納されていた前日の夜の神楽を平成二十六年より復活し、奉仕されることとなりました。

所在地　宮崎市青島二－一三－一
宮　司　長友　安隆

海での禊の様子

青島神社（宮崎市）

海《うみ》を渡《わた》る祭《さい》礼《れい》

奉納日　七月最終土日
保存会名　青島氏子青年
内容等
○浜下り
江戸時代中期以降に始まったとされる「浜下り」という青島地区に伝わる神事が祭りの原型です。

浜下りは、青島にある青島神社の神輿が島から地区内の村に御神幸して、町の中を練り歩くもので、旧暦の六月十七、十八日の両日に行われていました。

弥生橋と神輿

それが昭和二十三年に神輿を船に乗せて青島神社に渡御するようになり、「海を渡る祭礼」といわれるようになりました。

海上渡御が行われるきっかけは、青島神社の御祭神である彦火火出見命と豊玉姫命にまつわる伝説に由来しています。豊玉姫命が出産の折、見ないでくださいと頼んだのに夫の彦火火出見命は約束を破ってしまったため、豊玉姫命は恥ずかしいからと赤ちゃんを残して海に去ってしまいます。それで、地域の人たちは、せめて祭りのときくらい彦火火出見命を海にいる姫命のそ

御座船と神輿

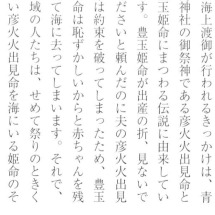

ばにお連れしたいということで始まりました。

海上渡御では、神輿を乗せた御座船が大漁旗をひるがえした漁船約二十隻を従えて、青島の周囲を回ります。

○子ども神輿、本神輿、あばれみこし

この祭りには子ども神輿、青島様と呼ばれる本神輿、恵比寿様と呼ばれるあばれみこしの三基の神輿が出ます。子ども神輿は地元の小学生、本神輿は主に男子中学生が担当します。本神輿は大きくて重たいため、台車に載せて押していきます。

なお、海を渡る祭礼は、あばれみこしを担ぐ二十二歳と二十三歳の青年が主催するというのが古くからの決まりです。これは「若者衆」といって、地区の同じ年頃の青年たちが一緒に学んだり、活動をするという昔からの制度に由来するものです。海を渡る祭礼を経て、若者は大人の仲間入りをするということになっています。

浜下り唄

神輿が担がれるときに数人の歌い手たちによって歌われるものです。

ここは青島、波紫《しわす》の中に浮島八重《うきしまやえ》
畳《だたみ》、畳重なるあの大岩根神の宮居の
礎よ

というように、青島の魅力をつづった歌詞に独特の節回しをつけた歌は、代々、口伝えされてきた歌詞を海上渡御が始まったときに統一したものです。

浜下り唄には、「宮出し」「本歌」「御休み所」「還御」の四種類があり、時と場所に応じた歌がうたわれ、神輿も歌に従って動きます。

浜下り唄は祭りで重要な位置を占めているため、古老たちがその年の主催者の青年たちに歌を教える「唄子《うたこ》」という制度があります。青年たちは祭りの前になると、古老たちのところで歌を習い、きちんと歌えるようになってからやっと神輿を担げるのです。

所在地　宮崎市青島二－一三－一
宮　司　長友　安隆

磐戸神社（宮崎市）

なぎなた踊《おど》り

奉納日　十一月第一日曜日
保存会名　上北方なぎなた踊り保存会
内容等　江戸時代、上北方のある農民が田の草取り中、道に投げた草が通りかかった武士に当たり、無礼討ちにされました。この農民の娘二人が父の仇討ちのため、長刀と鎌を修練し見事に仇を討ったという話がもとになった踊りです。上北方では家内安全、五穀豊穣祈願として磐戸神社に毎年奉納されていました。

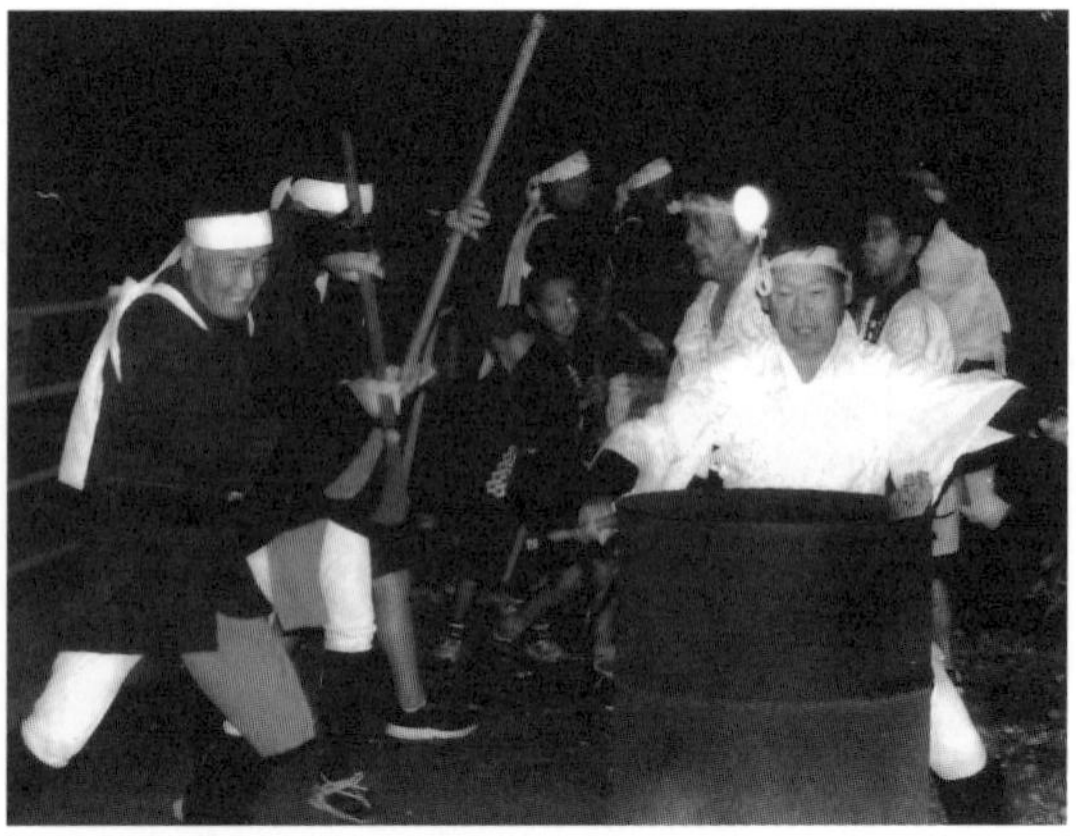
五穀豊穣祈願のなぎなた踊り

その後、昭和十年頃を境にして徴兵による青年の踊り手不足に起因して衰退し、戦後は完全に途絶えてしまいました。しかし、昭和六十三年に郷土芸能復活の機運にこたえ、地元の青壮年有志の努力により復活し、現在に至ります。

所在地　宮崎市上北方七五一
宮　司　日髙　正豪

倉岡神社（宮崎市）

ハレハレ

奉納日　十一月十三日直前の日曜日（隔年）
保存会名　倉岡神社の獅子舞とハレハレ保存会
内容等　大正年間までは神楽が奉納されていましたが、舞い手がいなくなり面だけが残りました。その面をつけて、御神幸祭において、「神様が通るぞ。道を祓い給え」と言って神輿の先導を行うようになりました。その言葉が短縮され「ハレハレ」というようになったといわれています。

先導は蓑を着て、体にかずらを巻いて、護身用に約二メートルの青竹を持っています。いたずらしたり泣いたりすると、「そんな子はハレハレを呼んでくるぞ」と躾教育にも使われました。

ハレハレは、ニニギノ尊が天下りされた時、道案内をされた猿田彦尊と同じ神様ともいわれています。

所在地　宮崎市大字糸原三二九五
宮　司　仁鎌　勝朗

赤鬼白鬼の格好をしたハレハレ

跡江神社（宮崎市）

豊《ほう》年《ねん》踊《おど》り

奉納日　七月十三日前後

内容等　地域の五穀豊穣、家内安全を祈念して奉納されています。

また、跡江神社近辺の次の神社においては、俵踊りが毎年十一月十五日頃に行われています。この踊りの起源は定かではありませんが、東諸県郡国富町六日町の「六日町正統俵踊り」が伝わったとされています。

小松神社　宮崎市大字小松一九三〇
若宮神社　宮崎市大字小松七七七

所在地　宮崎市大字跡江八一〇番地

宮　司　児玉　孝作

五穀豊穣、家内安全を祈念して踊る

愛宕神社（宮崎市佐土原町）

けんかだんじり

奉納日　七月二十四日前の土日

保存会名　青・赤だんじり組

内容等　佐土原藩は明治二年末、広瀬転城によって士族が町から姿を消し、そこに残った商人衆の主導により関西商圏との交流を深めて街は発展しました。この頃にだんじりが移入したものと思われます。

青組、赤組に二分され、担ぎ手たちと囃子《はやし》太鼓を打つ子ども組が編成されます。担ぎ手は各団百人余り。土曜日夕刻に出動、神輿を先頭に町周り、午後九時より軽くぶつけ合う模擬戦。翌日は同様に、旧佐土原駅跡広場で午後五時から決戦です。

町周りは子どもたちの晴れ舞台となり、はっぴ姿で打つ囃子太鼓のかけ声と共に祭りを盛り上げます。重さ一トンを超えるだんじりをぶつけ壊し合う勇壮な男祭りです。

所在地　宮崎市佐土原町大字上田島七八九

宮　司　鬼塚　圭司

激しくぶつかり合う勇壮なだんじり

炎尾神社（宮崎市清武町）

おためし

奉納日　十月十七日

内容等　秋の例祭の時に当神社の責任役員の家で作った甘酒を当社の御神殿に備えてある壺に補給し、満杯にしておきます。そして正月の元旦祭の時に薦《こも》を取り中を覗き色やニゴリ具合を見て、杯で甘酒を入れ満杯にするのに何杯入るかを調べます。色や減った量によって、その年の天候を占う神事です。

ちなみに船引神社の神殿に納めてある棟札に洪水の記念録があり、「明治十九年の洪水の時ハ正月ノ分十九分トノ事然ルニ此ノ年ノ正月ノ神社ノ神酒ハ開扉シタルニ一滴モナカリシトノ事聞キタリ」とあります。

所在地　宮崎郡清武町船引一五〇八－二

宮　司　田代　敏徳

赤池神社（国富町）

神《じん》馬《め》

奉納日　十一月十五日

内容等　例祭日には、各地区代表の馬四頭が祭礼に参加しました。

祭りの前日、神職たちは宮崎市の阿波岐原（一ッ葉浜）で斎戒、沐浴をし、砂と塩水を竹筒に入れて持ち帰り境内を清めます。また神馬と馬を扱う若者たちは、地元塚原地区の湧水を使い、潔斎をします。

昭和12年赤池神社改築例祭の日

祭り当日、装具を飾りつけた馬には宮司が正装姿で乗馬し、青年たちがそれぞれに馬に付き添い境内を二周したあと若者たちが青竹を持って馬を追い五周します。青竹で追われる馬たちはあばれて山にとび込んだりするが、若者たちの手綱さばきは鮮やかで、その勇壮な様子に多くの見物人たちは興奮します。

今では諸般の事情や農耕馬もいないため、祭礼再興のめどはつきません。

所在地　東諸県郡国富町木脇一四三七

宮　司　小森　文彦

地主神社（国富町）

「百《ひゃく》万《まん》遍《べん》」

奉納日　十一月十六日

内容等　地主神社の鎮座する塚原地区には、古くから「百万遍」という病祈祷の行事がありました。

毎年、田植が終わると地区の青年たちは、大きな数珠を持って各家庭をまわり、祈禱します。数珠の直径は三メートル、数珠玉の直径は三・四センチ程度で、桐の木で作られています。

数珠玉を持った青年たちは、日没から夜中十二時過ぎまで家長の迎える中、家庭の座敷に上がり、車座になり、数珠を広げ、鉦を打ちながら「南無大師遍照金剛」と称名を唱えながら七回まわします。

地区内の各家庭を回る行事は今は途絶え、現在では例祭日に神社拝殿において「数珠回し」行事として行われています。

所在地　東諸県郡国富町大字塚原一七五

宮　司　小森　文彦

「百万遍」に使われていた数珠

剣柄稲荷神社（国富町）

ヨイマカ

奉納日　八月第一土・日曜

保存会名　ヨイマカ保存会

内容等　ヨイマカは、剣柄《けんのつか》稲荷神社の夏祭りの中で担がれます。

夏祭りの初日は神輿、獅子舞、子ども神輿等が六日町の大将軍神社まで御神幸行列をします。その晩、神輿は大将軍神社に仮泊し、翌日夜に還幸されます。その際、六日町の若者は少しでも長く神様をとどめておきたいと、ヨイマカをもって神輿の行く手を妨げ、神輿とはげしく揉み合います。

ヨイマカは本庄の地が商業中心地であった頃、和泉屋・枡屋が人集めの策として導入したのが始まりです。取引先であった布団太鼓にならい、造られました。ヨイマカに乗る稚児四人はきれいに化粧し四本柱に安全にくくり付けられ威勢よく太鼓を打ち続けます。

所在地　東諸県郡国富町大字本庄四八四五

宮　司　宮永　保俊

本庄市街地を練り歩く

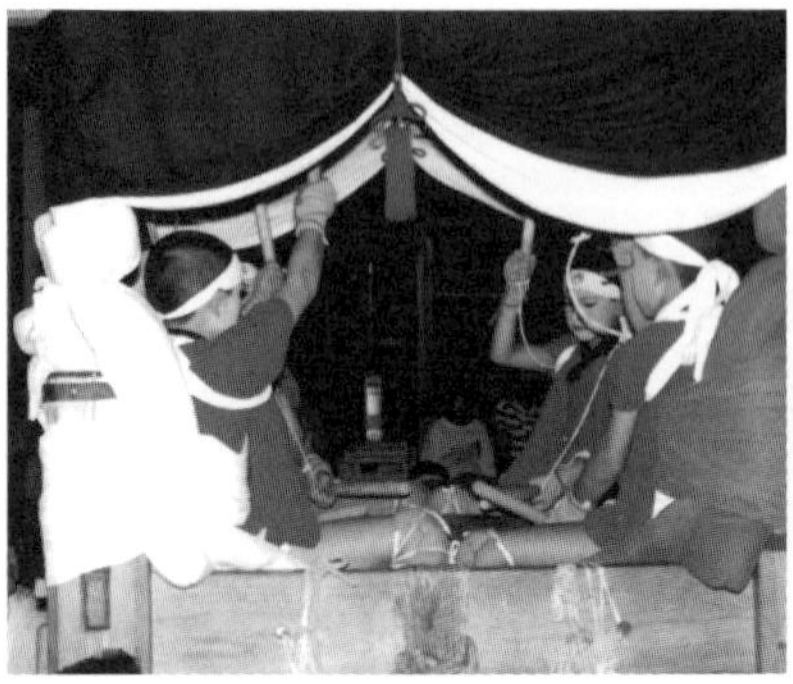
稚児たちが乗るヨイマカ

諏訪神社（国富町）

バラ太《だい》鼓《こ》踊《おどり》

奉納日　八月下旬

保存会名　バラ太鼓踊保存会

内容等　諏訪神社祭典の奉納踊りです。天正十三年（一五八五）諏訪神社過去の地に遷宮された時、国家安泰、無病息災、家内安全の祈願が行われ、神前に氏子たちが集まって喜び合い、梯子その他の器具を持って踊り、神のご加護を祈願したのが、この踊りの起こりであるといいます。

楽器は鐘六個、踊り子は、五十～六

十人。白衣に黒帯姿で背に五色の矢旗を背負い、腹にバラ太鼓を付けて歌に合わせ、円形にあるいは縦型にと隊列をかえて踊ります。

平成二十七年八月に保存会解散。以後保存会の再結成を目指し、協議をしてきたが再結成ならず、平成三十年二月総代会において正式に解散を決定し、町、県に対し報告することとしました。

所在地　東諸県郡国富町大字八代北俣
二二三〇－一

宮　司　緒方　啓文

太鼓を打ち鳴らす勇壮な踊り

栗野神社（宮崎市高岡町）

御《お》田《た》植《うえ》まつり

奉納日　二月十一日

内容等　母なる川、大淀川のほとりに御鎮座以来二百有余年、古くから伝わる御田植まつりは、氏子崇敬者の方々によって伝承されています。毎年旧正月、初午の日に奉納されていたが、現在は、二月十一日に奉納されています。

神社境内を田んぼにみたて、代掻き、苗づくり、田植え等、一連の田作を演じるもので、不作に悩む農民等が、今年は豊作でありますようにとの願いを込めて、神に豊作を約束してもらうために行った所作だといわれています。方位の吉凶に基づき、その年の恵方に当たる方向に向かって奉納します。面白く、可愛らしくユーモラスに表現しています。

初午祭

所在地　宮崎市高岡町下倉永六八四

宮　司　下野園　安

剣柄稲荷神社（国富町）

力《ちから》餅《もち》運《はこ》び

奉納日　旧暦二月の初午に近い日曜日

保存会名　力餅運び保存会

内容等　力餅運びは、初午祭りの日に行われる芸能神事です。厄祓い・家内安全・海上安全・五穀豊穣・無病息災などを願っての大力餅抱えとせんぐまきも行われます。

三方に乗せられる紅白の大力餅はご奉納によるもち米でついたものです。台との重さが、およそ百キロ前後あります。餅を撫でたり、持ってみたりすることで、厄を祓い福をもたらすといわれています。

力餅運びは、力餅を抱えて運んだ距離を測り競います。当日は小学生以下の部、大人の部があり、大変盛り上がりを見せます。この行事は、岩手県平泉町と香川県長尾町と並び、全国でも三カ所のみで開催される珍しい行事です。

初午大祭　大力餅運び（子どもの部）

所在地　東諸県郡国富町大字本庄四八
四五

宮司名　宮永　保俊

県西地区［西諸県・北諸県・えびの市・都城市］

狭野神社（高原町）

棒踊《ぼうおど》り

奉納日　五月十六日

保存会名　棒踊保存会

狭野棒踊り全景

踊り手

内容等　五月十六日の御田植祭に境内において奉納される伝統芸能です。慶長年間に島津義弘公の朝鮮出兵の凱旋祝として、島津藩の剣法「示現流《じげんりゅう》」を取り入れ作られたものが始まりとされています。

槍に見立てた六尺の棒、木太刀、薙刀《なぎなた》、鎖鎌の組み合わせを四人一組にして踊ります。昔は二十四人で踊っていましたが、若い衆が少なくなり現在は半分の十二人で奉納されています。

境内で踊りを奉納した後、新築した家や赤ちゃんが生まれた氏子の家々を回るのも風習とされており、一挙手一投足に気合を入れた勇壮な踊りは、子孫繁栄や五穀豊穣をもたらす縁起の良い伝統芸能として伝えられています。

所在地　西諸県郡高原町大字蒲牟田一一七

宮　司　松坂　公宣

狭野奴踊全景

踊り手

狭野神社（高原町）

奴《やっこ》踊《おどり》

奉納日　五月十六日

保存会名　狭野奴踊保存会

内容等　奴踊は、薩摩藩主島津義弘公の重臣であった新納《にいろ》武蔵守忠元《ただもと》公が、秀吉軍から肥後八代城を守り通した際に、顔にひげを書き即興の歌と踊りで祝ったことが始まりとされ、その後、薩摩藩士によってこの地方で広く踊られるようになりました。

島津義弘公は武運の神であった狭野神社を篤く信仰し、朝鮮出兵戦勝祈願の礼には忠元公を遣わし境内全般に杉を植栽しています。狭野奴踊はその頃に伝来したといわれています。

本来奴踊は男性によって踊られるものですが、狭野神社では婦人を中心に保存会が結成され伝承されています。

所在地 西諸県郡高原町大字蒲牟田一一七

宮　司 松坂　公宣

狭野神社（高原町）

苗代田祭《なえしろださい》

奉納日 二月十八日

保存会名 苗代田祭保存会

内容等

◎苗代田祭の意義

二月十八日に行われる「苗代田祭」は春を呼ぶ祭礼として行われ、およそ五百年前から伝承されています。五穀豊穣や子孫繁栄を願う田遊び神事で、通称「ベブがハホ」と呼ばれます。この地方ではベブは牛、ハホは身重の母のことを意味します。

神事中の問答は即興で語られることが多く、政治やスポーツ等の世情風刺を交えながら、方言を用い、面白おかしく種蒔《たねまき》の道理を説いていきます。水利を乞い願う神歌を唱え、耕作から種《たね》籾《もみ》を蒔くまでの神事風景は参拝者の笑いを誘い、すぐ先の春の訪れを感じさせます。

またこの祭は農業に基づく予祝神事として発達してきました。狭野神社の主祭神である神武天皇《じんむてんのう》は全国に稲作の文化を伝え広めた方です。その御神徳《ごしんとく》に由来し稲作の安全を願って執り行われています。

ベブがハホ

苗代田祭に加えて、五月十六日の「御田植祭」、そして十二月上旬の豊穣を感謝する「狭野神楽」と三つの神事が斎行されますが、その一番初めの祭としてとり行われています。

◎準　備

境内に青竹を立て注連縄《しめなわ》を張り巡らし、神田に見立てた斎場を設けます。神事で使う祭具は、ユスの木で作った鍬、足中草履《あしなかぞうり》や肥やしとして神田に撒かれるカシキ（ニワトコ〈庭常・接骨木〉）の木、味噌を包んだ竹の皮等があります。

前日の夕刻に前夜祭がとり行われます。三人の田人が神歌を奏上し祭の成功を祈願します。前夜祭を終えると打ち合わせ会を行い、当日の所役と神事の進行等を話し合います。

五穀豊穣・子孫繁栄を願う

◎当日の様子

春祭である祈年祭が終了した後に特殊神事苗代田祭が始まります。三人の田人が「ミトウド（御田人《おんたびと》の意）」と田人衆に呼び掛け、それぞれが春の喜び、播種の道理、水利を祈願し誓詞を唱えます。続いて顔を墨で塗った田人衆が「ペタペタ」と言いながら神田を耕したり、鍬で足を引っ掛け合い転げ回ったりします。

次に、ほろ酔いの親方「太郎次《たろうじ》」や「田人頭《たびとがしら》」が、田打から播種の様子を語りながらベブの登場を待ちます。「上下男《かしたでかん》」「下下男《したでかん》」また四人の「牛方」たちが、木の牛を引く形で代掻きを行い種蒔へと用意を進めていきます。

ベブが代掻きを終えて退場したら、腹を空かせた田人たちは「コジュドン（ハホの尊称）」と呼び「ハホ（太郎次の奥方）」の登場を待ちます。ついに太郎次が「ハホー」と呼び掛けると、腹を膨らませ女面をつけたハホが、種籾を入れた折敷《おしき》を頭に乗せて登場してきます。ハホから種籾を受け取った「神主」は「風吹きて御袖《みそで》に空は騒ぐとも我が蒔く種子はよもや騒がじ」と神歌を唱え神田に播きます。締め括りには奉仕者全員で「庭立ちの歌」を歌いながら神田を回り、これをもって神事は納められます。

◎その他

昔は、参道脇に設けていた神田において神事を行い、氏子農家からおとなしい牛を選び行われていました。いつからか木彫りの牛が使われるようになり現在に至ります。およそ三百年前、享保年間の古い文献には、噴火によって木彫りの牛が焼けたので彫りなおした、とあります。現在使われている牛は昭和の初めに造られたもので、苗代田祭に欠かせない主役として保存されています。

所在地　西諸県郡高原町大字蒲牟田一一一七

宮　司　松坂　公宣

牛跳ばせ

菅原神社（えびの市）

牛《うし》越《ごえ》祭《まつり》（牛跳ばせ）

奉納日　七月二十八日

保存会名　牛越祭保存会

内容等　七月二十八日、西川北区の菅原神社境内には近隣在所より多くの牛が集い、別称「牛跳《うしと》ばせ」を行います。これは四百年以上前から、農耕の主役として大切にされてきた牛とご祭神との繋がりを示す稀な伝統神事で、平成四年に県の無形民俗文化財に指定されています。

当日、境内には、高さ五十センチ、長さ四メートルの杉丸太が設置されます。その上を「カンコビ」と呼ばれる五色の布を頭部に付けて盛装した牛が跳び越え家畜の無病息災を願います。

四百年来の伝統を持つこの祭りは、幕末の頃には球磨《くま》（熊本県）、姶良《あいら》・伊《い》佐《さ》（鹿児島県）をはじめ真幸五ヶ郷から七百頭から八百頭の牛が参詣していました。その光景は沿道を埋め尽くすほどであったとも伝えられ、かつては七十センチの高さを誇る丸太の上を飛ばせていたともいわれています。

所在地　えびの市大字西川北一二四四

宮　司　黒木　克正

直径120cmもある大太鼓

南方神社（えびの市）

大《おお》太《だい》鼓《こ》踊《おどり》

奉納日　八月最終日曜日

保存会名　西長江浦大太鼓踊保存会

内容等

〇南方神社の創建

南方神社は、えびの市の湧水群で知られる西長江浦に鎮座し、お諏訪様の愛称で親しまれています。島津義弘公の創建と伝えられます。

義弘公が加久藤城に在城中、伊東氏領小林市大川原にある諏訪神社の御神体である鎌が飛んできて当地の木の枝に掛かりました。それを見た義弘公は伊東氏を平定した暁には社殿を建立し崇祀する誓いを立てられました。由来に従い建てられた当社は、明治元年までは諏訪神社、その後南方神社に改称

境内参入

されています。

○大太鼓踊りの起源

起源は、太古、この村に三人兄弟の男神が住んでおり、隣の村には美しい女神が住んでいました。女神は思いを寄せる兄神たちをよそに、徳の高い弟神を慕っていました。

ある日、二人の兄神は、女神に慕われている弟神を亡き者にしようと悪巧みをめぐらし、根の国を調べる話にかこつけて、弟神を根の国に追いやり帰れぬようにしました。そうとは知らず弟神は、兄神たちの命ずるままに、根の国に通ずる小さな穴から垂れ下げられた一本の縄を伝い根の国に降りて行きました。

縄を伝い降りて行く弟神を見ていた兄神たちは、頃合いをみてその縄を鎌で切り落としてしまいました。そのため、弟神は帰ることができなくなり根の国を彷徨《さまよ》い歩くことになりました。やがて弟神はとある家に辿り着き一夜の宿を求めましたが、その家の主人は死人があって不浄であることを理由に断ってしまいます。やむなく弟神は次の家に行き宿を乞うことにしました。幸いにして、この家の主人は出産後の不浄で申し訳ないと申しつつも快く宿を貸してくれました。

そのうち根の国の人々は、弟神の話を聞き心から同情し、元の村へ帰る方法を教えてくれました。それは村に帰るには七日七夜の長い時間がかかるが、その間に毎日一片の肉を食べることの秘法を教え猪の肉を弟神に献上しました。弟神はその教えを守りようやく元の村に帰ることができました。

兄神たちはすでに死んだと思っていた弟神が無事に帰ってきたことに驚き、思いがけない生還に前非を悔いつつ終には割腹《かっぷく》して果ててしまいます。弟神の生還に女神や村人たちは大いに喜び、祝いの宴を催し歓びに踊りました。この時の踊りが大太鼓踊の始まりともいわれ今に伝来しているのです。

○踊りの様子

奉納する順序には定めがあり、出水家庭先から弁財天、次に南方神社、再度出水家庭先から弁財天、近戸神社、二宮神社、鶴寿丸墓前、最後に招魂社境内から白鳥神社に対し奉納するのを習わしとしています。

踊り手の正装は、太鼓方が直径一二〇センチの太鼓を抱え、身長の三倍の矢旗を背負い、黒足袋、草履履きに毛笠を被ります。鉦方は陣笠・陣羽織・脇差・黒足袋・草履履きが古式といわれています。県内に伝わる国富町の「バラ太鼓」、西都市の「下水流臼太鼓」とともに太鼓踊りの白眉といわれています。

雨を乞い実りを願い、薄れつつある世の中の連帯を深めるこの踊りは、郷土の誇りとして、また世代を繋ぐ伝統として受け継がれています。それは田の神の文化や一大水稲地帯の風土とも重なり、先祖伝来の芸能を伝承していく気概に溢れています。また当然のように守られてきたお諏訪様への感謝を最大限に表したお祭りでもあります。

所在地　えびの市大字西長江浦七〇〇

宮　司　小多田　将志

南方神社（都城市）

高木《たかぎ》のあげ馬《うま》

奉納日　十一月二日夜

保存会名　高木伝統民俗芸能保存会

内容等　高木のあげ馬は参勤交代の道中無事を願い、馬に乗った稚児を中心とした行列を大名行列に模したもので、現在では四年毎に奉納されます。

神聖な神として選ばれた七歳の稚児が大名の名代を務めます。稚児の家を「宿」に定め、門に注連縄《しめなわ》を張り修祓《しゅばつ》の場として整えます。丸に十字紋の裃を着て顔に化粧を施した稚児は、親とともに修祓を受けて清浄な身となります。稚児は格別大きな紙幣笠をかぶり、馬鈴をつけて盛装した馬に乗って御神《ごしん》幸《こう》の時を待ちます。

青年団長宅を「二才《にせ》ん宿」と言い、そこで奉献の品々を載せた荷馬を先頭に行列を組みます。花火を合図に宿へと稚児を迎えに行きます。松明の明かりが稚児の顔を神々しく照らし、夕闇に響く「馬方節」に包まれて御神幸は南方神社を目指してゆっくりと進んで行きます。

御神幸行列が神社の境内に着くと、黒い法被の二才が御立笠を持って、片足立ちの仕草で邪霊鎮圧の動作を執って斎庭を祓い清めます。そして、町内寄進の薪が両側に焚かれ、それを幾度も飛び越えることにより献上馬は清められます。薙刀がおはやし唄のなか邪霊鎮圧の動作を再び行い、二才が黒塗りのはさみ箱を持ち、片足立ちの仕草をした後もう一人の二才に受け渡します。

おほろ持ちは邪霊を踏みつける動作を繰り返し、斎庭を祓い清めます。一つの動作を終えると、突如神事に見とれる観衆の中に飛び込んで驚かしたりします。荷馬の荒行も、おほろ持ちが観衆を驚かせる所作も、神をその渦に巻き込んで送り出す神態《かみわざ》としています。因みに「ほろ」とは鷹の羽毛を指し、古くから神が宿る神聖なものとされていました。

火を渡る荷馬

稚児参内

次に、花馬が境内に焚かれた薪の火を二度三度と馳け渡り、火の粉を巻き上げると神がかりし観衆がどよめきます。稚児と馬とが深々と神前へ拝礼を終えると十二人の若者がひょうたん差しで祓い、神舞《じんぶ》が素朴に奉納されます。宿を立って二時間余り、総員五十人ばかりを要した神事は執り納められるのです。

所在地　都城市高木町諏訪原四三九〇

宮　司　下村　道雄

科長神社（都城市）

からくり仕《し》掛《か》け花《はな》火《び》

奉納日　七月二十九日

保存会名　からくり花火保存会

内容等

（からくり家による秘伝の花火）

科長《しなが》神社の六月灯を締め括るからくり花火は、五穀豊穣、無病息災、延命長寿、家内安全を願って奉納され、一六〇年にわたって受け継がれています。

幕末より「からくり家」と言われる七家の長男のみが秘密厳守で従事してきたもので、現在でも火薬の調合から花火の製作までからくり家を中心とした保存会によって継承されています。

花火の準備は前年の十一月の竹切から始まります。その竹を半年以上かけて乾燥させ、本番のひと月前に竹筒への細工や火薬詰めを行います。火薬詰めの作業は木筒と棒を使って少しずつ火薬を固めながら、一本あたり数千回たたいて火薬を安定させます。工程から細工、道具に至るまで門外不出、秘伝となっています。

花火が走る境内には二十二本の綱をくもの巣のように張り巡らします。境内の杉や桜の木の三、四メートルほどの高さに、綱同士が接触しないように調整をかさねながら張っていきます。

（科長神社夏の風物詩）

拝殿の柱をからくり花火起点として導火線に点火すると、からくり花火は火花を散らして進行していきます。それぞれの立ち木の竹鉄砲（爆竹）が発火すると、まるでレーザー光線のような火花が散り、その発火音に合わせて観客の「チェット行け」の掛け声がかかります。それを合図にからくり花火が走り廻るのです。

花火は綱に添って走っていき、滝花

からくり仕掛け花火

製作風景

火、次いで打揚連発花火十数発が点火され科長神社夏祭六月灯祭の幕を閉じます。

昔は千灯籠花火、火車、あるいは「これでおはり」の文字を点火していました。花火は五、六分という短い時間ではありますが、境内を埋め尽くした観客からは大きな歓声があがります。

以前は都城各地に多くの花火が残っていましたが、戦後の取締りの中にほとんどが途絶えてしまいました。そこで神職有志は話し合い、経験者がいるうちに復活することを決めました。火薬使用取扱の許可を取るのは大変だったようですが、県と専門の花火の製作所の指導を受けながら、氏子による秘伝の花火製作は守り受け継がれています。

所在地　都城市上水流町一一八九

宮　司　前田　瑞臣

諏訪神社（都城市）

熊《くま》襲《そ》踊《おどり》

奉納日　十一月二十八日前後

保存会名　熊襲踊保存会

内容等　『日本書紀』等には、第十二代景行天皇《けいこうてんのう》の時代に大きな勢力を誇っていた熊襲一族が朝廷に従わず度々の反乱を起こし、十六歳の日本武尊《やまとたけるのみこと》が熊《くま》襲《そ》武《たける》を征伐しこの地を平定したことが描かれています。

この踊りは、平定の知らせを聞いた住民が持っていた農具や日用品を手に、それらを叩き踊り祝ったことが始まりとされ、現在では往古を偲び鎮魂と両雄をたたえる芸能として伝承されています。

踊りは十八人構成で鉦《かね》組とバラ太鼓組に別れて素朴に踊ります。木彫りの面に棕櫚《しゅろ》のカツラをつけ、門松の藁《わら》飾りを腰に巻いて注連縄を背負った姿をしており、時には整然と時にはユーモラスに伝説を伝えています。昭和四十七年（一九七二）に宮崎県の無形民俗文化財に指定されました。

熊襲踊の奉納風景

所在地　都城市庄内町一二三六〇

宮　司　野崎　俊春

南方神社（都城市山之口町）

花《はな》木《のき》あげ馬《うま》

奉納日　七月下旬の日曜日

保存会名　花木あげ馬保存会

内容等　旧諏訪神社である南方神社は島津家の信仰を篤く受け、今でも地元では「お諏訪どん」と親しまれています。

あげ馬の起源は天正十九年（一五九一）薩摩藩十七代当主島津義弘公が、崇敬神社であった諏訪神社に戦勝を祈願し、帰国後願解のため大名行列を仕立て馬を献上し神楽を奉納したことに由来しています。その後義弘公の戦勝を讃えて都城盆地の高木、桜木、穂満坊、花木の四社の例祭の特殊神事としてあげ馬を奉納するようになりました。

御神幸では稚児を殿様に見立てた大名行列が勇壮に再現されます。

「棒つきどん」が鎧兜に太刀を差し、六尺の棒を突き立てながら「下に〜、下に〜」と連呼して先導します。次に「いら棒」が棒を突き出しながら「ま

南方神社に向かう荷馬後ろの演舞者行列

奉納する神社へ向かう稚児

くど、まくど」と発しながら続き、その後ろには箒《ほうき》、弓、鉄砲、槍、纏と続きます。「オホロ」が「どこい」と声を掛けると、はさみ箱、荷馬、薙刀が続いて行きます。

その後の「ハグマ」と「ウケガサ」が続き、「ヤツカワ」は「はどこい」、後ろの「ヤボ」は「どこい」と威勢をあげます。次に、とがった烏帽子《えぼし》を被り両端に房の付いた棒を持つ「露払い」と、赤青のたすきに花笠姿をした「ヒョウタンサシ」が続きます。

殿様の名代を務める数え歳七歳の稚児は、紋付に裃、袴、帽子をかぶり帯刀姿で、矢を担ぎ左手に弓をもって馬にまたがり行列の主役を務めます。行列一行があげ馬唄を歌いながら進んでゆく様子はとても優雅です。

戦中から途絶えていましたが、地元住民による復活の気運が高まり、平成三年の例祭を機に復活しました。復活後は第三回までは二年毎に斎行されたが、現在は四年毎を慣例としています。

花木あげ馬保存会は、地区住民の総数三千人余りで結成され、地元住民総力をあげて継承されています。

所在地　都城市山之口町花木九五四

宮　司　日高　広之

的野正八幡宮（都城市山之口町）

弥《や》五《ご》郎《ろう》どん祭《まつ》り

奉納日　十一月三日

保存会名　弥五郎どん祭り保存会

内容等

◎まつりの由来

的《まと》野《の》正八幡宮《しょうはちまんぐう》は和銅三年（七一〇）大隅正八幡宮（鹿児島神宮）を勧請して創建されたと伝えられています。主祭神に応神天皇を祀り、旧三俣院（三股・山之口・高城）の総鎮守として祀られています。

弥五郎どん

県下に広く知られる「弥五郎どん祭り」は、養老四年（七二〇）の隼人《はやと》の反乱で誅殺された霊を慰め鎮めるために始まったとされています。『三国名勝図会』にもこの祭りの行列絵図が紹介されているが、この人形行事は全国の八幡社のみで伝えられ、八幡信仰が全国に親しまれていたことが判ります。八幡神は応神天皇のこの世への示現ともいわれ、託宣を降ろす神と崇拝されました。隼人の乱を契機に殺生を戒め放生するよう神託したと伝えられています。

御神輿

伝承によれば、隼人の霊は蜷《にな》に変わって作物を荒らしたのでそれを鎮めるため、放生の行為に蜷を放つようになったといいます。その折に、傀儡子舞《くぐつまい》を踊り導師が放生陀羅尼を誦したといわれています。

傀儡子は人形の原型でもあり、この傀儡子が南九州に入る過程で大人化し、放生会として現在の弥五郎どん祭りが伝承されています。南九州では四つ車に乗った、身の丈四メートルの大人が朱面をかぶり、刀大小を差して、三基の神輿の守り役として弥五郎どんが登場し、ご神幸として浜殿下りを行っているのです。

◎当日の様子

竹で編まれた弥五郎どんの本体に麻布の袴を着せ、特大の草鞋《わらじ》を履かせ、胴に巻いた帯に大小の太刀を差し当日に控えます。三日の早朝、桐で出来た朱塗りの面を被せ後頭部に鉄製の鉾を付け、最後に御幣を奉り総重量百八十キロにも及ぶ弥五郎どんが完成します。

拝殿で神事を終えた午前十一時三十分、弥五郎どんは神社鳥居下から三基の神輿の先導として約六百メートル離れた一の鳥居近くの仮殿までご神幸を行います。その様子はさながら時代絵巻のように、先頭に獅子を配し、神職が大麻にて祓いながら進んで行きます。弥五郎どんは大勢の小学生に引かれ、御神馬や猿田彦・神旗に続いて神輿三基が続いて行きます。

古くから豊祭《ほぜまつり》とも強く結びついた弥五郎どんは、この地方の掛けがえのない守護神として崇敬されているのです。

所在地　都城市山之口町富吉一四一二

宮　司　日高　広之

南方神社（都城市高城町）

上《あげ》馬《うま》

奉納日　七月二十五日

保存会名　あげ馬保存会

内容等　上馬神事は、北諸盆地の、高木、花木、桜木、穂満坊にある諏訪神社、南方神社の四社のみに伝わる模擬大名行列です。「あげ馬」には、揚げ馬、献上馬などの字を充てることもあり、神社ごとに規模や構成、服装や歌の歌詞に違いが見られます。

桜木の上馬は荷馬が荒々しく暴れまわり、非常に勇壮活発です。隣の穂満坊地区では士族集落らしく武具を用いて斎行されますが、それを農民らしく表現したものだともいわれています。

大きなわらじを履いて甲冑《かっちゅう》を着た「どしん」を先頭に、荷馬、馬方の歌い手、薙刀《なぎなた》等が続きます。大きな笠を被った「やぼ」や、とんがり帽子の「まとい」、四人で担いだ「はさみ箱」が連なると最後に馬に乗った稚児が登場し親族一同の守護を受けながら神社を目指します。

主役である「稚児」は清浄の象徴でもあり、数え七歳を迎えた披露目の舞台でもあります。馬は生活を営んでいく上で大切な財産であり農耕集落であった桜木の発展を支えてきました。四年に一度奉納される上馬は今後も地域を見守る神事として伝えられていきます。

所在地　都城市高城町桜木一四〇三

宮　司　安藤　武

4年に1度度奉納される上馬

模擬大名行列

諏訪神社（都城市高城町）

上《あげ》馬《うま》

奉納日　七月二十七日

保存会名　あげ馬保存会

内容等　諏訪神社は高城町の中心部に鎮座し例祭日に合わせて上馬神事が奉納されています。

大名行列は一種の野外劇の形をなしており、稚児は紋付袴《はかま》に裃《かみしも》を着て、花笠を被り帯刀に弓矢を持った姿で馬にまたがり、供回りの者を従えて御神幸《ごしんこう》します。

行列に従う者はそれぞれの役を誇張して演じ、滑稽さと厳粛さを備えた勇壮華美な行列を演じます。緩やかに歩みを進める行列は夕刻より馬宿を出て馬場に向かい、社の前で勢揃いして鳥居くぐりの所作を繰り返しながら境内に入ります。

「棒つき」が「下に下に」の大声を上げると、粗暴な「ヤボ」が暴れ回ります。ひょうきんな仕草をした「薙刀」は、とぼけ調子で村の噂話を暴露したりして見物人を笑わせます。「ひょうたんさし」は花笠に白衣の姿で三尺棒と鈴を鳴らしながら火影に映えて美しく舞います。こうした悠長な長蛇の行列は二回繰り返されます。

戦後復活の後公民館の火災により祭具一切を焼かれ再び中断しましたが、昭和三十三年に再び斎行を果たしました。多くの人手と経費を必要とし他の上馬神事が中絶を余儀なくされるのを目の当たりにし、穂満坊地区では受け継がれてきた貴重な伝統芸能を絶やさないようにと四年毎に斎行されています。

所在地　都城市高城町穂満坊二九八七

宮　司　安藤　武

県南地区［日南市・串間市］

鵜戸神宮（日南市）

シャンシャン馬《うま》道《どう》中《ちゅう》

再現されたシャンシャン馬道中

奉納日　随時

保存会名　シャンシャン馬道中を再現する会・シャンシャン馬道中唄全国大会実行委員会

内容等　「鵜戸さんまいり」は古くから宮崎近郊を中心に行われていた神詣りの風習です。ことに新婚夫妻が、旧暦三月の農閑期に日南海岸沿いの七浦七峠を越えて鵜戸神宮に初詣りをする風習があり、お詣りの後、最終の宿泊地から、花婿は美しく着飾った馬に花嫁を乗せ、手綱を引き帰途に就いたといいます。

シャンシャン馬と呼ばれるのは、馬の首につけた鈴がシャンシャンと鳴ったことに由来し、三味線太鼓に囃しが加わった道中唄が歌われます。

今日、全国から民謡愛好家約五百人が参加、民謡「シャンシャン馬道中唄全国大会」が開催されています。

所在地　日南市大字宮浦三二三二

宮　司　黒岩　昭彦

駒宮神社（日南市）

煮《はせ》花《ばな》神《しん》事《じ》

奉納日　二月最終日曜日

保存会名　なし

内容等　神武天皇をお祀りする駒宮神社に伝わる特殊神事に煮花神事があります。

神武天皇が暫くの間滞在された折、煮花と呼ばれる餅籾を煎った神饌を献上した故事が続けられ、神事になったと伝えられています。

戦前までは旧二月九日に煮花祭として斎行されていたが、現在では二月最終日曜日に行われる作神楽（豊作祈祷神楽）に合わせて煮花神事として行われています。

餅籾を鉄鍋で煎って奉製された煮花は、半分はご神前に供え、残りの半分を参列の氏子等が持ち帰り、神恩に感謝して家内安全を唱え家族一同がいた

焦げないように丁寧に煮花を煎っていく

だくという神事です。

所在地　日南市大字平山一〇九五

宮　司　神崎　直則

潮嶽神社（日南市北郷町）

福種子《ふくだね》下《お》ろしの神事《しんじ》

奉納日　春大祭の日

内容等　潮嶽神社の春大祭で執り行われます。神饌と共に神前にお供えされた稲種を、年々歳々遠い神代の原初に還り、氏子崇敬者に授ける神事です。

天孫降臨に際し授けられた「斎庭の稲穂」さながらに、神歌を交えて福種の由来を説き、寿ぎながら四方に稲種を蒔き、古来日本人にとって生命の支えの象徴とされた稲の稔りの豊作を祈るとともに、五穀の豊穣とその豊かな生産に支えられた諸産業の繁栄を祈願します。

授けられた稲種は、農家は神棚に供えて豊作を、また漁船では船霊様に供え海上安全・大漁満足を願います。一般家庭では家内安全に御利益があるとされます。

所在地　日南市北郷町北河内八八六六

宮　司　佐師　正朗

宮司が蒔いた種もみを拾う参拝客

潮嶽神社（日南市北郷町）

潮嶽《うしおだけ》棒《ぼう》踊《おど》り

保存会名　潮嶽棒踊り保存の会

内容等　潮嶽棒踊りは潮嶽神社に伝わる文書によると、古来は神前で奉納されていましたが、火災等で踊具もなくなり中断していました。しかし、元治元年（一八六四）本殿修理の時、薩摩の人野崎文作を迎えて習い踊り現在の棒踊りとなったと伝えられています。

潮嶽棒踊りの装束は、白かすりの着物に袴を着け、白鉢巻きに白襷《たすき》。後ろに五色の布を垂れ、踊り歌に合わせて勇壮活発に舞われます。

昭和五十年からは郷土民俗芸能保存のため北郷中学校男子生徒により踊り継承されたが、平成二十年頃から「北郷ふるさと学習」として北郷小中学校七年生に踊り継がれています。旧北郷町（現日南市）指定民俗文化財（昭和五十一年二月十一日指定）。

所在地　日南市北郷町北河内八八六六

宮　司　佐師　正朗

北郷中学校男子生徒による潮嶽棒踊り

田ノ上八幡神社（日南市）

弥《や》五《ご》郎《ろう》どん祭《まつ》り

奉納日　十一月第二日曜日

保存会名　田ノ上八幡神社獅子舞保存会

内容等　田ノ上八幡神社の創建は『日向地誌』に稲津弥五郎一宮正八幡の神体を背負い来てこの地に祀ったとあります。

田ノ上八幡神社の秋大祭に出座する大人人形は弥五郎様と称えられ、身の丈は七メートル近くあり、衣袴を着けた出で立ちで、長刀を帯び右手に長鉾を持ちます。現在は昨今の道路事情に

弥五郎どん

より終日鳥居前に立つが、別体の弥五郎様が子どもたちに曳かれ御神幸行列に加わります。

南九州には三体の弥五郎人形があり、一般には田ノ上弥五郎は三男とされます。弥五郎様の起源については諸説があるが、いずれも八幡系統の神社で、南九州の八幡信仰の形態を物語るものといわれています。

所在地　日南市飫肥一〇丁目三－一二

宮　司　佐師　正起

脇本神社（日南市南郷町）

臼《うす》太《だい》鼓《こ》踊《おど》り

奉納日　十一月二十日

保存会名　脇本臼太鼓踊り保存会

内容等　脇本八幡神社の創建は不詳ですが、御祭神は湖雲ヶ城城主薬丸湖雲をお祀りします。

四百年前の天正年間に、肝付省釣は島津氏と不仲であった伊東氏との偽りの戦いをすることになりました。しかし偽戦が伊東勢に周知徹底されておらず、伊東勢は実弾を使用したために、天正五年（一五七七）旧暦六月十五日肝付勢は全滅しました。

里人は哀れと思い、このことを偲んで臼太鼓踊りを六月十六日に奉納し、戦死者の霊を慰めることにしました。肝付方の出城であった湖雲ヶ城城主薬丸湖雲供養のために奉納されます。

臼太鼓踊りは偽戦の姿をあらわしているといいます。旗指物を背負い、臼太鼓を身に付け勇壮に舞われます。

所在地　日南市南郷町脇本一九一四

宮　司　岩切　尚臣

子どもたちによって引き出される牛

脇本神社（日南市南郷町）

牛《うし》祭《まつ》り

奉納日　十一月二十日

保存会名　脇本神楽保存会

内容等　古来、牛は農耕にとって貴重な労働力であったため、牛祭りは五穀豊穣を願う神事です。脇本神社のご祭神は、大年神（農耕神）ということもあり、牛は神仕えとして大事にされてきました。

戦後一時途絶えましたが昭和五十年代に復活され、現在二月十一日脇本神社春祭りに奉納されています。

同神社に収められていた木製の牛が、法被姿の子どもたちによって引き出され、二度、三度と引き回された後、田んぼと見立てた前庭で、牛による田起し行事が始まります。途中おもしろおかしく台詞を掛け合いながら、五穀の豊穣を祈願する農耕儀礼神事です。

所在地　日南市南郷町脇本一九一四

宮　司　岩切　尚臣

五穀の豊穣を祈願する

榎原神社（日南市南郷町）

縁《えん》日《にち》大《たい》祭《さい》

奉納日　三月十五・十六日

保存会名　なし

内容等　榎原神社摂社の桜井神社は内田万寿姫を祭神とし、寛政十年（一七九八）に創建されました。

寛文十年（一六七〇）三月十六日万寿姫が遷化されたため、三月十五日と

縁日大祭

十六日が縁日大祭として斎行されます。縁結びに御利益があるとされます。

殊に十五日は御祭神の御通夜祭にあたり、夜祭りが斎行されます。昔は終夜の行事で近郷在住の若き男女が縁結びの御利益を求めて参集し、境内の夫婦杉・夫婦楠に、契りの紙片を託したといいます。祭典の中で神楽が奉納されます。以前は三番の神楽の後、五穀豊穣の祈願を込め、また増殖儀礼、子孫繁栄の嫁女舞を奉納していましたが、現在では式三番のみの奉納となっています。

所在地　日南市南郷町榎原甲一一三四－一四

宮　司　上村　広樹

串間神社（串間市）

ねたろう神事《しんじ》

奉納日　二月二十日　春大祭
十一月十四日　秋大祭

内容等　串間神社は古くは十三所大権現と称され、十三社のうちの一社が女躰大明神（豊玉姫）で、別称を太郎若宮大明神といいます。豊玉姫は、彦火火出見尊に産屋を覗かれて以来年中寝たきりのため、「寝太郎神」と呼ばれるようになったともいわれています。

串間神社の春祭りの後、神輿で女躰神社（豊玉姫）に向かい、御対面の儀を行います。両祭神を奉祀して里廻り、それぞれの御旅所で五穀豊穣を祈願の後、串間神社に還り、当日境内で、木型の牛を操り、神歌や掛け声を交え、田起こしから収穫に至る一連の豊作予祝祈願の神事、そして五穀豊穣と家内安全の願いを込めて種子まき神事が行われます。

所在地　串間市大字串間一四一〇

宮　司　岩下　國仁

木型の牛を操り豊作予祝祈願する

日南地方の獅子舞

獅子舞は勇壮な芸能で日南市と周辺町村の神社に、それぞれ特色のある神事芸能として継承されています。

日南地方の獅子舞は、舞い手一人がホロの中に入り頭に獅子頭をいただき、外にホロ持ちの介添えが付く一人立ちの獅子舞と、獅子の幌に二人の舞い手が入って舞う二人立ちの獅子舞に大別されるが、舞のリズムや、腰や足運びは各社それぞれに特徴があり異なっています。

吾平津神社獅子舞

いでたちは、概ね白衣、白鉢巻、白襷、背に五色の布を垂らし、黒もしくは色鮮やかな腰帯に裁着袴《たつつけばかま》を着用します。

日南市周辺では、鵜戸神宮、榎原神社、松尾神社、萩之嶺神社、潟上神社、田ノ上八幡神社、岩崎稲荷神社、酒谷神社、大宮神社、大窪神社、塚田神社、吾平津神社、吾田神社、日之御崎神社、贄波神社、潮嶽神社、郷原神社、串間神社等に伝えられてそれぞれに特色があり、いずれにしても伝統あるすぐれた神事芸能です。

岩崎稲荷獅子舞

写真提供一覧

宮崎県教育庁文化財課
宮崎県総合政策部記紀編さん記念事業推進室
高原町役場まちづくり推進課企画政策係
高千穂町役場観光文化課
国富町役場教育総務課
高鍋町役場
日向市役所
椎葉村立椎葉民俗芸能博物館
一般社団法人　高千穂町観光協会
一般社団法人　椎葉村観光協会
神楽掲載神社宮司・保存会
掲載特殊神事・芸能神社宮司・保存会
生田　浩（プロカメラマン）

参考文献一覧

『宮崎県神社誌』　宮崎県神社庁（宮崎県神社庁）
『みやざきの神話と伝承１０１』　宮崎県（宮崎日日新聞社）
『祭礼行事　宮崎』　高橋　秀雄・山口　保明（株式会社おうふう）
『ふるさとまつり歳時記』　鉱脈社（宮崎県企画調整部地域振興課）
『宮崎の神話伝承その舞台55』　甲斐　亮典（鉱脈社）
『みやざきの神楽ガイド』　みやざきの神楽魅力発信委員会（宮崎県教育庁文化財課）
『宮崎の神楽』　山口　保明（鉱脈社）
『角川日本地名大辞典』　竹内　理三（角川書店）
『日向地誌』　平部　嶠南（日向地誌刊行会）
『宮崎県地名大辞典』　角川日本地名大辞典編纂委員会（角川書店）
『宮崎県大百科事典』　宮崎日日新聞社（宮崎日日新聞社）
『宮崎県史　資料編　民俗２』　宮崎県編（宮崎県）
『北郷町史』　伊東　岩男（北郷町役場）
『南九州の伝統文化』　下野　敏見（南方新社）
『宮崎県の民俗芸能』　宮崎県教育委員会（宮崎県教育委員会）
『みやざきの神楽』　小川　直之・前田　博仁（宮崎県）
『宮崎県南郷日南神楽』　前田　博仁（宮崎県民俗学会）
『銀鏡神楽式三十三番解説』　銀鏡神社（銀鏡神社）
『日南地方の神楽歌・歌詞について』　池田　純義（日南市文化財保存調査委員会）
『潮嶽神社「福種子下ろし」の神事について』　潮嶽神社（潮嶽神社）
『高鍋神楽（小冊子）』　高鍋神楽保存会（高鍋神楽保存会）
『都農町史』　都農町（都農町）
『木城町史』　木城町（木城町）
『高鍋町史』　高鍋町（高鍋町）
『新富町史』　新富町（新富町）
『都農神社御由緒記』　永友宗年（永友宗年）
『高鍋藩本藩実録』　宮崎県立図書館（宮崎県史料第１巻）
『高鍋藩拾遺本藩実録』　宮崎県立図書館（宮崎県史料第２巻）
『高鍋藩続本藩実録上・下』　宮崎県立図書館（宮崎県史料第３・４巻）
『三納代神楽三十三番番付』　三納代神楽保存会（三納代神楽保存会）
『神武さま』　黒岩　龍彦（宮崎神宮）
『宮崎神宮の流鏑馬』　野井　憲樹（宮崎神宮流鏑馬保存会）
『神楽遺撰誌』　河野　重利（河野　重利）
『神楽伝書』　井本　武彦（井本　武彦）

編集後記

昭和六十三年に昭和天皇御即位六十年記念事業として『宮崎県神社誌』が刊行されました。それは神社の由緒を中心に編纂されたもので、神楽や特殊神事、伝統芸能など全てを網羅しているものではありませんでした。

昨今、神楽・特殊神事・芸能等の継承がますます困難になるなかで、平成二十七年度に県内に伝わる神楽等神事芸能の保存継承を目的に調査を実施しました。これを基にこの度御代替わり記念事業の一つとして、県内に伝わる神楽・特殊神事を調査整理し、宮崎県神社界の基本資料として保存活用してゆくために本誌を編纂する運びとなりました。

まず神社庁で編纂委員十一名と調査委員十三名を委嘱し、各宮司様に原稿と写真を依頼しました。従って本誌に掲載されている神楽、特殊神事は宮崎県神社庁包括下の神社とかかわりのあるものに限られています。提出された原稿をもとに加筆修正作業を進めましたが、想像以上に由緒不詳の神楽や特殊神事が多く、また写真も思った程集まらないなど種々の問題が続出しました。また、予め原稿の形式を指定したことや頁数の関係による割愛等、全体的統一をはかるために各宮司様、神楽保存会によっては意に満たない点があろうかと思います。

今回、原稿以外にも種々の資料の活用、現地での聞き込み等を繰り返しつつ編纂作業にとりかかってから二年余りも費やしてしまいましたが、一五二の神楽と六三の特殊神事を掲載し、ようやく発刊のはこびとなりました。それでもなお内容が十分であるとはいえませんが、本誌が県内の神楽、特殊神事の研究や地域文化の再発見にご利用いただければ幸甚であります。一方、編纂作業が進むにつれて、後継者育成に問題を抱える神楽保存会、消失してしまった特殊神事等、想像を超える伝統文化の継承への厳しい実状も明らかとなりました。平成から令和へと新たな御代替りを迎え、調査員を担っていただいた若手神職の皆様が中心となって、今回の編纂作業を通して培った、神社・神楽保存会・地域とのご縁を活かし、神前奉納を基本とする神楽や地域独自の歴史と文化を象徴する特殊神事の継承に積極的に邁進してゆくことを併せて期待するものであります。

最後に、本誌の編纂に多大なるご協力をいただきました各神社の宮司様、神楽保存会の皆様、並びに原稿の収集、校正に何度も協力していただきました編纂委員、調査委員の皆様、そして編纂作業の当初から何かとご助言をいただき、骨身を惜しまずご協力いただきました鉱脈社、中でも代表取締役川口敦己、直接ご担当いただいた久保田聖のお二人など、多くの皆様にこの場を借りて心より感謝申し上げます。

宮崎県神社庁副庁長・編纂委員長　伊　藤　俊　郁

編纂委員・調査員一覧

編纂委員長	今山八幡宮	宮　司	伊藤　俊郁
副委員長	潮嶽神社	宮　司	佐師　正朗
編纂委員	鵜戸神宮	宮　司	黒岩　昭彦
	船引神社	宮　司	田代　敏徳
	愛宕神社	宮　司	鬼塚　圭司
	米良神社	宮　司	土持　光浩
	都萬神社	権禰宜	法元　茂之
	都農神社	禰　宜	黒木　修二
	狭野神社	宮　司	松坂　公宣
	宮崎神宮	権禰宜	串間　慶士
	赤池神社	禰　宜	小森　慎也
調査員	天岩戸神社	宮　司	佐藤　永周
	春日神社	権禰宜	古賀　勇人
	毛吉田神社	宮　司	森山　繁
	渡川神社	宮　司	猪股　晃
	椎葉厳島神社	宮　司	椎葉　智成
	宮崎県護国神社	権禰宜	川村　祐介
	都萬神社	権禰宜	冨田　宗賢
	平田神社	禰　宜	永友　郁央
	都農神社	権禰宜	黒木　寛貴
	比木神社	権禰宜	神田　徳智
	東霧島神社	禰　宜	稲丸　博文
	狭野神社	権禰宜	小多田　将志
	狭野神社	権禰宜	大脇　為哉
事務局	宮崎県神社庁	参　事	玉置　徳行
	宮崎県神社庁	主　事	沼口　宗史
	宮崎県神社庁	録　事	岩切　伊吹

宮崎の神楽と特殊神事

令和元年十月十　九日　印刷
令和元年十月二十二日　発行

企画
発行　宮崎県神社庁
〒八八〇－〇〇五三
宮崎市神宮二丁目四番二号
電話（〇九八五）二五－一七七五

編集　「宮崎の神楽と特殊神事」編纂委員会

印刷
製本　有限会社　鉱脈社
〒八八〇－八五五一
宮崎市田代町二六三番地
電話（〇九八五）二五－一七五八